JN233283

津田良成 編
図書館・情報学シリーズ 2

# 情報探索と情報利用

田村俊作 編

勁草書房

# はしがき

　情報を探し求め、利用すること。この日常なにげなく行われていることが、本書のテーマである。新聞のテレビ欄で番組をチェックすること、テレビを見ること、おしゃべりをすること、先生に質問すること、携帯電話でメールのやり取りをすること、会社で書類をチェックすること、パソコン上で売上記録を調べること、あるいは記録を整理すること、——こういったことがすべて情報を探すことであり、利用することである。

　情報の探索・利用は、私たちの日常生活を構成する重要な活動である。情報を利用すること、そして、適切な情報がすぐに入手できないときには、それを探すことは、しごとや社会生活を円滑に営む上で欠くことができない。情報の利用が社会的に見ていかに重要かは、例えば、情報の入手や利用に関わる格差、いわゆる情報格差の解消や、情報貧困層への支援が政府の施策として取り上げられていることを見てもわかる。近年は、メディアの多様化と情報技術の発達によって、情報を活用する機会とそれによって得ることのできる便益が増大している一方、こうした機会を活用することのできない人々との格差が拡大してきている。そうした事態を受けて、Ｇ８のような国際政治の舞台でも、デジタル・デバイドの解消が重点施策とされるようになった。

　しかし、情報に関わる事象がおしなべてそうであるように、情報の探索・利用もまた、多様な側面を持ち、曖昧でとらえどころのないところがあり、一まとまりの事象として統一的に研究するのは難しい。情報探索や情報利用に関する研究は、図書館・情報学、コミュニケーション研究、社会情報論、コンピュータ科学、医療情報学、経営学など、いくつかの分野で行われている。各分野はそれぞれの視点から情報の探索・利用をとらえている。例えば、図書館・情報学では、もっぱら文献の探索と利用を扱っているし、経営学では組織体における情報の管理・利用といった問題に主として関心があるように見える。社会情報論には「情報行動」という包括的な概念があり、図書館・情報学の研究者

の中にも、情報探索行動や情報利用行動といった概念を情報行動に包摂させようとする動きがあるが、多様な事象をこの概念でどのようにとらえるのかは、今後の課題であろう。

　本書では、主として英米の図書館・情報学における情報利用研究の成果によりつつ、他分野の成果も適宜参照して、二つの視点から情報の探索・利用を取り上げることにした。すなわち、一つの視点は、人が情報の利用を通じて自らの行為や周りの世界をいかにして秩序立てているのか、という視点であり、もう一つの視点は、そうした行為を通じて、人は他の人々、さらには社会といかにして関わっているのか、という視点である。第一の視点は、個人に焦点を当てて、その探索から利用にいたるプロセスを探究するものであり、第二の視点は、個人を離れて、探索・利用の社会的意義を論じようとするものである。最後に、情報リテラシーという情報活用の技能に関するこれまでの議論を取り上げて、情報の探索・利用に関わる個人的経験を社会化する方法に関する議論を整理している。もちろん、本書で情報の探索と利用に関わる論点をすべて提示しているなどとは全く考えていない。今後の研究につながる重要な論点のいくつかでも取り上げることができていれば、というのが私たちのささやかな願いである。

　本書の企画が立てられてから完成するまでには、口に出してはちょっと言えないくらいに長い時が経っている。その間、構想も二転三転した。最終的に直接のきっかけとなったのは、丸善から1999年に出版された『図書館情報学ハンドブック　第2版』で、私が編集を担当した「第3章　利用者」の執筆者の中から何人かの方に声をかけて、本書各章の執筆をお願いした。当初は『ハンドブック』の原稿に肉付けをして本書を作るつもりだったが、何回か執筆者が集まって議論をするうちに、この際各人が暖めてきた構想を各章で展開しようということになり、結果として、『ハンドブック』とはほとんど完全に独立した内容のものができることとなった。その意味で、『ハンドブック』の記述にも捨てがたいものがある。

　他に類書があるわけでなし、また、誰もが認めるような体系が存在するような分野でもないので、執筆者には自由に各人の研究成果を書いてもらった。そのため、全体を貫く議論の展開は一応あるものの、各章の独立性は高いので、

はしがき

最初から通して読んでも、特定の章だけを読んでいただいても、どちらでも構わない。

　本書が最初に企画されてから今日に至るまでの想像を絶する長い期間、私ですら途中で何度か投げ出したくなる中で、どんな構想にすべきか迷いに迷っている私を終始一貫叱咤激励し、ついに本書の完成にこぎつけたのは、何と言っても勁草書房編集部の町田民世子氏の功績である。氏の励ましがなければ本書が世に出ることは決してなかったであろう。氏には正直のところ感謝のことばもない。もちろん、本書の内容に責任があるのは、私たち執筆者である。また、巻末の索引は慶應義塾大学文学部講師の松林麻実子氏に作成していただいた。あわせて感謝申し上げたい。

　できばえについては読者の判断に委ねるしかないし、ご意見・ご叱正をいただければ幸いである。ともあれ、本書が機縁となって、わが国でも情報の探索・利用に関する研究が展開するならば、著者としてこれに勝る喜びはない。

　　　2001年3月
　　　　　執筆者を代表して

　　　　　　　　　　　　　　　　　　　　　田村　俊作

情報探索と情報利用／目　次

はしがき

## 序章　情報利用をめぐる研究 ……………田村 俊作　1
　0.1　情報利用研究の領域 ……………………………………2
　0.2　情報利用研究の歩み ……………………………………4
　0.3　情報利用研究の特徴と課題 ……………………………20
　0.4　情報利用研究の可能性 …………………………………26
　0.5　本書の構成 ………………………………………………33

## 第1章　生活世界と情報 ………………池谷 のぞみ　41
　1.1　情報概念と行為モデル …………………………………41
　1.2　情報の論理文法分析 ……………………………………47
　1.3　知識の社会的配分 ………………………………………54
　1.4　知識のストック …………………………………………59
　1.5　知識のストックの配分メカニズム ……………………68
　1.6　おわりに …………………………………………………80

## 第2章　個人の情報世界 …………………塚越 美加　91
　2.1　個人レベルでの情報探索 ………………………………91
　2.2　個人レベルでの情報組織 ………………………………94
　2.3　研究過程における情報探索 ……………………………114
　2.4　ブラウジング ……………………………………………124
　2.5　外部で構築された情報世界と個人の情報世界 ………139

## 第3章　情報探索の論理 ……………………斎藤　泰則　153

- 3.1　はじめに …………………………………………………153
- 3.2　情報ニーズの言語化 ……………………………………155
- 3.3　問題解決と情報探索 ……………………………………168
- 3.4　情報利用と知識状態 ……………………………………172
- 3.5　おわりに …………………………………………………185

## 第4章　情報利用の社会的意義 ……………田村　俊作　189

- 4.1　情報格差をとらえる視点 ………………………………190
- 4.2　コミュニケーション研究における議論の歩み ………193
- 4.3　図書館・情報学における議論と実践 …………………203
- 4.4　デジタル・デバイド ……………………………………217
- 4.5　まとめ ……………………………………………………221

## 第5章　情報リテラシー ……………………野末　俊比呂　229

- 5.1　「教育するもの」としての情報リテラシー ……………230
- 5.2　情報リテラシーと図書館の教育的機能 ………………240
- 5.3　情報リテラシー概念の変遷 ……………………………253
- 5.4　情報リテラシーの定義と意義 …………………………260

索　引 ………………………………………………………279

# 序章　情報利用をめぐる研究

## 田村　俊作

情報と洞察は、個人のこころで創造されるものであり、情報の探索と利用は、認知、情緒、および状況という偶発要因によって三重に囲まれた、ダイナミックで無秩序な社会過程である。
(Choo, C. W. *The Knowing Organization*. New York, Oxford University Press, 1998, p.29)

　図書館・情報学の研究領域の一つに「情報利用研究（user studies）」がある。本書は情報利用研究について、その成果と意義を紹介することを目的として書かれた。しかし、執筆にあたっては、情報利用研究のトピックを網羅的に紹介することはせず、その意義や可能性を紹介することに重点をおいた。そのために、情報利用研究の入門書としては、かなりユニークなものになっている。通常の入門書であれば当然中心的なトピックとして取りあげるべき理論や研究については軽く触れるにとどめ、代わりに執筆者各自の研究や見解を強調している。また、情報リテラシーのように、通常情報利用研究に含めないものも含めた。

　本書のような構成になったのには、いくつか理由がある。消極的な理由からあげてゆくと、各執筆者の研究関心による制約は一つの理由であるが、そのほかの理由としては、一つには、類書の存在しないことがあげられる。研究成果や会議の発表論文を収録した単行書はかなりの数があるし、いわゆるレビュー論文として研究動向を概観した論文も多いのだが、単行書として情報利用研究の領域を概観するものは、内外にまだ一冊もない。十数年前に米国で出版予告の出たことがあったが、ついに出版されることはなかった。そのため、盛り込

むべき標準的な内容といったものがいまだに決まっていない。自分たち自身で一から考えていかなければならなかった。

　もう一つの理由、積極的な理由は、外国で行われている情報利用研究の紹介よりは、執筆をよい機会に、わが国なりの情報利用研究について、その範囲、意義、可能性を考えてみたい、と考えたからである。現在英・米・北欧を中心に活発に行われている情報利用研究の主流となっている考え方について、私は正直言って少々疑問を感じている。また、わが国の情報利用研究の理論水準は、英米と比べて決して低いとは思わない。そこで、全体の構成も、情報利用研究のスタンダードとは異なる独自のものとしたし、執筆者に各自の研究や見解の紹介を中心に執筆するように依頼して、本全体としての整合性は犠牲にしても、わが国なりの情報利用研究の可能性を提案する道を選んだわけである。

　本書のこのような構想を説明するため、本章では、まず、英・米・北欧を中心とした情報利用研究の歴史をたどってその概要を述べた後、わが国における研究を振り返ってその特徴を明らかにする。そして、わが国における情報利用研究の意義と可能性について検討し、最後に本書の構成を述べることとする。

## 0.1　情報利用研究の領域

　情報利用研究は英語の user studies の訳語である。「利用者研究」と訳されることも多い。英語では、他に information use studies（こちらの方こそ「情報利用研究」と訳すにふさわしいかもしれない。ただし、今日では使われない）とか information seeking（情報探索）の研究、information needs（情報ニーズ）の研究、information needs and uses（情報のニーズと利用）の研究、とか呼ばれることもあるが、もっとも一般的なのは user studies で、この語がほぼ定着していると見てよい。類似のことばに user survey（利用者調査）あるいは use survey（利用調査）などがあるが、図書館情報サービスの利用者や利用について行われた社会調査をもっぱら意味しており、より広義の情報利用研究とは区別される。

　さて、情報利用研究で問題とするのは、図書館情報サービスの利用である。ただし、その対象範囲は非常に広く、利用者・非利用者の特徴、情報の探索・

利用行動、探索技能、あるいは、コミュニケーションのための組織などに及んでいる。第3章でも触れている（図3-1参照）が、情報利用研究の中心的な研究者の一人である英国のウィルソン（Thomas D. Wilson）が、英国を中心とした情報利用研究の過去50年の歩みを概観した論文で、情報利用研究の対象範囲を描いている[1]。そこでの情報利用研究の範囲は、情報探索行動、図書館情報サービスの利用（図3-1では情報システムへのディマンドとなっている）、探索の失敗、情報の利用、利用結果に対する満足・不満足、他の人々との情報交換、他の人々への情報伝達など、非常に広範に渡っていることがよくわかる。

　米国ニュージャージー州立ラトガース大学で1995年頃にベルキン（Nicholas J. Belkin）とクールソ（Carol Collier Kuhlthau）が行っていた「人間情報行動入門（Introduction to Human Information Behavior）」という講義の概要からは、情報行動の定義、情報行動を研究する意義、情報行動と図書館情報サービス、情報利用の個人的背景および社会的背景、企業やさまざまな学問分野での情報行動、情報探索および探索の仲介、利用に基づく図書館情報サービスの評価、情報技術と情報行動など、ひとの情報探索・利用行動と図書館情報サービスを二つの軸に、関連するトピックを広範に扱っていることが見てとれる。また、情報探索・利用行動はひとのコミュニケーション活動の一部であることや、特に情報検索システムの利用において、情報技術が関わってくることから、コミュニケーション研究や情報システム研究などの他分野の研究と重複する部分も多いが、異なっているのは、図書館情報サービスの利用を中心とする分野であるため、図書館、情報検索システム、印刷メディアなどが重視されている点であろう。

　情報利用研究の歴史については、以前概観したことがある[2]。また、主要な研究テーマについては、以前私たちが翻訳した『情報の要求と探索』[3]のヴァーレイス（Jana Varlejs）論文および解説に書かれているので、そちらを参照いただきたい。ここでは両稿の補足ともなるよう、最近の動向などにも触れながら、情報利用研究の歩みについて、後の議論に関係するよう特に理論的な展開に重点をおいて振り返ることとする。

## 0.2　情報利用研究の歩み

### 0.2.1　科学情報利用研究の時期（1940年代～1970年代）

　情報利用研究がいつ始まったのかを明確にするのは難しい。前述のウィルソンは、図書館の利用調査なども含めて考えれば、1910年代にすでに調査例が見られると述べている[4]。また、図書館・情報学における読書研究の歴史を著したカレツキー（Stephen Karetzky）は、組織的な読書研究をめざした初期の例として、1890年代にはじまるデイナ（John Cotton Dana）の活動をあげている[5]。ただし、このような初期の調査や研究は、今日の情報利用研究に直接つながるものではないから、こうした起源探しはあまり意味のあるものではない。

　科学技術情報を中心とした初期の情報利用研究については、津田[6]が詳しい。ウィルソンも津田も含め、現在の情報利用研究のそもそものきっかけとなったと一般に認められているのは、1948年に英国王立協会によりロンドンで開催された科学情報に関する国際会議である。会議ではバナール（J. D. Bernal）とアーカート（Donald J Urquhart）が、それぞれ科学者の資料探索・利用行動に関する調査結果を発表した[7]。両者とも、科学情報について論ずるときに、信頼するに足る経験的データのないことを研究の契機としてあげている点も、両研究が情報利用研究の嚆矢であったことを示している。さらに、両者とも、科学者の一般的な資料探索パターンや重要な情報源を明らかにしており、科学者に対する情報提供のあり方を考える上で重要な示唆を与えるものとして評価された。

　その後、1950年代から1960年代にかけて、情報利用研究の最初の隆盛を見る。いわゆるスプートニク・ショックを途中にはさんだ、全世界的な科学技術振興のなかで、もっぱら科学技術分野に焦点を絞って情報利用研究がさかんに行われたのである。

　ロンドン会議の10年後の1958年にワシントンで開催された科学情報に関する国際会議では、発表論文数は13編に増え、情報利用研究が情報学の重要な分野であることを印象づけることになった[8]。

研究対象がもっぱら科学技術分野に限定されていたということのほかに、この時期の研究の重要な特色は、社会学者やコミュニケーション研究者の参入により、社会学やコミュニケーション研究の概念と方法とが本格的に導入されるようになったことであろう。その結果、研究手法としては、質問紙法や面接法による通常の社会調査手法の他に、観察法や、被調査者に日記をつけてもらう方法、あるいは、具体例叙述法（この詳細については第2章参照）、人間関係のネットワークを描き出す手法であるソシオメトリなどの調査手法が導入されるようになった。

研究上の概念に関しては、次の三つの著作ないし学派が大きな影響を及ぼした。

① 科学史家プライス（Derek J. de Solla Price）の一連の著作、とくに『リトルサイエンス・ビッグサイエンス』[9]。同書でプライスは、科学の発展に伴って生じた科学情報流通上の諸問題と、その対処策を論じている。後の研究に影響を与えたものの中には、例えば、学術雑誌の数の増大と抄録誌の増加との関係に関する議論などがあり、後に「ビブリオメトリックス（bibliometrics）」と呼ばれるようになる、科学情報の計量的研究に先鞭をつけるものであった。また、特に情報利用研究に大きな影響を与えたものに、「見えざる大学（invisible college）」の仮説をあげることができる。最先端の研究領域では、他の研究者の成果を一刻も早く知ることができるように、指導的な研究者の間に非公式の情報交換ネットワークが成立していて、学術雑誌や学会などの情報流通チャネルを補完する役割を果たしている、とする仮説で、特に科学情報の非公式の情報流通チャネルの研究に大きな刺激を与えるものであった[10]。

② 同じく科学史家のクーン（Thomas S. Kuhn）が『科学革命の構造』[11]で展開したパラダイム論。クーンは同書で科学の発展について、それまでとはまったく異なる見解を述べて、大きな影響を与えるとともに、激しい論争を引き起こした。クーンによれば、科学の歴史は、一定の手本（パラダイム）に基づく一群の研究が次々に交代している、その交代の歴史なのであり、科学的知識は累積的に成長するものではない、ということになる。手本が研究

への新たな展望を与えてくれる魅力的なものであればあるほど、多くの研究者を引き寄せ、活発に研究が行われるが、あらかた研究しつくされて、アイデアも枯渇すると、手本の魅力も失せてきて、研究は衰退する。やがて新たな手本が登場すると、旧い手本は道を譲ることになる。

　パラダイム論は、誤解を含めて、一種の社会現象として、広くさまざまな分野に影響を及ぼした。情報利用研究においては、後述する「認知的アプローチ」などにも影響しているが、科学技術情報に関しては、特に次に述べる科学社会学の議論と結びついて、科学者および科学者集団が持つ価値体系に関し有力な示唆を与え、科学者が利用する情報の重要性について考える際の手がかりになるとされた。

③　マートン学派の科学社会学。米国の社会学者マートン（Robert K. Merton）を中心に、科学者の価値体系や報償機構、彼らが形成する社会集団の構成や機能といった社会学的な観点から、科学についての研究が行われた。ここから容易に見てとれるように、価値体系に関する議論はクーンのパラダイム論と結びつけることができるだろうし、また、社会集団に関する議論はプライスの「見えざる大学」などの非公式集団に関する議論と結びつけられよう。つまり、マートン派の科学社会学は、①と②を結びつけ、科学者が形成する集団（集団の維持にはコミュニケーションが不可欠だから、それは同時にコミュニケーション組織でもある）と集団が共有する価値体系とを統一的に議論する場を提供したのである。このため、マートン派の科学社会学は科学技術分野の情報利用研究の理論的支柱となっていった。逆に、図書館・情報学分野で開発された引用索引（citation index）などのビブリオメトリックスのツールは、科学社会学に研究のための有力なツールを提供した。こうして、科学技術分野の情報利用研究は科学社会学との密接な関係のもとに発展をとげていった[12]。

　この時期における情報利用研究の自立と進展を象徴するできごとが二つある。一つは、大規模な調査が行われるようになったことであり、他の一つは、レビュー誌に情報利用研究の動向に関するレビューが継続的に掲載されるようになったことである。

この時期に行われた大規模な調査の例としては、米国心理学会（American Psychological Association：APA）の調査、米国防総省の調査、ジョンズ・ホプキンス大学の調査などをあげることができる。マサチューセッツ工科大学のT・J・アレン（Thomas J. Allen）が企業の研究所における技術開発に関わる情報利用について行った調査も、時期的には1960年代から1970年代の全体にまたがる息の長い研究であるが、APAと同じ1963年に始まっている。また、英国でも、バース大学においてINFROSS（Information Requirements in the Social Sciences）という社会科学者を対象とした大規模な調査が行われた。いずれの調査もぼう大な量の報告書や雑誌論文を生み出している[13]が、なかでも、もっとも成果をあげ、他の研究に大きな影響を及ぼしたのは、APAの調査である。

　APAの調査は、学術雑誌や各種の研究集会など、学会が提供する情報流通のための手段の改善を目的としていた。しかし、調査は1963年から1969年におよび、その対象範囲はこうした直接の改善対象に限定されず、抄録誌などの二次情報源や非公式の情報交換などにも及び、科学的知識が各種のメディアを通じて生産・流通・蓄積されてゆくしくみの全体像を描き出すことに成功している。ジョンズ・ホプキンス大学の調査は、APA調査を担当したガーベイ（William D. Garvey）らによるもので、自然科学や社会科学の複数の分野で、APAと類似の調査を行い、分野相互を比較している。

　こうした調査の蓄積によって、研究集会、学術雑誌、抄録誌などのメディアが科学コミュニケーションに果たす役割が明らかにされた。「見えざる大学」をはじめとする非公式コミュニケーションの重要性、非公式コミュニケーションの組織、ゲートキーパーなどと呼ばれる仲介者の存在などが見いだされたことも、大きな成果であった。インターネットの普及など、情報化の進展により、研究者の情報環境は初期の調査当時とよほど変わってきているが、こうして描き出された科学コミュニケーションの全体像が持つ意義は、これに代わる像がまだ存在しない以上、今日なお大きいと言わなければならない。

　科学技術分野の情報利用研究に関するレビューは、すでに1960年前後からある。なかでも、ボイト（Melvin J. Voigt）によるレビューは、ニーズを最新の情報に対するニーズ（current approach）、日々の活動を遂行する上で必要な

情報に対するニーズ (everyday approach)、特定テーマに関する情報に対する網羅的なニーズ (exhaustive approach) に分類したうえで、それをもとに各学問分野における情報源の状況と探索上の特色を整理している点で、独特の意義を持っている。各ニーズはそれぞれカレントアウェアネス・サービス、事実探索、網羅的探索という情報サービスに対応するから、ボイトの類型はいわゆる情報サービスの類型に従っただけと言えばその通りなのだが、利用者の探索パターンと情報サービスとを結びつけようとするときには、なお有効なアプローチとして評価することができよう[14]。

初期の単発的なレビューに続いて、1966年からは、情報学分野の年刊のレビュー誌である *Annual Review of Information Science and Technology* (ARIST) 誌において、情報利用研究のレビューが継続的に掲載されるようになった。第1巻では、メンゼル (Herbert Menzel) が「科学技術における情報の要求と利用 (Information needs and uses in science and technology)」というレビュー論文を執筆している。この中で、メンゼルはレビューの主題領域、すなわち科学技術分野における情報利用研究を、「科学者・技術者が専門的活動を行う際にそのつど遂行している科学コミュニケーションに関する実証的研究」と定義した上で、その中に①科学者・技術者のコミュニケーション行動、②メディアの利用、③科学者・技術者間の情報流通、という3種類の研究が含まれていることを指摘している。さらに、このように定義された情報利用研究は、情報システムの計画や方針策定に役立つだけでなく、行動科学の研究にとっても重要であるとして、その研究上・実践上の意義を述べている。メンゼルのこの論文は、単に研究動向を概観しているだけでなく、領域を定義し、その意義を述べ、また、取りあげるに値する研究のテーマ上および方法上の基準を明示することによって、以後の研究の方向を定める役割を果たすものであった。

ARISTはこれ以降、1972年まで毎年情報利用研究のレビューを掲載し続けた。執筆者もハーナー夫妻 (Saul and Mary Herner：第2巻)、ペイズリー (William J. Paisley：第3巻)、T・J・アレン (第4巻) と、当時第一線で活躍していた研究者が起用されている。

一般に、レビュー論文の登場は、研究の蓄積と分野の一定程度の成熟を物語るものであろう。第1巻でメンゼルは1963年を「情報利用研究が自立した年」

と宣言している。情報利用研究が1960年代に自立した研究分野として成長していることを、ARISTの一連のレビューは象徴するものであった。

### 0.2.2　新しいアプローチの模索：ウィルソンとダーヴィン（1970年代～1980年代）

　1970年代に入ると、情報利用研究に変化が見られた。この変化が文献に現れてくるのは1970年代後半、特に1980年代に入ってからであるが、変化が始まったのはもっと以前、1970年代前半か、あるいは1960年代後半からであろう。

　変化を促した要因には、内的なものと外的なものが考えられる。内的な要因としてまず考えられるのは、分野の発展による対象領域の拡大である。科学技術分野の情報利用研究がさかんになるにつれ、同様の研究を人文学のような他の学問分野や、ビジネス、あるいは日常生活といった社会の他の分野においても行おうとする動きが起こってきた。例えば、公共図書館において1960年代後半から始まった案内紹介（information and referral：I&R）サービスに関連して、大都市住民の日常生活に関わる情報ニーズを調べる必要が生まれ、いくつかの大規模な調査が行われたことが、一つの刺激になったと思われる[15]。

　また、「情報マネジメント（information management）」と呼ばれる分野が情報学の一領域として登場したことも、新たな研究をうながす動因となった。これは、従来の図書館のように、図書や雑誌といった外部情報源だけでなく、内部文書なども対象として、企業などの組織体における総合的な情報管理システムを構築しようとするもので、経営学との複合領域と考えることができる。そのため、ミンツバーグ（Henry Mintzberg）など、経営学分野における研究成果を取りいれようとする動きが起こってきた。

　科学技術分野の情報利用に関する主要なテーマはあらかた研究しつくした、といった一種の閉塞感も、新たな領域での研究をうながしたのかもしれない[16]。

　科学技術以外の分野で研究を行うためには、概念を再度組み直す必要がある。プライスやクーンや科学社会学から発展させた概念を他分野にそのまま使うことはできないからである。1970年代以降、情報利用研究の概念モデルがさか

んに提案されるようになる背景には、このような事情があったものと思われる(17)。

　変化を促した外的な要因としては、当時米国を中心として進行した社会科学の見直しをあげることができる。第二次大戦前後から、自然科学をモデルに、数学を用いて社会科学を厳密な科学として再構成しようとする動きがさかんになった。ところが、1960年代になると、一転して、そうした社会科学の自然科学化に反対する議論が起こってきた。簡単に言うと、自然科学をモデルとする研究では、人間を一定の条件に機械的に反応するロボットのような存在ととらえている、という批判である。人間は与えられた条件に機械的に反応するロボットではないとして、人間の独自性を強調し、人間の意志や社会との主体的な関わりを組み込んだ新たな人間観の下で社会科学を再構築すべきだ、という提案がなされ、さまざまな模索と試行が始まった。既成の社会科学に対する異議申し立ての背景には、公民権運動やベトナム反戦運動などに見られる社会の大きな揺れ動きがあり、それはまた、先ほど述べた公共図書館における案内紹介サービスの誕生など、図書館・情報学における既成のサービスの見直しとも連動しているのだが、それについて述べるのは本稿の範囲を超える（第4章参照）。

　このような社会科学の変動は、当然情報利用研究にも波及した。ただし、その波及のしかたは、これまで科学技術分野を対象に行われてきた研究を見直すのではなく、情報利用研究の研究範囲が拡大するなか、新たな研究者が新たな領域で新たな視点のもとに研究を始める、というかたちでであった。つまり、一種の世代交代が起こったのだが、新しい世代は旧世代とは別の領域で新たな活動を開始したのである。

　新しい視点からの情報利用研究をリードしたのは、ウィルソンを中心とする英国シェフィールド大学の人々と米国のダーヴィン（Brenda Dervin）である。

(1) シェフィールド大学の情報利用研究

　シェフィールド大学のウィルソンやロバーツ（Norman Roberts）は、1970年代から1980年代にかけて、社会科学の概念や方法論を図書館・情報学に導入することに精力的に取り組んだ。その機関誌的存在であった『社会科学情報研究（*Social Science Information Studies*）』誌[18]の創刊号は、図書館・情報学

が社会科学における情報問題の解決に貢献しうる一方、社会科学の概念や方法論を取り入れることにより図書館・情報学の研究が豊かになると論じている[19]。

情報利用研究は、シェフィールド大学における主要な研究領域の一つであった。1976年には英国図書館研究開発部（British Library Research and Development Department）の資金で「情報利用研究センター（Centre for Research on User Studies：CRUS）が設立され、専任の研究者を置いて継続的に研究する態勢が整えられた。また、外部の研究者を招いたセミナーなどを通じて、認知科学と情報学との関連や、質的研究法と呼ばれる方法の適用可能性など、当時未開拓であったテーマに次々と取り組んでいった。

シェフィールド大学で行われた研究のうち代表的なものは、ウィルソンらによる研究プロジェクト INISS（Information Needs and Information Services in Local Authority Social Services Departments）であろう。英国地方自治体の社会福祉部門を対象に1975年から1982年にかけて行われた研究では、質問紙による面接調査のほかに、実際に業務の観察や、「啓発的評価法（illuminative evaluation）」と呼ばれる新しい方法が採用されている。啓発的評価法というのは、調査結果から得られた対象者の情報探索・利用行動に関する仮説的な解釈をもとに、実験的なサービスを実施し、その結果によって解釈の妥当性を検証しようとする方法である。対象とする部門に調査結果を提示し、議論の場を設けることにより、対象部門における情報利用の現状についての認識を調査者が調査対象と共有しようとしているところも、従来の研究とは異なる点である。

こうした活動を背景に、ウィルソンは1981年に情報利用研究の新たな枠組みを提案する。その中で、ウィルソンは従来の研究が「情報ニーズ」といった調査不能のあいまいな概念に依拠して行われていることを批判し、目に見える行動である情報探索行動を基本的な研究対象とすべきこと、理論的な点については、心理学の基礎概念である人の基本的ニーズや、役割・環境といった社会学的な概念を援用すべきことを提唱した[20]。

(2) ダーヴィンの意味構成アプローチ

後の研究に与えた影響という点では、ウィルソンたちよりもダーヴィンの方がはるかに大きかったと言うことができる。

ダーヴィンは1970年代前半から[21]ボルチモア市民の情報ニーズに関する調査に参加したことをきっかけに、市民の情報ニーズやメディア接触に関する一連の研究を精力的に行うかたわら、そうした研究の理論的な裏付けとして、人々の情報利用に関する理論を発展させていった。ダーヴィンはその理論を「意味構成アプローチ（sense-making approach）」と呼んでいる[22]。ダーヴィンについては本書第3章で扱う[23]ので、ここではダーヴィンの議論が持つ意義に重点を置いて考えてみることにする。

　ダーヴィンの議論は、従来の研究を批判する部分と、それに代わる新しい理論を提示する部分とに分けて考えることができる。

　従来の研究に対するダーヴィンの批判は、情報利用研究に向けられているというよりは、図書館・情報学における研究のあり方の全体に及ぶものであり、その主張の核心は、主観と客観とを分け、情報を客観的な事実の世界を写し取るものとしてとらえる従来の情報観に対する批判であった。比喩的に言うと、従来の考え方では、情報とはわれわれの主観の外にある世界の断片的でかつ不完全な像、ということになる。情報をこのようなものとして考えると、情報を利用するということは、ジグソーパズルのように、情報を外部世界から取りこんで、私たちの主観の中にある現実の像のなかの足りない部分を埋めるような活動だとみなされる。また、情報がゆがんでいたり不完全だったりするか、あるいは、私たちの受け取り方が間違っていたり不十分だったりすると、主観のなかの像も現実を正確に反映しないことになってしまう。したがって、この考え方では、情報探索の課題は、利用者が持っている像の欠落部分を知り、可能な限り正確にそれを埋めてくれる情報を見つけ出す、ということになる。

　このような狭いとらえ方では、情報利用の多様な相貌をとらえきれないだろう、というのがダーヴィンの批判であった。例えば、料理の本を参照して料理を作る場合を考えてみよう。同じレシピを使っても、レシピ通りに作ろうとする人と適当にアレンジして作る人では、できたものはかなり違うだろう。レシピの指示する材料がないときには、店に買いに行く人もいれば、あり合わせの材料で適当に作ってしまう人もいれば、材料に合った別の料理を作る人もいるかもしれない。材料の質や量、その調合の仕方などは毎回微妙に異なるのであり、同じレシピを見て同じ料理を作っても、同じものができることは決してな

い。「本に載っていたレシピの情報を利用して料理を作る」という一見単純に見えることも、よく見てみると、情報をどのように受け取り、どう利用してゆくのかは、人によってさまざまなのである。つまり、従来の図書館・情報学は、前提とする情報観、人々の情報利用に対する考え方の点で間違っている。

　ダーヴィンの議論が単に従来の図書館・情報学の情報観に対する批判に終始したのであるならば、図書館・情報学に与える影響はそれほどではなかったであろう。彼女の議論の真に独創的な点は、それまでとはまったく異なる新しい情報観をもとに、「状況－ギャップ－利用モデル（situation-gap-use model）」と呼ばれる情報利用のモデルを提示し、情報利用研究の指針となる基本モデルとしたこと、および、「中立的質問法（neutral questioning）」という名のレファレンス・インタビュー技法を開発した点にある。すなわち、新しい理論を提示したこと、および、理論に基づいて研究と実践のためのプログラムを開発した点にその意義を認めることができる。

　意味構成アプローチの個々の論点についてはすでにいつくかの解釈が提示されている[24]。その情報観は、一種の構成（構築）主義ともいうべきもので、個人にとっての状況の独自性と個人による意味創出を重視したものである。ダーヴィンは3種類の情報を区別する。一つは客観的な情報と呼べるもので、先述した伝統的な情報観の情報概念に相当する。もう一つは個人が自分の主観のなかで構成するもので、個人により独自の意味づけがなされており、他人が知ることは不可能である。第三の情報は、一種の変換プロセスとみなすことができ[25]、状況を構成するさまざまなものに対する解釈をもとに、客観的な情報を自らの主観のなかで意味づけて主観的な情報へと変える過程のことをいう。習慣的にものごとを処理している日常生活のなかでは、こうしたことを意識することはまずないが、例えば、外国に旅行したときなどはどうであろうか。レストランやショッピングなどにおいて、見聞するさまざまなできごとを、自分なりの理解のしかたで解釈しようとするであろう。このとき、レストランやショッピングで出会うメニューやサイン、値段の表示などが与えるものは客観的情報であり、それを見て、日本での自らの経験をもとに、どんな料理でおいしそうであるかとか、実際の値段はいくらくらいですごく安いとか解釈したものが、主観的情報である。そして、そうした解釈で落ち着いて、食事をするとか

実際に買うとかするまでに、解釈がさまざまに変わることもよくあることである。店の人に慣れない外国語で聞いてみて、それもよくわからなかったり、まわりのテーブルの様子を眺めて確かめようとしたあげく、結局でてきたものが想像したものとまったく違っていた、ということもあるかもしれない。このとき、主観的情報として自分の経験に組み込まれてゆく途次で経験することが、第三の意味での情報になる。第三の意味の情報は、客観的情報をもとに意味を作りだし、主観的情報としての自らの経験に組み込んでゆくプロセスと考えることができよう。

　今日みるとき、ダーヴィンとナイラン（Michael Nilan）により1986年のARISTに掲載された情報利用研究のレビューは、新しい情報観に基づく研究の「マニフェスト（宣言）」として位置づけることができる[26]。この中で、二人は情報利用研究において「パラダイム・シフト」が求められていると書いている。ここでの「パラダイム」概念は先述のクーンの概念を準用したもので、研究の枠組みとなる概念構成のことである。二人は、客観的情報を情報観とする伝統的なパラダイムに対し、人間の主観性を重視した新しいパラダイムの特徴を、次のように対比的に描いている。

① 客観的情報対主観的情報（情報観の違い）。
② 機械的・受動的利用者観対構築主義的・能動的利用者観：伝統的な利用者観では、利用者は客観的情報をそのまま受け取るような存在であり、利用者による解釈は個人的な「ずれ」でしかないとみている。このような受動的な利用者観に対して、新しいパラダイムでは、利用者は情報を自ら作りだす能動的な存在であるとみている。
③ 状況独立性対状況依存性：従来の情報利用研究では、個々の情報利用を超えた一般的な特性の把握をめざすのに対し、新しいパラダイムでは、個々の状況の下での具体的な情報利用の理解をめざす。
④ 原子論的経験観対全体論的経験観：人の情報利用について、従来はメディアの利用や図書館の利用といった特定の事象を他の事象から切り離して単独で研究しようとしたのに対し、新しいパラダイムでは、メディアの利用をその前後の経験から切り離さずに、全体として眺める。

⑤ 外的行動対内的認知：伝統的には、メディアの利用といった外的行動に焦点があてられていたが、新しいパラダイムでは利用者の内面に焦点があてられる。
⑥ カオスとしての個人対組織体としての個人：伝統的な利用者観では、利用者は単なる属性の集積体、独自のまとまりのないカオスのような存在とみなされていた。新しい利用者観では、利用者は情報を作りだし、自らの経験のなかに組織化することによって、自己の統一と世界との安定した関係を作りだす存在である。
⑦ 計量的研究対質的研究：従来の研究は計量可能な尺度を設けて利用者の属性を測定していたが、新しい研究では、利用者が生み出す意味の解釈を重視する[27]。

ダーヴィンとナイランは新しいパラダイムによる研究の例として、意味構成アプローチの他に、テイラー（Robert S. Taylor）の「価値付加プロセス（value-added process）」論とベルキンの「変則的な知識状態（anomalous state of knowledge：ASK）」仮説をあげている。テイラーの議論は後に「情報利用環境（information use environments）」論へと発展したもので、利用者が情報に見出す価値ないし有用性に影響する状況要因を探るものである[28]。ベルキンのASKについては第3章で取りあげている。こうした先駆的な研究例をふまえて、ダーヴィンとナイランの論文は以後の情報利用研究が進むべき方向を力強く打ち出したのである。

### 0.2.3　構築主義の時代（1980年代以降）

ウィルソンやダーヴィンの影響を受けた新しい世代の研究者たちが1980年代から活躍を始めた。本章冒頭の引用が典型であるが、彼らはいずれも、情報の利用を個人による意味創出過程としてとらえている点と、方法的には従来の計量的方法に対して批判的で、質的方法に共感を示している点が共通しており、上記「パラダイム・シフト」の申し子のような存在とみなすことができる。また、ベルキンにすでに見られたが、認知科学の概念を援用して、情報探索過程を個人の内的情報処理の観点から分析しようとする研究も見られるようになっ

た。

　科学者のコミュニティを対象に、そのコミュニケーション・チャネルの全体像を描こうとするような従来の研究に代わり、この時期には、個人の探索過程を詳細に記述した研究や、個人に焦点を当てて、その個人が抱いている世界観との関わりで情報の利用を分析した研究などが登場してきた。従来の研究は、図書館や情報検索システムなどの情報システムの利用に焦点があてられてきたとして「システム志向（system oriented ないし system centered）」の研究と呼ばれたのに対し、この新しい視点に立つ研究を特徴づけることばとして「利用者志向（user oriented ないし user centered）」ということばが使われ、一種パラダイム・シフトを象徴することばとなった。

　すでに紹介したダーヴィンとナイランのマニフェストでも、「構築主義（ダーヴィンは constructivism の語を用いている）」という語が用いられていた。構築主義というのもさまざまな起源を持つ多義的な語だが、強いて共通するものをあげるとすれば、私たちが経験する現実というものは、ことばの使用を通じて共同的に構築されているものであって、私たちの外に客観的に存在するのではない、とする世界観であって、この点はダーヴィンにしてもウィルソンにしても変わらない。図書館・情報学における構築主義の特徴は、個人による意味構築の過程に専ら焦点をあてていることで、意味構築の共同的な側面にはあまり配慮されていない。一方、ダーヴィンやウィルソンの活動と同時期に、人間のこころのはたらきを情報処理のプロセスとして解明しようとする認知科学の概念を導入した研究がベルキンなどにより進められていた。個人の意味構築に焦点をあてる構築主義と、ひとの内的情報処理のプロセスとして情報探索・利用の過程を解明しようとする認知的アプローチとに強い結びつきのあることは、ダーヴィンとナイランのマニフェストにも現れているし、次に述べるクールソの研究などにも見て取ることができる。「パラダイム・シフト」の内実は、実際には多様な知的基盤に基づく多様な研究であった。

(1) 個人の探索過程と探索様式の研究

　個人の探索過程に関する研究を代表するものに、英国シェフィールド大学（現在はウェールズ大学）のエリス（David Ellis）による科学者の探索様式の研究と、米国ラトガース大学のクールソによる「不確実性原理（uncertainty principle)」に基づく個人の探索過程の理論化をあげることができる。いずれも本書で取りあげられているので、ここではその意義を中心に簡単に述べるにとどめる。

　エリスはさまざまな分野の研究者を対象に探索行動を調査し、多くの研究者に共通するパターンがいくつかあることを見出した。それらは、例えば、書店から送られてくる出版案内をながめるとか、引用文献をたどるといった、習慣化され、ごくありふれた情報収集戦略である[29]。従来の研究は、図書館員やサーチャーといった検索の専門家がとる探索戦略に焦点を当てたものや、ブラウジングなど特定の探索戦略に焦点を当てたものが多く、意識的・無意識的を問わず、利用者が習慣的に採用している戦略を包括的に取りあげたものは、この研究が嚆矢であった。

　クールソの研究の出発点は、自由課題でレポートを作成する高校の授業における情報探索の研究であった。高校生は好きなテーマを選んで、学校図書館で資料を調べ、それをもとにレポートを作成して提出する。クールソはこの過程をたんねんに追い、そこから得られた知見をもとに、情報探索に関する理論を作り上げた。理論のもととなっている調査は、レポート作成という具体的な状況のなかで、状況を構成する一部として情報探索をとらえていること、そのため、1学期という長期間に渡って情報探索のさまざまな様相を拾い出した上で理論化をはかっていることなど、情報探索に関わる事象を包括的にとらえようとした意図に沿うものとなっている。理論はその後のいくつかの調査を経て洗練され、「不確実性原理」のもとにまとめ上げられた。理論では、情報探索のプロセスを、具体的な探索行動とその基底にあるひとの意識の変化とともに、情緒面の変化も追っていることが特色である。情緒が情報の探索・利用にいかに深く関わっているかは、例えば、怖そうな教師には質問できないとか、ひいきのチームが勝ったときには、テレビのスポーツニュースや新聞で繰り返し同じ試合に関する情報を入手しようとすることなどを考えてみると、容易に理解できるだろう。クールソは、情報の探索・利用にともなう情緒の問題をはじめて正面から取りあげたのである。情報の探索・利用過程を「意味を構築するプロセス」としてとらえている点は、ダーヴィンと共通するところであろう。「不確実性原理」とは、「不確実な感じ」こそが情報探索の基礎にあって、探索

の動因となるものである、とする理論である。

　クールソの研究のもう一つの特色は、実践、特に学校図書館における利用者教育との結びつきである。自身の研究に基づいて、クールソは利用者の情報探索のプロセスに配慮した図書館情報サービスのあり方を提唱している。例えば、利用者教育について、従来の利用者教育は、情報源の紹介や、特定テーマに関する情報の探し方を例示するにとどまるため、利用者の情報活用能力育成にはほとんど貢献していない、と批判し、代わりに、一般的な探索手順や、そこで出会う問題に対処する方法の教育に重点をおいた利用者教育プログラムを、「プロセス・アプローチ（process approach）」に基づくプログラムと呼んで、提唱している[30]。ダーヴィンでもそうだったが、理論と実践の両者にわたって今後の方向性を示唆するものとして、その影響は大きい。

　個人の情報探索過程に関する研究は、エリスやクールソ以後も今日に至るまでさかんに行われている。近年は特に、「ブラウジング（browsing）」や「情報との遭遇（information encountering）」など、特定の探索様式に焦点をあてた研究が注目されている。ブラウジングについては第2章で詳しく論じている。「情報との遭遇」というのは、他のことをしているときにたまたま日ごろ関心を抱いていたことがらに関する情報に出くわした、といった種類の情報収集法のことで、人がさまざまな関係のなかで生きているということ、情報の収集というのも、そうした多様な関係のなかで行われるのであり、単純に当面の必要性に基づいた情報収集ばかりではないということをよく例示している[31]。また、動物の採餌行動（foraging）に関する理論をもとにした探索行動の理論化なども新しい動きとして注目すべきであろう。容易に想像がつくように、「餌」を情報、餌場を図書館などの情報源にたとえると、人間の情報探索行動を餌場から餌場へと餌を求めて歩き回る動物の行動に引き比べて、採餌行動の理論を情報探索行動に適用し、探索行動のモデルを作り上げることができるわけである[32]。

　(2)　個人の世界観と情報利用

　社会との関わりの中で個人の情報利用を把握しようとしているものも、「パラダイム・シフト」の影響を強く受けている。以前の科学者を対象とする研究では、個々の科学者というよりは、科学者を結ぶコミュニケーション・システ

ムにもっぱら関心が寄せられていたが、最近の研究では、人がこの世界をどうとらえているかとか、社会とどのように関わっているかといった、個人の主観性に分析の焦点をあてた研究がめだっている。そのような研究を代表するのがチャットマン（Elfreda A. Chatman）である。チャットマンは都市貧困層や高齢者などの、一般的に社会的弱者とされている人々を対象にした一連の調査において、そのような人々の住む世界との関わりで、情報利用の特色を描き出そうと試みている。その研究については、情報貧困層に関する議論との関わりで、第4章で取りあげているので、ここではチャットマンの研究の特色と意義を述べることにする。

　チャットマンの方法上の特徴は、対象とする人々のコミュニケーション行動について、さまざまな既存の理論を適用してみた上で、理論に適合する部分、適合しない部分を比べてみることから、対象とする人々のコミュニケーション行動の特徴を明らかにしようとする点にある。例えば、隠退した一人住まいの高齢女性を対象とした調査では、「社会ネットワーク理論」が採用されているが、その理由は、過去の調査から、生活を支援するようなネットワークが安定した生活を営む上で有効であろうと思われたためであった。つまり、社会ネットワーク理論の概念を分析の枠組みとして利用することにより、社会関係を軸に高齢者の情報探索・利用の特徴を浮き彫りにしてみようとしたのである。フィールドワークの過程では、理論に適合しない事例が現れたが、それらは理論をさらに展開する上で大切な事象として重視された[33]。

　チャットマンの一連の研究のなかでは、社会ネットワーク理論以外にも、普及理論や疎外理論などが援用されている。こうした理論の装いを通じて、社会的弱者とされる人々の生活様式と、情報利用の実態が記述されている。その特徴は、人々が自らの生活や周囲の世界をどのようなものと感じ、どのような問題に直面しているかを理解した上で、こうした彼らの日常のなかで情報利用がどのような位置を占めているのかを明らかにしている点である。その点で、ダーヴィンなどの構築主義的な特徴を共有していると見ることができる。われわれは一意に定められた客観的な世界のなかで、定められた役割を機械的になって生きているわけではない。ひとりひとりが自分なりにものごとを意味づけて、自分なりの経験の世界を生きてゆく。社会的弱者としてのあり方は、日々

の活動によって具体的に構成されているのであり、情報の利用は、社会的弱者としてのあり方を構成する、意味づけと経験を積む行為の重要な一部であると考えるのである。

　そうした情報観をもとに、チャットマンは社会的弱者の情報利用が、いかに社会的弱者としての彼らの生活に「見合った」ものであるか、情報利用が弱者としての生活を余儀なくされている彼らの日常を構成する一部であることを克明に描き出してゆく。構築主義的な観点に立脚して、社会とのかかわりに注目している点に、チャットマンの最大の特色があるし、その意義も求められる。管理職の人々のニーズや探索行動を研究したものなど、組織の中で特定の役割をになう人々を対象にした研究で、構築主義的な観点に立つものはほかにも存在するが、いずれも役割をすでに与えられたものと仮定した上で議論を進めており、チャットマンのように、役割を本人が構築してゆくプロセスと見た上で、役割を構築するプロセスの不可欠な一部として情報利用をとらえるような視点を取っていない。その意味で、構築主義的なパラダイムとそれが否定したはずの客観主義的なパラダイムの不徹底な混交という印象をぬぐいがたい。

## 0.3　情報利用研究の特徴と課題

### 0.3.1　情報利用研究の現状

　ウィルソンは50年にわたる情報利用研究の歩みを振り返るなかで、情報探索行動に関する共通の理論的な立場が形成されつつあることを述べ、最後に締めくくりとして、情報探索・利用の統合モデルを形成する機運が熟したと、その輪郭を描いている。

　　その統合モデルはすでにほとんど完成している——それはひとに中心をおいた（person-centred）モデルであり、ダーヴィンの「意味構成」アプローチが大きな基盤となっているが、情報探索行動、情報ニーズが複合的な文脈のなかで形成されるという特性、および利用者満足の性質、という三者に関するモデルで拡張したもの（すでに実現しているものもあるし、未だ可能性としてしか考えられないものもある）である[34]。

ここで「情報探索行動のモデル」と呼ばれているのは、エリスやクールソのモデルのことであろう。論文の別の個所で、両者を一つのモデルにまとめあげることは可能だとウィルソンは述べている。

一方、「文脈」については特に説明はないが、1999年の論文[35]では、文脈を個人、社会的役割、環境の三者によって構成される複合的なものとして提示している。個人がニーズを持って活動するとき、個人の心理特性、対人関係のなかで形成される役割、その基底にある文化的環境や自然環境といったものに同時に関わることになる。関わりのなかでニーズが満たされない事態が生じたとき、そしてそれが情報の入手によって解決されそうに見えるとき、二次的ニーズとしての情報ニーズが生まれ、情報探索行動がとられることになる。こうした文脈概念をモデルに適切に組み込むことが必要だとウィルソンは述べているわけである。

第三の利用者満足については、アップルゲイト（Rachel Applegate）の論考[36]をあげているのみである。これからさらに検討を要するということであろう。

ウィルソンはこの論文の後も、他分野の研究成果なども参照しながら、情報探索・利用行動（ウィルソンは「情報行動（information behaviour）」と呼んでいる）のモデルの検討を続けている。

ウィルソンの提言が妥当かどうかはともかく、情報利用研究の主流が構築主義的な考え方を採用しており、そのもとで、理論的・経験的な研究が蓄積されていることは確かである。しかし、それだけではなく、必ずしも構築主義といえない新たな理論化の試みもはじまっている。前節で紹介した「情報との出会い」に関する議論や「採餌行動」の理論を導入する試みなどは、こうした新しい動きの一つの例である。

構築主義を中心に情報利用研究が新たな展開をとげていることは、最近起こった二つのできごとにはっきりと示されている。その一つは「文脈の中の情報探索（Information Seeking In Context：ISIC）」と呼ばれる国際会議が1996年から隔年で開催されていることで、2000年には第3回会議がスウェーデンで開かれた。いま一つは、1999年に米国情報学会（American Society for Information Science：現在は米国情報学・情報技術協会）内に情報利用研究の特別研

究グループ (Special Interest Group on Information Needs, Seeking and Use：SIG/USE) が誕生したことである。いずれも、近年における情報利用研究の興隆を物語るものである。SIG/USE 誕生の際に『米国情報学会報（*Bulletin of the American Society for Information Science.* Vol.25, No.3, 1999）』は情報利用研究の特集を組んでいるが、そこではクールソによる不確実性原理の紹介のほかに、「情報との遭遇」や採餌行動などのトピックも紹介され、情報利用研究の新たな潮流をよく示すものとなっている。

### 0.3.2　わが国における情報利用研究

わが国では、現在、これまで述べてきたような情報利用研究は活発には行われていない。その理由、つまり、わが国ではどうして情報利用研究が行われにくいのかを検討することは、情報利用研究とわが国の図書館・情報学との双方の特色をよく示すことになると思われるので、歴史を含め、わが国における情報利用研究の状況を少々振り返ってみたい。

(1)　わが国における情報利用研究の歴史

わが国においても、情報の探索と利用に関する研究は以前からあった。米国において初期の情報利用研究が軌道に乗りはじめた 1964 年に、小谷正雄はわが国の科学技術分野の研究者を対象にした文献の利用に関する質問紙による調査の結果を報告している[37]。その後、1960 年代後半から 1970 年代にかけて、わが国においてもかなりな数の研究が行われたが、ほとんどが特定の機関を対象にした小規模な調査や理論研究であった。なかでは、科学技術庁が 1968 年からいくつかの科学技術分野を対象に行った調査や、1971 年と 1972 年に文部省が全国の人文・社会科学者と自然科学者を対象に行った調査は、大規模なものであったが、やはり質問紙により文献の利用状況などを尋ねるもので、米国のように科学者のコミュニケーション・システムの解明をめざすようなものではなかった[38]。

1970 年代から 1980 年代の初頭にかけては、科学者の非公式コミュニケーションの研究がいくつか行われた。その結果、非公式コミュニケーションにおける学閥の影響や海外の研究者との結びつきなど、いくつかの興味深い成果を生みだしている[39]。

序章　情報利用をめぐる研究

　1980年代半ば以降になると、情報の探索や利用に関する研究、ことに経験的研究は急速に減少する。一つには、科学技術分野を対象としたわが国の図書館・情報学研究の重点が、ビブリオメトリックス（これも情報利用研究としての側面を持っているが）に移行したために、情報利用研究への関心が相対的に低下した、ということがあるだろう。しかし、一層重要なことは、英米ではじまった「パラダイム・シフト」に対応する用意が、わが国の図書館・情報学に十分になかった点であろう。

　1980年代末以降のわが国の情報利用研究は、非常に思弁的・理論的な色彩を強める。情報ニーズのレベルに関するテイラーのモデル（第3章参照）、ダーヴィンの意味構成アプローチ、クールソのモデルなどの解釈をめぐる理論的な研究が継続的に行われ、その水準は決して低くはない。一方、経験的な研究は第2章で紹介する越塚のものなど、数えるほどしかない。1997年には学術情報センター（当時：現在は国立情報学研究所）に情報利用学研究部門が設けられたが、現在までのところまだ大きな成果をあげるまでには至っていないようである。

(2)　わが国の図書館・情報学研究と情報利用研究

　わが国の情報利用研究の現状は、わが国における図書館・情報学の特徴をよく示しているように思われる。

　ARIST誌上にダーヴィンとナイランが「パラダイム・シフト」を宣言するレビューを掲載した同じ1986年に、日本図書館学会（当時：現在は日本図書館情報学会）は「図書館利用者調査」に関する論集を刊行した[40]。個々のシステムを離れて、「利用者志向」の「研究」をすることが必要だと主張されていたときに、わが国では、図書館という「システム」の計画立案や評価のための「調査」（研究ではなく）について論ずる本が出版されていたのである。

　図書館・情報学は「図書館学」の部分、すなわち、図書館のあり方や経営に関連する調査・研究・実践の部分と、「情報学」の部分、すなわち、情報の収集・蓄積・検索・提供に関する調査・研究・実践の部分という二つの部分で構成されている。情報学が基礎で、図書館学がその応用であるとみなすような議論もあるが、実際はそうではなく、図書館の歴史や理念に関する研究は、「知る自由」や文化の発達などと関連した理論的なものだし、一方、情報検索の技

23

法や情報提供手法といった情報サービスに密接に関連した応用的な研究や実践は情報学の大きな柱となっている。したがって、図書館学と情報学との関連は、実際のところは、図書館と情報サービスとの間にどんな理念的な共通性を見るか（例えば、図書館も情報提供機関の一種である、と見るように）という点と、サービスなどの実務面でどんな共通性があるか（例えば、情報サービスが図書館サービスの大きな部分を構成している、というように）という点に依存している、ということができよう。

わが国の場合、かつてドキュメンテーションと呼ばれていた時代から、情報学を実務面でになってきたのは、医学・農学・薬学・化学など科学技術系の学術図書館や、企業の研究部門の情報管理担当、日本科学技術情報センター（現在は科学技術振興事業団）など科学技術系の情報提供機関が中心で、人文社会系の大学図書館や公共図書館などでは、貸出しや閲覧を中心とした伝統的な図書館サービスが提供され、情報サービスには概して無関心であった。また、学校図書館は、学校図書館法で定められた司書教諭の配置など、制度面の整備が立ち遅れており、サービスの充実にはほど遠い状態が続いている。

情報利用研究のおもな対象が科学技術分野だったときには、情報サービスの改善に役立つものとして、情報利用研究に対する実務面からの関心は一定程度存在することができた。現在でも、その事情は変わっていない。しかし、対象が他分野に移行したとき、情報検索など情報学分野の一部を除き、わが国には、そうした研究を実務に関係させるような基盤はほとんど存在していなかった。情報利用研究自体、非常に地域限定的な分野で、大多数の研究が英国・米国・カナダ・オーストラリアなどのアングロ・サクソン諸国と北欧で行われており、他地域からの貢献はほとんどないに等しい。このようになっている理由はよくわからないとしか言いようがないが、少なくともその一部に、図書館・情報学研究が根ざしている各国の図書館情報サービスの違いがあることは間違いないであろう。クールソの研究やダーヴィンの研究が、学校の情報リテラシー教育や、公共図書館の案内紹介サービスなどに関連してはじめられたこととくらべて考えてみると、わが国ではそうした研究が実務面ではほとんど意味をなさないことに気づく。

一方、理論面をになうはずの図書館・情報学の研究者もまた、わが国独特の

制約下にある。わが国の大学では、図書館・情報学の研究者はほとんどが図書館法による司書資格付与のための課程の教員として在籍している。つまり、ほとんどの研究者が、教育面においては公共図書館の経営に関係する科目を担当しているわけである。こうした環境下では、研究の重点が公共図書館の経営に関連したことに置かれてしまうのも理解できる。学会の論集が図書館経営のための利用者調査をテーマとしたのも、当然といえば当然であったのである。むしろ、論集のなかでいく人かの執筆者が情報利用研究の成果を取り入れようとつとめている点こそ評価すべきであろう。

　近年になり、公共図書館でもインターネットを中心にした情報サービスが導入されたり、学校図書館が整備され、情報リテラシー教育の導入（第5章参照）が図られるなど、実務面で変化のきざしがある。研究面でも、研究者数の増大とともに、研究内容に拡がりがみられるようになった。このように、研究環境は変化しつつあるものの、英米流の情報利用研究がそのまま意味を持つような環境がただちに出現しているわけではない。ドイツやフランスなど、独自の図書館学の伝統を持つ国で、情報利用研究がほとんど存在しないことを見ても、実践に密接に関連した部分で外国の研究をそのまま移入するやり方に効果があるとは思えないのである。

　実務とそれに関連した研究にとって直接的な意義があまり感じられないとすると、残された可能性は、図書館・情報学の理論面への貢献である。実際、情報探索・利用行動に関する諸研究は、図書館・情報学の基礎概念を考察するときに、豊かな示唆を与えてくれているように思われる。わが国の研究が理論的な側面に集中しているのも、理由のないことではない。

　しかし、図書館・情報学の基礎概念を与えるものとして、情報利用研究の現状を眺めてみると、未だ不十分な点、未開拓な領域があることに気づく。そればかりではない。情報利用研究を少し離れた視点からとらえ直すことによって、理論面だけでなく、現実のさまざまな事象に対して豊かな可能性を持たせることが可能となるのではないだろうか。次節では、情報利用研究の可能性について検討し、その後、それとの関連で、本書各章の内容を紹介する。

## 0.4　情報利用研究の可能性

繰り返し指摘しているように、現在の情報利用研究は構築主義的な考え方に大きく依拠している。情報の探索・利用を、個人が意味を構築するプロセスとしてとらえることによって、さまざまな研究の可能性が開けてきたことは、見てきたとおりである。しかし、わが国における情報利用研究の今後の展開を考えるときには、他の視点の導入を考慮することが必要に思われる。また、構築主義的な視点にしても、その可能性が尽くされているかどうか、さらに検討することが必要とされよう。検討すべき課題には、次のようなものがある。

(1)　概念の一層の洗練
(2)　社会的な視点の再導入
(3)　他分野の知見・他の視点の導入
(4)　システムに即した研究

以下、各課題について説明しよう。

(1)　概念の一層の洗練

例えば、ダーヴィンの意味構成アプローチについては、実証理論を導くメタ理論としての役割を期待する議論がある[41]一方、意味構成アプローチの基底にある他者の主観性の理解不能性という主張を考えるならば、そうした実証理論そのものが根拠を失う、とする意見もある[42]。ダーウィンの議論にしても、クールソの不確実性原理にしても、その概念を洗練させ、一層明確なものにする余地は大いにある。

本書ではこれ以上詳しく触れないが、構築主義の一つの方向は、明らかに、糸賀や松林が示しているような、実証科学としての図書館・情報学に対する批判と、その代替アプローチを模索する方向であろう。他者の主観性を理解不能とする限り、この議論は現在の構築主義的な諸研究を含む図書館・情報学の実証的な研究に対する批判として、十分な説得力を持つと思われる。そうした批判の上に立って、情報や情報の利用といった概念をとらえなおし、図書館・情報学の実践と結びついた新たな知のあり方を考えてゆくことは、図書館・情報学を実践の学として根底から再編成するための基礎理論を構築する試みとして

評価することができる。

　構築主義とはまったく異なる視点からであるが、本書の第1章で池谷は日常の言語使用の実際にそくして、情報と情報利用のとらえなおしを試みている。構築主義的な観点を採用すると否とに関わらず、情報利用研究は図書館・情報学の基盤を考察する上で有益な知見を提供してくれるであろう。

　構築主義のもう一つの方向は、認知科学などの成果を導入することにより、情報探索・利用行動の厳密なモデル化をめざすことである。前節で簡単に触れたとおり、ベルキンの研究を嚆矢に、ボーグマン（Christine L. Borgman）やブライス・アレン（Bryce Allen）の研究[43]など、認知科学、特に認知心理学の概念を援用した研究は、情報検索に関連した情報利用研究の大きな部分を占めている。人間を1個の情報処理系ととらえ、情報探索・利用過程を情報処理過程としてそのアルゴリズムの厳密な記述をめざすのは、理論的にも、ユーザフレンドリーな情報検索システムの構築を目指す実践的な立場からも、情報利用研究の一つの重要な方向だと思われる。第3章で斎藤は、大きくは認知科学分野における問題解決（problem solving）に関する議論に依拠して、情報探索を問題解決過程の一部と見る立場から、その定式化を図っている。

(2)　社会的な視点の再導入

　構築主義に立脚した情報探索・利用行動の拡張の他の方向は、行動の社会的側面、「共同主観性（intersubjectivity）」への注目である。ヴァッカリ（Pertti Vakkari）が指摘する[44]ように、構築主義には、個々人による意味の構築とともに、言語を介した現実の共有という二つの側面がある。この両者の関係については種々議論のあるところだが、簡単のためにごく荒い言い方をすれば、主観的・個別的に構築した個々人の現実を、ことばを介して互いにすりあわせることによって、共同で行動がとれるようにする、ということになる。

　バーガー（Peter L. Berger）とルックマン（Thomas Luckman）の著作[45]に代表されるように、社会学などにおけるいわゆる社会構築主義（social constructionism）では、こうした意味の共有過程と、その結果としてのさまざまな社会組織や制度の成立と変化に主要な関心があり、個人の意味構築過程にもっぱら研究が集中している最近の情報利用研究とは対照的である。情報利用研究は社会学の研究などと相互補完的な関係にあると言えないこともないが、か

つての情報利用研究が、科学技術分野に限定されていたとはいえ、科学者や技術者のコミュニケーション組織に関心を集中させていたことを思い起こすと、個人への関心の集中は、少々不思議な気がしないでもない。研究の応用領域が、かつてのように学会や研究機関といった組織のコミュニケーション・システムの改善から、情報検索システムやレファレンス・サービスの改善といったもの、つまり、組織全体のしくみの改善から、図書館や情報検索サービスにおける個々の利用者の満足の極大化へと移行したことが関係しているのかもしれないが、これも単なる推測でしかない。

個人の情報利用過程への関心の極度の集中によって、情報利用研究はその対象範囲を自ら狭めるような状況を作り出しているように見える。情報というものがもともと伝達を前提とする概念であることを考えるならば、社会的な視点は情報利用研究にとって必須の視点であり、現状は情報探索・利用のあまりに狭い一面しか対象としていないといわざるをえない。

情報の探索・利用が人々の社会生活をどのように構成しているのか、また、個々人の情報利用が社会をどのように作りあげているのか、といった課題は、今後の取り組みが期待される重要なテーマである。前節で触れたチャットマンの研究は、人々の生活と情報利用とのかかわりについて貴重な知見を提供しているが、個人を超えた社会制度の問題、すなわち、情報貧困層を生み出す社会のしくみについては、特に検討されていない。組織体における情報利用の問題を扱ったこれまでの研究の多くが、機能主義と構築主義の不徹底な混交であることは、すでに触れた。第1章の池谷、および第4章の田村は、いずれも構築主義的な立場ではないが、ともに情報利用研究に社会的な視点を導入することを試みている。

(3) 他分野の知見・他の視点の導入

もちろん、構築主義的な視点だけが情報利用研究の視点である必要はない。近年の情報利用研究は、構築主義的な観点から、個人の情報探索・利用過程にのみ注目するというように、ごく狭い範囲に関心を集中させてきた。その結果、数々の成果を挙げたことも、見てきたとおり事実だが、反面、情報利用研究が本来持っていたはずの多様な関心や可能性を狭める結果になったことも否定しがたい。

前節において、近年、ブラウジングや「情報との出会い」といった特定の行動様式に着目する研究が登場してきたことを述べた。情報探索行動を動物の採餌行動に関連づけるものもそうなのだが、構築主義を離れて、生態学などの知見を導入して、情報探索・利用行動を人間や動物の基本的な行動様式との関連のもとに検討しようとする試みがはじまっている。

　このような研究動向を踏まえたうえで、越塚は第2章において、情報探索・利用行動を個人が構築・維持する情報空間という観点から整理している。このように整理することにより、情報探索・利用行動を通じて、われわれが日常生活をいかに組織化してゆくのかを理解する手がかりを得ることができるようになるだろう。また、この議論は、パソコンや携帯電話の普及などに見られる社会の情報化を、われわれの日常的な情報空間の変化という観点からとらえる視点を提供してくれるように思う。

　奇妙に聞こえるかもしれないが、これまでの情報利用研究では、読書（reading）を情報利用行動として正面から取りあげていない。構築主義的な利用者志向アプローチでは、ひとに焦点があてられているため、特定のメディアに限定した利用研究は避けられる傾向にあったからであろう。また、読書には、手紙や書類等の文書類を読むことから、仕事に関連してハンドブックの一部を参照することや、ミステリーを読むことまで、ひとまとまりの領域として扱うにはあまりにも雑多な事象が含まれているということもあるかもしれない。

　読書については、文学・社会学・心理学・教育学と、他の分野に豊かな研究の蓄積がある。読書の多様性を考えると、読書を例えば問題解決といった枠のみで扱いきることは無理なように思われる。言い換えると、他分野の成果を導入した上で、読書を情報利用行動として位置づけなおすことにより、情報探索・利用行動をより広い視野のもとに検討することが可能になるように思われるのである。公共図書館や学校図書館での中心的な利用形態が「読書」としてとらえられていることを考えると、読書を情報利用行動に含めて考察することは、実践的にも意義が大きいであろう。残念ながら本書では論じることができなかったが、例えば現在の読書を特徴づけるいわゆる消費的読書を、第1章に言う目的論的な説明づけに適合した問題解決型の読書とどう区別し、関連づけて論ずるのか、といったことなどは、貸出サービスとレファレンス・サービス

の利用形態の違いを記述することにつながる重要な研究課題である。

(4) システムに即した研究

　図書館・情報学は、その出自からもわかるように、現場で役立つことが要請される分野である。その多くの領域が、図書館や情報サービスの諸課題を解決する努力のなかから生まれ、育ってきた。情報利用研究についても事情は同じであることは、いま見てきたとおりである。

　一方、研究が成果をあげるためには、明確に定義された概念と、厳密な論理構成が不可欠である。そのためには、情報、テクスト、資料、組織化、図書館、利用といった図書館・情報学の基礎概念を明確にし、また、方法論を洗練させる必要がある。情報利用研究について言うならば、「情報」「情報利用行動」といった概念を明確にすることや、情報の探索・利用に関わる事象にどのようにアプローチするのか、例えば、観察やインタビューの組織的な適用により事象に関する経験的な知識を蓄積するのか、それとも事象に関する個々人の理解を深めるためのメタ理論の構築を図るのか、といったことがらを検討することが必要なのである。

　理論的な研究ばかりでなく、経験的な研究においても、事象の本質に即した研究をするためには、いったん現場の要請を離れて研究を行うことも必要になってくる。科学コミュニケーションに関する研究がそうであったし、「システム志向から利用者志向へ」というスローガンも、図書館や情報サービスの現場を離れて、人々の情報利用行動を研究すべきである、という主張であるとみなすことができるし、また、その主張が成果をあげてきたのも、見てきたとおりである。

　このような基礎的な作業は、地道で、現場からあまりにもかけ離れた現実味のない研究のように見えるかもしれないが、実際には、図書館や情報サービスの意義や、その将来の方向性を考える上で欠くことのできない重要なものなのである。例えば、公共図書館の社会的意義を市民に訴えかけるときには、どのように言えばよいのだろうか。公共図書館の本質や歴史に関する理解をもとに言うことが必要だろう。あるいは、図書館がサービスについて方針を立てるときにはどうだろうか。利用者の読書傾向や情報利用についての何らかの理解を前提としているはずである。図書分類の根底にベーコンなどの哲学のあること

序章　情報利用をめぐる研究

はよく知られているし、書誌記述のように、もっぱら現場で経験的に洗練されてきたと思われる技術でも、現在では、その基底に文献の構造に関する知見のあることが理解されるようになってきている。要するに、現場で役立つ研究をするためには、基礎的な研究が必要なのである。

　他方、基礎的な研究が意味を持つためには、現場に関わる研究も必要になってくる。基礎的な研究の成果を現場に生かすような研究のことである。情報利用研究について言うならば、例えば、「システム志向」と呼ばれる図書館や情報サービスなどのシステムに即した研究に、情報利用研究の成果を盛り込んでゆくことが必要なのである。

　システム志向の研究の代表的なものは、図書館利用者調査ないし図書館利用調査に基づく研究であろう。図書館利用者調査は、利用者や非利用者の意見・態度・行動に焦点をあわせた調査で、図書館利用調査は貸出しやレファレンス・サービスなどの図書館サービスの利用に焦点をあわせた調査のことを言うが、実際のところは両者がそれほど厳密に区別されて使われているわけではない。ここでは両者を区別せず、一括して図書館利用者調査とよんでおく。

　各種の図書館が行っている図書館利用者調査は、毎年おびただしい数にのぼっている。内容も、総理府が行った調査[46]のように、全国規模で図書館の利用状況や要望を尋ねるものから、個々の図書館が特定の日の利用者に調査票を配布して調べるものまで、多種多様である。

　図書館利用者調査に基づく研究の代表的なものは、ベレルソン（Bernard Berelson）による研究[47]であろう。これは、独自に行った全国規模の調査に、過去に実施された主要な調査の結果を加えて、米国の公共図書館における利用者と利用の特性を明らかにし、さらに、他のメディアと比較することにより、コミュニティのコミュニケーション過程における公共図書館の役割を考察したもので、これに匹敵するものは今日に至るまで現れていない。

　わが国では、前節で触れた日本図書館学会の論集などによって、図書館利用者調査の方法や成果を検討することが試みられている。なかでも、現場への応用という点で成果をあげたものに、栗原嘉一郎を中心に建築計画学の分野で行われた研究がある。栗原らの研究[48]では、図書館からの距離による住民の来館する比率の変化を調べ、駅やショッピング・センターなどへの動線を長軸に、

31

図書館からの距離により卵形に逓減する来館率のモデルを導き出した。また、図書館周辺住民の読書中で図書館の本が占める割合を推定し、両者により、図書館を作ろうとするとき、対象地域の人口分布と読書量がわかれば、図書館をどこにいくつくらい作るとどのくらいの利用がみこめるのかを推定することができるようにした。栗原らの研究は、読書や図書館利用を単純な量に還元することによって、実際の計画に生かすことのできるモデルの構築に成功した例である。

　このようにある程度の成果があるにもかかわらず、図書館利用者調査やそれに基づく研究は情報利用研究ではまったく検討の対象とされていない。おそらく、「システム志向」であるために、個人の情報探索・利用行動の理解にまず貢献することがない、と見られていることのほかに、「利用者」、「図書館利用」といった概念規定が不明確で、研究のレベルが低い、とみなされていることがおもな理由であろう。

　逆に、図書館利用者調査でも、情報利用研究を参照することはほとんどない。現在の情報利用研究の関心領域があまりに狭いために、レファレンス・情報サービスなどの特定のサービスを除いて、参考になるような成果がほとんどないからであろう。

　すでに述べたように、科学技術分野では、科学コミュニケーション活動に関する研究成果が実際のサービスに生かされてきた。情報利用研究が対象領域を広げ、情報利用の社会的側面を視野に入れたり、他分野の知見を導入すれば、図書館利用者調査の改善ないしそれに代わる利用者理解の方法の開発に貢献することが可能となるように思われる。具体的にどうすべきかは、これからの課題である。

　より直接的に成果が期待され、また成果をあげているのは、情報リテラシー教育の分野である。クールソの研究が、「プロセス・アプローチ」と呼ばれる新しい図書館利用者教育の方法を生み出したことはすでに述べた。情報探索・利用過程を問題解決過程の一部と見て分析する（第3章参照）ことにより、情報リテラシーを問題解決に必須のスキルとして教えることも試みられている[49]。ただし、情報利用研究の成果をこうしたかたちで生かすためには、情報リテラシー教育の範囲と内容について、ある程度の合意が形成されていなけれ

ばならない。第5章で野末は米国と比べながら、わが国における情報リテラシー教育の現状を述べ、情報利用研究の成果を生かす道を探っている。

## 0.5　本書の構成

　情報利用研究の歩みと、今後の方向について検討してきた。本書は、以上のような考察をもとに、次のような構成となっている。

　まず、第1章で池谷は、「情報」と「情報利用」がどのようなことであるのかを考察している。エスノメソドロジーの立場から、これらの語を定義することからはじめるのではなく、逆にこれらの語について人々が持っている日常的な理解を検討することを通じて、「情報」や「情報利用」という語の用いられる文脈が、知識の社会的配分に関わるものであることを明らかにしている。

　第2章で越塚は、個人の情報探索・利用に焦点を当てている。まず、個人が自らのオフィスにおいて資料をどのように組織化し、検索しているのかを見た上で、ドイツ文学研究を例に、特定の仕事に関連してどのように情報が探索・利用されているのかを明らかにしている。そこで特徴的な探索様式として浮かび上がってきたブラウジングについて、その概念と個人にとっての意義を検討し、最後に、データベースなど、個人の情報世界の外にある情報源と個人との接点の問題を取り上げて、それらの検索に必要なスキルと、そのスキルがいかにして個人の情報世界に取り込まれてゆくのかを論じている。

　第3章で斎藤は、情報の探索・利用の定式化を試みている。情報探索過程に関するこれまでの研究を整理し、情報探索行動が問題解決過程の中の、特に構造化段階における行動であることを示している。さらに、情報の探索・利用の結果生じた知識の変化について、認識論理を用いて定式化している。

　第4章で田村は、「情報貧困層」の問題を取り上げて、情報利用の社会的側面を検討している。「情報貧困」や「デジタル・デバイド」と呼ばれる現象が、どのような現象として扱われ、また研究されてきたのかを考察し、さまざまな主張や研究の背後にある、情報利用に対する見方、および、社会問題としてのとらえ方の違いを明らかにしている。

　第5章のテーマは、情報の探索・利用の際に必要なスキルを教育するものと

しての、情報リテラシー教育である。野末はまず、あいまいに語られてきた情報リテラシーの内容を、わが国の教育界と図書館界に分けて検討し、この概念がそれぞれの世界でどのように語られ、現場で実践されようとしてきたのかを明らかにしている。次に、目を米国に転じて、米国における情報リテラシー概念の変遷を見た上で、「リテラシー」という概念の意義から、本来個人的な活動であるはずの情報の探索・利用に関わるスキルを「リテラシー」としてとらえ、教育することの意義を論じている。

このように、各章はそれぞれ、情報の探索・利用の異なる側面を自由に論じている。また、それぞれのテーマに関わる研究動向を網羅的に論じているわけでもない。論ずる立場もさまざまで、例えば日常的理解の記述をめざす第1章と、厳密な定式化をめざす第3章は正反対の立場だと言ってよいだろう。このようなわけで、第1章の基礎概念から、第5章の応用まで、一応の流れを作ったつもりではいるが、読者はどの章から読みはじめてもかまわない。各章がそれぞれ完結した論述になるように配慮したので、どの章からはじめても困らないはずである。

最後に、「探索」と「検索」という語の本書での使い分けについて簡単に触れておきたい。図書館・情報学分野では、習慣的に英語のsearchの訳語として「探索」の語を、また、retrievalの訳語として「検索」の語を用いてきた。「探索」と「検索」という言葉は、日本語ではほとんど区別せずに使われているように思われるが、英語のsearchとretrievalはかなり違った意味を持っているようである。さまざまな版が出ているロジェの『シソーラス（*Thesaurus*）』を見ても、両者を類義語としてはいない。英語のニュアンスの違いはよくわからないので、あまり自信はないのだが、searchの方が探索一般を意味する語で、一方retrievalの方は、re-という接頭辞が示すように、すでに蓄えられているもののなかから取り出してくること、特に図書館・情報学では、データベースに代表される組織化されたファイルから求めるものを取り出すこと、という限定的な意味で用いられる語ではないかと思われる。そこで、本書では、情報を探すこと一般に対して、searchの訳語であることを意識して「探索」の語を用い、「検索」は組織化されたファイルのなかから求めるものを探し・取り出してくること、という限定的な意味で用いることにする。

## 注

1) Wilson, T. D. "Information needs and uses: fifty years of progress?" *Fifty Years of Information Progress: A Journal of Documentation Review.* Ed. by B. C. Vickery. London, Aslib, 1994, p.15-51.
2) 田村俊作ほか"情報の利用."『図書館・情報学概論 第2版』津田良成編 勁草書房, 1990, p.149-153.
3) Varlejs, J., ed. *Information Seeking: Basing Services on Users' Behaviors.* Jefferson, McFarland, 1987, 84 p.(『情報の要求と探索』 J.ヴァーレイス編 池谷のぞみほか訳 勁草書房, 1987, 166 p.)
4) Wilson 前掲 p.17.
5) Karetzky, S. *Reading Research and Librarianship: A History and Analysis.* Westport, CT, Greenwood, 1982, p.6-8.
6) 津田良成"USER STUDY 概論."『薬学図書館』 Vol.14, No.2, p.43-57, 42, 1969.(『図書館・情報学の創造』 勁草書房, 1992, p.157-178. に再掲)
7) バナール論文には邦訳があり、また、津田にはアーカート論文の詳しい紹介があるので、その概要を知ることができる。Bernal, J. D. "Preliminary analysis of pilot questionnaire on use of scientific literature." *Report and Papers Submitted: the Royal Society Scientific Information Conference, London, 1948-06/07.* London, Royal Society, 1948, p.101-102, 589-637.("科学文献の利用に関する質問票による予備調査の中間分析."『情報学基本論文集 Ⅰ』 上田修一編 武者小路信和ほか訳 勁草書房, 1989, 59-91.；Urquhart, D. J. "The distribution and use of scientific and technical information." *Report and Papers Submitted: the Royal Society Scientific Information Conference, London, 1948-06/07.* London, Royal Society, 1948, p.103, 408-419.
8) *Proceedings: the International Conference on Scientific Information, Washington, D. C., 1958-11.* Washington, D. C., National Academy of Science, National Research Council, 1959, 2 vols.
9) Price, D. J. de S. *Little Science, Big Science.* New York, Columbia University Press, 1963, 118 p.(『リトルサイエンス・ビッグサイエンス：科学の科学・科学情報』 島尾永康訳 創元社, 1970, 224 p.)
10) 見えざる大学については、次の文献を参照。Crane, D. *Invisible Colleges: Diffusion of Knowledge in Scientific Communities.* Chicago, University of Chicago Press, 1972, 213 p.(『見えざる大学：科学共同体の知識の伝播』 岡沢和世訳 敬文堂, 1979, 260 p.)
11) Kuhn, T. S. *The Structure of Scientific Revolutions.* Chicago, University of Chicago Press, 1962, 172 p.(『科学革命の構造』 中山茂訳 みすず書房, 1971, 277 p.)

12) この辺の相互関係については、次のマートンの回想録が触れている。Merton, R. K. *The Sociology of Science: an Episodic Memoir*. Carbondale, IL., Southern Illinois University Press, 1979, 151 p.（『科学社会学の歩み：エピソードで綴る回想録』 成定薫訳　サイエンス社, 1983, 258 p.）
13) 米国心理学会の一連の調査については次の文献に要約がある。長田秀一 "アメリカ心理学会の情報システム開発計画：トータルな情報システム設計に関しての諸問題." *Library and Information Science*. No.18, p.89-102, 1980.

　ジョンズ・ホプキンス大学の調査も数次にわたって実施されている。その成果の概要は、Garvey, W. D. *Communication, the Essence of Science*. Oxford, Pergamon, 1979, 332 p.（『コミュニケーション：科学の本質と図書館員の役割』　津田良成監訳　敬文堂, 1981, 302 p.）で知ることができる。

　T．J．アレンの研究にも邦訳がある。Allen, T. J. *Managing the Flow of Technology: Technology Transfer and Dissemination of Technological Information within the R & D Organization*. Boston, MIT Press, 1977, 320 p.（『"技術の流れ"管理法：研究開発のコミュニケーション』　中村信夫訳　開発社, 1984, 245 p.）

　米国防総省の調査には、大部な報告書以外に適切な要約はないようである。INFROSSの概要については、次のような文献がある。Line, M. B. "The information uses and needs of social scientists: an overview of INFROSS." *ASLIB Proceedings*. Vol.23, No.8, p.412-34, 1971.
14) Voigt, M. J. *Scientists' Approaches to Information*. Chicago, American Library Association, 1961, 81 p.（ACRL Monograph, 24）
15) これらの調査については第4章を参照。
16) 1974年のARISTのレビューで、マーティンは研究の数が減少したこと、および研究の傾向が変わったことを指摘している。Martyn, J. "Information needs and uses." *Annual Review of Information Science and Technology*. Vol.9, p.4-5, 1974.
17) 例えば次のようなものがある。Mick, C. K. et al. "Toward usable user studies." *Journal of the American Society for Information Science*. Vol.31, No.5, p.347-356, 1980.; Krikelas, J. "Information-seeking behavior: patterns and concepts." *Drexel Library Quarterly*. Vol.19, No.2, p.5-20, 1983.
18) 現在は *International Journal of Information Management* と誌名を変え、内容的にもまったく別の雑誌になっている。
19) Wilson, T. D. "On information science and the social sciences." *Social Science Information Studies*. Vol.1, No.1, p.5-12, 1980.
20) Wilson, T.D. "On user studies and information needs." *Journal of Documentation*. Vol.37, No.1, p.3-15, 1981.

21) 意味構成アプローチのサイトでは、1972年以降と明記してある。http://communication.sbs.ohio-state.edu/sense-making/ (last access 9/22/2000)
22) 「意味付与アプローチ」という邦訳もある。ここでは情報が客観的な存在ではなく、利用者により構成（構築）されるものであるという側面を強調するため、この訳語を用いた。なお、'make sense' とは日常語で「意味がわかる」といったことを意味している。Dervin, B. "Information as a user construct: the relevance of perceived information needs to synthesis and interpretation." *Knowledge Structure and Use: Implications for Synthesis and Interpretation*. S. A. Ward ; L. J. Reed, eds. Philadelphia, Temple University Press, 1983, p.153-184. ; 松林麻実子 "Brenda Dervin による「意味付与アプローチ」の意義とその応用." *Library and Information Science*. No.34, p.1-15, 1995.
23) 第3章ではダーヴィンの理論を問題解決という枠のなかで解釈しているが、これとは異なる解釈もある。糸賀雅児 "情報利用における「意味」と「理解」：「意味付与」概念にもとづく情報ニーズの再検討." *Library and Information Science*. No.29, p.1-19, 1991.
24) 同上.; 松林 前掲。また本書第3章参照。
25) 糸賀はこれを「〈コト〉としての情報」と呼んでいる。糸賀 前掲.
26) Dervin, B; Nilan, M. "Information needs and uses." *Annual Review of Information Science and Technology*. Vol.21, p.3-33, 1986.
27) 同上 p.12-16.
28) Taylor, R. S. *Value-Added Processes in Information Systems*. Norwood, NJ, Ablex, 1986, 257 p. ; Taylor, R. S. "Information use environments." *Progress in Communication Science*. Vol.10, p.217-254, 1991.
29) Ellis, D. et al. "A comparison of the information seeking patterns of researchers in the physical and social sciences." *Journal of Documentation*. Vol.49, No.4, p.356-369, 1993. など。
30) クールソの1990年頃までの研究成果は次の本に集大成されている。Kuhlthau, C. C. *Seeking Meaning : A Process Approach to Library and Information Services*. Norwood, NJ, Ablex, 1993, 199 p.
　　利用者教育における「プロセス・アプローチ」については次を参照。福永智子 "学校図書館における新しい利用者教育の方法：米国での制度的・理論的展開." 『図書館学会年報』 Vol.39, No.2, p.55-69, 1993.
31) Williamson, K. "Discovered by chance: the role of incidental information acquisition in an ecological model of information use." *Library and Information Science Research*. Vol. 20, No. 1, p.23-40, 1998.; Erdelez, S. "Information encountering: it's more than just bumping into information." *Bulletin of the American Society for Information Science*. Vol.25, No.3, p.

25-29, 1999. など。
32) Sandstrom, P. E. "Scholars as subsistence foragers." *Bulleting of the American Society for Information Science.* Vol.25, No.3, p.17-20, 1999.
33) Chatman, E. A. *The Information World of Retired Women.* Westport, CT, Greenwood, 1992, p.1-2,15-17.
34) Wilson, "Information needs and..." 前掲　p.42.
35) Wilson, T. D. "Models in infromation behaviour research." *Journal of Documentation.* Vol.55, No.3, p.249-270, 1999.
36) Applegate, R. "Models of user satisfaction： understanding false positives." *RQ.* Vol.32, No.4, p.525-539, 1993.
37) Kotani, M. "Communication among Japanese scientists domestically and with their counterparts abroad." *American Documentation.* Vol.13, No.3, p.320-327, 1962.
38) "科学技術研究者等の情報利用の実態に関する基礎調査."『情報管理』Vol.11, No.6, p.300-307, 1968. など；『人文・社会科学関係学術情報の流通・利用の実態調査結果報告書』　文部省大学学術局情報図書館課, 1972, 110 p.；『自然科学関係学術情報の流通・利用の実態調査結果報告書』　文部省大学学術局情報図書館課, 1973, 96 p.
39) 津田良成 "わが国における研究者間の非公式コミュニケーションに関する研究の動き." *Library and Information Science.* No.15, p.15-27, 1977.（『図書館・情報学の創造』　勁草書房, 1992, p.179-203.に再掲）
40) 日本図書館学会研究委員会編『図書館利用者調査の方法と問題点』　日外アソシエーツ, 1986, 198 p.（論集・図書館学研究の歩み　第6集）
41) Vakkari, P. "Information seeking in context: a challenging metatheory." *Information Seeking In Context.* Ed. by P. Vakkari et al. London, Taylor Graham, 1997, p.457.; Wilson, "Models in infromation behaviour research..." 前掲　p.253-254.
42) 糸賀　前掲；松林　前掲.
43) Borgman, C. L. "The user's mental model of an information retrieval system: an experiment on a prototype online catalog." *International Journal of Man-Machine Studies.* Vol.24, No.1, p.47-64, 1986.; Allen, B. "Cognitive abilities and information system usability." *Information Processing and Management.* Vol.30, No.2, p.177-192, 1994. など
44) Vakkari　前掲　p.456.
45) Berger, P. L.; Luckman, T. *The Social Construction of Reality: A Treatise in the Sociology of Knowledge.* Harmondsworth, Penguin Books, 1976, 249 p.（『日常世界の構成：アイデンティティと社会の弁証法』　山口節郎訳　新曜社, 1977, 358 p.）また、千田有紀 "序章　構築主義の系譜学."

『構築主義とは何か』上野千鶴了編　勁草書房, 2001, p.1-41. も参照。
46) 『読書・公共図書館に関する世論調査　昭和54年9月調査』　内閣総理大臣官房広報室, 1980, 61 p.；『読書・公共図書館に関する世論調査　平成元年6月調査』　総理府大臣官房広報室, 1989, 159 p.
47) Berelson, B. *The Library's Public: a Report of the Public Library Inquiry.* New York, Columbia University Press, 1949, 174 p.
48) 栗原嘉一郎ほか　『公共図書館の地域計画』　日本図書館協会, 1977, 107 p.
49) Eisenberg, M. B. *Information Problem-Solving: the Big Six Skills Approach to Library and Information Skills.* Norwood, N J, Ablex, 1990, 156 p. など。

# 第1章 生活世界と情報

## 池谷のぞみ

## 1.1 情報概念と行為モデル

### 1.1.1 行為モデルの柔軟化と情報概念の拡張

情報という概念を用いてさまざまな社会現象や行為を説明づけようとすることが、社会科学のさまざまな分野において試みられている。意思決定論、サイバネティックス、情報環境論、情報行動論などである。

そうした分野のうちのいくつかにおいて、最近、ある傾向が現れてきた。これまでは、情報概念を導入することによって、人間の行為であれ、社会現象であれ、対象に対して目的論的な志向が強い説明づけを行ってきたが、そうした目的論的な説明にはそぐわない対象をも含めるような方向をとろうとする傾向である。ここで目的論的な説明というのは、人間の行為や社会現象が「何のため」に存在するのかを、合理的に説明しようとすることを指す。人間の行為について言えば、これまでの情報概念を用いる行為モデルは、網羅的に収集した情報に基づいて最適性を求めた意思決定を行うという、科学における理念的原則である「科学的合理性」を前提として構築されている。しかし、最近は、こうした原則を単純に適用するだけでは説明できないような行為までも説明できるように、モデルを修正したり、新たに構築することが行われているのである。

例えば、従来情報化社会を論ずるときには、目的合理性の一種である効率性や利便性が求められる領域として、「仕事」の領域を取り上げ、その高度化を

「情報化」という概念で説明づけることがもっぱら行われてきた。それに対して小林と加藤は、遊びの領域における情報メディアの導入による展開や、消費行動において商品の記号的価値が重視される現象をも「情報化」という概念で説明づけることにより、文化的側面をも情報化社会論の対象として含める方向を示唆している[1]。

三上は、これまでの情報行動論を批判的に検討した上で、「情報行動」という概念を「個人がある社会システムの中で、メディアを介して、あるいは直接的に情報を収集、伝達、蓄積、あるいは処理する行為」と定義した[2]。さらに、行動が複合的な目標、価値あるいは欲求によって方向付けられていることを指摘し、例えば、「テレビを見る」という情報行動も、ニュースから情報を得るために見る場合に限られず、単なる退屈しのぎのためや、習慣的に見る場合もあれば、一家団欒のために見る場合など、さまざまな場合があるということを想定している。目標の達成や価値の充足をめざす行為としてとらえている点で、目的論的な志向は前提としながらも、目標や価値は複合的にとらえられ、相対化されている点が特徴である。

もともと情報概念が経済学や社会学に導入されたのは、情報に基づいて最適性をめざして選択することが合理的な行為であるとするモデルの下でであった。しかし実際に行われる行為とモデルを照らしあわせると、モデルからはずれる行為が多い。それらをすべて「不合理な行為」として考察の対象からはずすのは簡単であるが、モデルの説明力は弱まる。上述の二つの例は、情報概念を狭い行為モデルからより柔軟なモデルの中に組み替えることにより、この問題の解決を試みたものととらえることができるであろう。

ここで注目すべきことは、モデルをより柔軟化させることに伴って、そこに組み込まれている情報概念が拡張しているということである。例えば、退屈しのぎのためや、やすらぐためにテレビを見たり、遊びの一環としてホームページを閲覧する人にとり、情報とは、ある目的や価値を最適な状態で実現するためのものという位置づけは限定的なものにすぎない。ここでの情報は、効率性などの価値とは異なる、別種の価値の達成を演出する副次的なものなのである。

### 1.1.2 情報探索行動モデル

すでに述べてきたものは、情報に関わる活動一般を対象にしたものであったが、その中でもとくに、情報を探索し、収集する部分に焦点をあてたモデルが図書館・情報学を中心として構築されてきた。個々のモデルについては本書第2章などで取り上げられているので、ここでは詳しく論じないとして、それらに共通する基本的な理論的前提を見てみる。その代表的なものは、ダーヴィン（Brenda Dervin）のもので、情報探索行動を、行為者が、現実世界において意味が空白になっていて意味づけ（sense-making）ができない部分（gap）を埋めるために情報を求めるコミュニケーション過程として説明している[3]。また、ベルキン（Nicolas J. Belkin）は、行為者が問題を抱えたとき、それを解決するには不十分な「変則的な知識状態（anomalous state of knowledge: ASK）」にあることを認識し、問題解決に必要な知識を情報システムから得て解決する過程として、情報探索の過程を説明づけている[4]。ここでもやはり前提とされているのは、先の「科学的合理主義」に限りなく近いものである。すなわち、問題解決のためには、適切な情報を収集し、それに基づいた適切な意思決定により解決をすることが「合理的」であるという前提がある。この前提は、ほとんどの場合明示的になっていないが、「情報探索行動」という概念を使用する際にすでに採用されていると考えられる。

研究対象として取り上げられる情報探索の領域は、近年急速に多様化してきた。当初は、研究者、もしくは研究者に仕事の内容が近い、医師や弁護士などの専門職や、専門職の訓練を受けている最中の大学生などが中心であった。その後、次第に公共図書館の利用者および潜在的な利用者にはじまって、非職業生活の領域における情報探索行動に焦点が広げられ[5]、さらには特殊な問題状況にある人や[6]、特定の年齢層にある人々[7]などの情報探索行動も研究対象となっている。

仕事以外の生活世界の諸領域における研究からわかってきたことは、人々は必ずしも常にある目的をもち、それを実現するために「情報を探索（information seeking）」するわけではなく、習慣的にメディアを利用し、また、しばしば、知人や家族とのおしゃべりなどにおいて、偶然に、今もしくは後々に使えるような「情報に遭遇（information encountering）」している、ということで

ある。こうして、情報探索行動の研究は、明確な目的のない情報遭遇も含む形で進められる方向にある[8]。仕事の場面から生活場面に至る、多様な場面を研究対象に含め、さらに情報遭遇も考慮しようとするときには、上述のような、合理主義的な前提に基づいて分析することの是非を検討することが必要となる。

### 1.1.3 情報概念と合理性

　活動というものは、それぞれの活動場面におけるそれぞれの「合理性」に基づいて行われるものであるため、さまざまな活動を単一の合理性に基づいて説明することはできない。病院に行く、宿題のレポートを書く、料理を作るなどのさまざまな活動を遂行する際に、新たな情報を入手することが合理的である場合もあれば、すでに持っている知識で対処することが合理的である場合も、新たに情報を入手できればそれに越したことはないが、コストがかかりすぎるから手許の知識で済ますのが合理的という場合もあろう。どのような点でそれぞれの行動が合理的か（合理的に説明できるのか）は、場合によって異なっているのである。

　それぞれに異なった合理性に基づいて遂行されている活動を、科学的合理性に従って、個々の場面を超えて普遍的に適用されるモデルに基づいて説明しようとすれば、その場面で働いている「合理性」が、そうしたモデルで説明される合理性からかけ離れていればいるほど、その説明は、その場の成員にとっては、自身の経験とはかけ離れたものと感ぜられよう。直面する問題から見ると、適切な情報収集がよりよい解決を導く、と一般的には見なされるような場合でも、現に活動している人にとっては、情報を求めることが「合理的なこと」とは見なされない場合や、もともと本人にとっては「解決すべき問題」を抱えた状態ではないという場合もありうる。例えば、ハリス（Roma M. Harris）とデュウドニィ（Patricia Dewdney）の調査の中で、夫による妻への虐待に関する質問を受けたある回答者は、質問には応じたが、ただ単に「困っている」とだけ答え、質問者が持参した情報パッケージ（虐待やそれへの対処法に関する情報を提供している）を受け取った[9]。彼女のとった行動は、そして、質問者のとった行動は、彼女の問題解決にとって適切で効果的な行動だったのだろうか。このような状況にある人が必要としているのは、何よりも先に心の支援であり、

問題解決のために情報を得ることではないかもしれない。

　こうした場面に対して、「科学的合理性」に基づいた説明モデルを適用すると、情報の探索・利用を通じて活動を遂行していない場面については、そこにおいてどのような合理性に基づく論理が働いていたかにかかわらず、「しかるべき情報を探索して入手すべきなのに、それをしていない」場面として説明される可能性が高く、最終的にはその活動を行っている人が「合理的な行動をしていない、怠けている」として説明づけることになってしまう恐れがある。もしくは、情報にアクセスする際に「障害（バリアー）がある」と必要以上に見なすことになりかねない。そして、結局は、当初明らかにしようとしていた、「いかにして人々は情報を探索し、利用するのか」を明らかにするという課題を解明できずに終わってしまう可能性が高い。あらかじめ用意した説明の枠組みに依拠することによって、分析対象にしている活動に根ざした「合理性」に沿った形で、その活動を理解することが阻まれてしまうのである。もし、その場面の「合理性」に沿った形で活動を理解することができて、「情報を探索して入手したかったのだけれども、コストがかかりすぎるため、そうしないことが最終的には合理的だと判断した」場面であるということがわかれば、そこからある特定の知識にアクセスするには障害があるということが明らかになり、その改善策を提示することに至るかもしれない。

　情報の探索や利用の問題を考える際には、まず、「情報」という概念を、こうした科学的合理性に基づく限定された定義から解き放した上で、現実の生活における情報の探索や利用に即したかたちで、見直してみることが必要だろう。そのために、以下では、まず「情報」という語の日常的な使用を分析してみて、「知識」との関連でその特徴をとらえる。そこから、成員が活動を遂行しようとするときに前提とする、すでに自分が持っている知識や、他者が何を知っているかについての知識、どこからいかにしてある知識を入手できるかについての知識などを、どのように実際に使って成員が行為を遂行するのかに、焦点をあてて検討する。成員が情報を探索したり利用したりするときに行うこうした活動を、ここでは「知識の実践的マネジメント」と呼ぶ[10]。これは、さまざまな活動の一部として行われる。ある知識が利用可能なストックとしてあるということが成員にとって認識可能であるためには、そのストックを学び、それ

に依拠して活動を遂行し、後進に伝え、時代を経ても使えるように少し修正を加えたりすることが必要である。これが知識の実践的マネジメントであり、さまざまな活動の一部としてなされることである。

　この「実践的」という部分は重要である。それぞれの活動を「実践する」ときに必ず伴う、知識の扱いに関わる側面を問題にするという意味である。後に見るように、この部分に焦点をあてることは、各実践場面における「合理性」を明らかにすることと密接に関わっている。

　情報を探索したり利用することは、実践的知識マネジメントの一部としてなされることである。情報の探索・利用とは、さまざまな活動の一部として、新たな知識を得るために努力をし、結果的に得た新たな知識に依拠して何かをすることだからである。

　以下で提示するのは、さまざまな場面の活動における実践的知識マネジメントの側面を記述するための、ひとまとまりの語彙である。成員が活動を遂行する上で前提とする、実践的知識マネジメントについて知っていること、もしくは、もう少し厳密に言えば、知識マネジメントを遂行する上で前提とすることを、日常言語で記述することが目的である。知識は社会的に配分されているという、活動を遂行する際に人が当たり前のこととして行為の前提とするような内容について、シュッツ（Alfred Schutz）の記述[11]を下敷きにして議論を進める。知識の社会的配分をシュッツは社会秩序の源泉として位置づけたのに対して、ここでは、シュッツを下敷きとしながらも、実践的行為において秩序は達成されるという立場の、エスノメソドロジーの文脈で展開させることを試みる。すなわち、実践的知識マネジメントに焦点をあてるということは、それ自体が秩序達成の一部としてなされることとして活動を位置づけることであり、また知識の社会的配分が可能となるしくみを活動という点からとらえようとすることである。

　知識の社会的配分に関するシュッツの記述を取り上げることから始め、さらに情報と知識の語を、学術的目的のために定義する以前に、まずわれわれがどのように使うかを明らかにする、概念分析を行う。これは、論理文法分析とも呼ばれ、「日常言語学派」と呼ばれる哲学者ライル（Gilbert Ryle）やヴィトゲンシュタイン（Ludwig Wittgenstein）が始めたものである。さらに、知識の社

会的配分が可能となるようなしくみ、すなわち知識の実践的マネジメントについて、われわれが実際に活動しようとする際にアプリオリのこととする内容の提示を試みる。

## 1.2 情報の論理文法分析

「情報」ということばは、その用いられ方があまりにも多様なことから、理論で用いるにはあいまいな概念と見なされ、定義が断念されることも多いが、その一方でさまざまな領域においていろいろなやり方で定義されたり、定義によってデータや知識といったことばと区別して使われたりもしている。通常、定義をすることを通じて分析者が遂行しようとするのは、「情報」ということばの使い方をあらかじめある特定の範囲に制限し、そのようにして他の現象から区別して取り出した現象を考察の対象と定めて、明らかにすることである。

定義づけから出発するこうしたやり方に対し、ここで参考にする論理文法分析では、「情報」ということばの使用をあらかじめコントロールせずに、日常言語の一部としてこのことばをどのようにわれわれが用いているのか、その使用規則を明らかにしようとする。あらかじめことばの使用を制限してしまっては、日常における使用とかけ離れたところで議論を設定することになるため、日常における情報に関わる現象を明らかにしようという本来の意図は達成されないことになってしまう。理論化を行う以前にわれわれが知っていること、すなわち、われわれが日常において実践的な行為を行う上で「アプリオリ」に前提しているものを解明することこそが、理論化の過程において生じた概念的誤りを見つけ、現象を真に解明することに貢献する、という問題意識が論理文法分析の底流にある。以下では、哲学における諸概念の論理文法を分析することの意義に最初に着目したヴィトゲンシュタインと、さらにこのアイデアを社会学において発展させようと試みているクルター（Jeff Coulter）らを参照しながら、「情報」ということばの使用の分析を試みる。

### 1.2.1 論理文法分析

情報概念を組み込んだ行為モデルについてはすでに紹介した。そうしたモデ

ルの中には、情報を心理的な現象として定義しているものがある。例えば、ベルキンのモデルでは、解決すべき問題が生じ、その問題を解決するためには、自分にとって利用可能な知識のストックでは不十分であることが認識される。その状況（問題を解決できない「変則的な知識状態」にある状況）を改善するものが、「情報」である[12]。問題となっている状況自体が心理的にとらえられており、さらに、そうした心理的な問題状況を変化させ、問題解決に向かわせるものが「情報」であるとされている。

　このように、利用する個人に関連する心理的なものであると情報を定義すると、最終的に何が「情報」かは、問題を抱えている本人しかわからない、主観的な領域に属することになる。当然のこととして、このようなアプローチでは、「情報」は研究において踏み込むことの難しい対象とされてきた。さらに、この定義に厳密に従い、「情報」を心理現象に還元させると、情報サービス機関やマスメディアが提供しているものは「情報」ではないということになる。では、「マスメディアは情報を提供する」と主張することは誤りなのだろうか。そうではあるまい。むしろ事態は逆で、学術的な目的で行った語の定義というものは、日常言語の中での「情報」という語の多様な使用に基づきながら、厳密な使用をめざすがゆえに、そうした日常言語の使用を限定的に採用したものにすぎないのである。日常言語の使用法の中の一部を切り取ったに過ぎない定義から出発して、情報に関わる現象を考察するならば、考察はごく狭い範囲の現象に限定されてしまうか、あるいはどこかで無理が生じることに終わるに違いない。では、どうすればよいのか。

　このような問題意識に基づいて行われるのが「日常言語学派」とも呼ばれる哲学者ライルやヴィトゲンシュタインの論理文法分析[13]であり、またその影響を強く受けたエスノメソドロジーの分析[14]である。例えば、ライルやヴィトゲンシュタインは、心的概念の使用中論理（logic-in-use）を体系的に分析した。「理解」や「記憶」などのことばが用いられるとき、どのようなことが成し遂げられるかを明らかにしようという試みである。例えば、「理解」ということばは、私的で内面的な心理活動やその過程を意味する、もしくは指示対象とするととらえられかねない。しかしながら、ライルによれば、「理解している」「理解する」は活動ではなく、達成された成果である。「理解する」とい

う語は、「勝つ」といった語と同様に、「遂行動詞（performance verb）」もしくは「達成動詞（achievement verb）」なのである[15]。すなわち、何らかの事柄の達成を表すのであり、「思い出す」「知る」「発見する」「解決する」「勝つ」という語も同様である。これらはなにか行為をおこなっているということを表すのではなく、何ごとかを試みて獲得したり、成就したものを表すのである。「あなたは彼女を理解している」というときには、私たちは何かが成就されていることを主張する。他方、「食べる」「勉強する」「眺める」などは、それぞれの行為を行っているということを表す語であり、これらは「仕事動詞（task verbs）」として区別される。

さらにライルは、理解していることを自ら表明したり、または「彼は理解した」と記述できるための要件（基準）は公的なものであり、しかも、実際の活動の場面のうちに具体的に与えられているとした。例えば、「一つおきに数える」ということを理解しているとされるためには、実際に「8,10,12,14...」と数えられるということが基準となる。もし「8,9,11,12...」と数えれば、理解していないということになるし、また実際に数えることが求められない場合でも、前者のように「正しく」数えられることが前提とされる。このようにライルは、心的概念というものが心理事象を純粋に指示対象としており、したがって私的なものである、という考え方をくつがえし、その分析可能性を示した。これとほぼ同じ時期に、ライルとの相互の参照はないものの、ヴィトゲンシュタインもライルと同様に心的概念の使用の分析、すなわち論理文法分析を通じて、「理解」という語の使用における公的な基準について言及している[16]。

### 1.2.2　達成語としての「情報」と「知らせる」

それでは、論理文法分析では情報という語をどのようにとらえることができるだろうか。「情報（information）」もまた、「理解」と同様、それ自体が何らかの成果を表すことばである。動詞の inform に対応する日本語は「知らせる、通知する、情報を提供する」であり、これらも何らかの成果や成就を表す「達成語」である。例えば、「日程の変更を知らせる（通知する）」とは、相手がある事柄を「手許の知識」として使えるようにするという達成を表している。さらに、「日程の変更」という、「新しい事実」を相手が知ることによって、相手

にとって「利用可能な知識のストック」を変更できるようにする、という成就を表しているのである。つまりここで重要なことの一つは、必要な場合には、相手が知らされた内容に基づいて活動できるようにすることが「知らせる」ことの成立する要件（公的基準）であるという点である。さらに、相手の「利用可能な知識のストック」に照らして「新しい」事柄であるという点もまた、何かを「知らせる」ことが成立する要件の一つである。相手がすでによく知っている事柄については、「知らせる」ことはできない。「相手の名前を相手に知らせる」と言うことはできないのである。さらにもう一つの要件は、その事柄が「事実性」を持つという点である。「噂を知らせる」「デマを知らせる」と言うことはできない。しかしながら「噂があるということを知らせる」「○○というデマがあることを知らせる」という、事実性については知らせることができるのである。また、こうした要件が関わる達成であるからこそ、要件のいずれかが成立しない場合に、知らせたが「事故で相手に届かなかった」「すでに知っていた」「誤報だった」ということが起こるのである。

### 1.2.3 「情報」の公的基準

「情報を提供する」「情報を見つける」「情報を受け取る」という場合にも、これらは何か特定の行為を表しているのではなく、何ごとかが達成されたことを表している。そしてその、何ごとかが達成されたと見なされるための要件（公的基準）も、用法を分析していくと見いだすことができる。

「情報」に焦点をあてて整理してみると、次のような基準が指摘できる。

(1) 事実性：事実であるか、もしくは事実を含んでいること。
(2) 真実性：正しいこと。これは、上記の事実性とコインの裏と表の関係になっている。
(3) 未知のこと：その人が知らないこと、あるいは知らないと想定されること。
(4) 知りたいこと：その人が知りたいこと、あるいは知りたいと想定されること。
(5) 伝達・入手可能性：他者へ伝えたり、入手したりすることが可能な様式

の知識のストックであること。ただし、すべての人へ伝達可能であるということでは必ずしもない。入手できる人が限定されている場合もある。
(6) 相対性：以上の基準はあくまでも相対的なものである。「情報」とは、あくまでもそれが使用されている文脈に根ざした達成語であり、ある事柄が本質的にもつ属性として用いられるわけではない。

「情報を提供する」「情報を見つける」あるいは「情報を受け取る」ということができるのは、その文脈において、このような基準が満たされていると見なされている場合である。以下、各基準について簡単にまとめてみる。

(1)(2) 事実性と真実性

当初から事実ではない、もしくは間違っているということがわかっているのであれば、それは情報であると見なされず、したがって情報に関わる達成がなされたとは見なされない。作り話であるとわかっていて同時にそれを情報と見なすことはできないし、またデマであるとわかっていて同時にそれを情報と見なすこともできない。しかし、情報と見なしたのに、結果的に事実ではない、真実でもないことがわかる場合もあるだろう。その場合には、英語であれば明確に「misinformation（誤報）」となるのであり、もはや「information（情報）」とは見なされない。「誤った情報」という言い方は、ある事柄が事実性もしくは真実性の点で「情報」と見なされる基準をその文脈において満たしていないという意味を示すにすぎない。ある事柄が情報としての位置づけを失うということが起こりうることは、情報が文脈に根ざした達成語であることを示している。

(3)(4) 未知のことと知りたいこと

ある事柄が、その人にとって「未知のこと」で、なおかつ「知りたいこと」であるという基準を満たしていると見なす際には、その人にとっての「利用可能な知識のストック」を参照することになる。知識のストックに照らして「未知の事柄」かどうか、なおかつその人にとって「知りたいこと」であるかが、その場において情報に関わる何らかの成就がなされたと見なされるべきかどうかを決める要件となる。もちろん、他者の利用可能な知識については、「ある他者の知識」として理解している内容に照らして、「あの人は当然これについ

てはよく知っているに違いない」もしくは「このことについては知らないだろうが、おそらく関心もないだろう」というように、「新しさ」や「知りたいこと」などの基準が成立するかどうかが問題となる。したがって、結果的に本人が「すでに知っていた」あるいは「別に知りたくもない」事柄だったということがわかり、当初は基準を満たすとされていたが、最終的にそうでなかったとなる場合もあろう。また、それがわからないまま、基準が満たされたことになったままにされることもあり得る。

参照される知識のストックには、自分のものと他者のものの二通りがある。

a. ある事柄を自分にとっての「情報」と見なす

「就職課で今日、とってもいい情報を見つけた」と言うとき、本人自ら就職課で探した結果、自分にとって利用可能な知識に照らして、新しいことであり、なおかつ知りたいことを獲得することができた、という成就について主張している。

b. 他者にとって「情報」であろうと見なす

「この情報はあなたの研究に役立つと思います」と言うときは、「あなたにとって利用可能な知識に照らして、新しく、なおかつあなたが知りたいことであると私が見なしたもの」、つまり「成果」としての「情報」を相手に提供しようとしているのである。

「情報」の提供は、必ずしも特定個人に対してだけなされるわけではない。例えば、マスメディアは、その読者や視聴者が「情報」と見なすであろう事柄を記事にしたり、番組の中で扱うことによって、彼らに届けようとする。その読者や視聴者の特徴について、どこまで詳細に把握しているかは、読者・視聴者の規模にもよるであろう。いずれにしろ、ある典型的な読者像もしくは視聴者像を設定し、それに基づきながら「情報」を生成し、不特定多数に向けて伝達するしくみがマスメディアであると言うことができる。また、図書館が蓄積し、提供する「情報」の場合にも、同様のことが言えよう。

(5) 伝達・入手可能性

「あの記者は事件について独自につかんでいた情報を警察に提供したらしい」「試験対策の情報交換をしよう」などの例に見られるように、情報は「伝達する」や、「入手する」などの達成動詞と共に使用される。すなわち、伝達や入

手されたもの、もしくはその可能性のあることが、要件の一つとして使用の際に前提とされる。ただし、可能性はあまねく誰にでも開かれているとは限らない。例えば、行政情報や個人情報のように、伝達できる人、入手できる人の条件や資格が限られているものもある。他方、伝達したり、入手できるという可能性が全く開かれていない事柄は、もはや情報として見なされる可能性がない。「極秘情報」の場合でも、伝達できる人や入手できる人は、極めて限られてはいるが存在することが前提とされる。

(6) 相対性

以上の五つの基準はあくまでも使用の文脈に応じた相対的なものである。常にすべての基準を満たし、普遍的に情報であるという事柄はない。誰かにとってはすでに「新しい」事柄ではないかもしれないし、また別の誰かにとっては「事実」と見なされるべきことではないかもしれない。さらに、ある時点では誰かにとって「情報」と見なされるべき基準を備えていたとしても、時間がたてば、そうでなくなる可能性もある。このように、「情報」とは、あくまでもそれが使用されている文脈に根ざした達成語であり、ある事柄が本質的にもつ属性として用いられるわけではないことは明らかである[17]。

### 1.2.4 実践的知識マネジメントの一部としての情報

人々は日々、多様な知識を獲得したり伝達したりする際、さまざまな日常的な社会的手続きに則ってそれらの行為を遂行する[18]。知識を獲得したり伝達することなどを含めた実践的知識マネジメントは、それ自体が多様であり、また多様な手続きに則って行われる。そして忘れてはならないことは、これらの手続きが日常言語のなかのさまざまな概念と関わっているという点である。「情報」という概念は、その一つにすぎない。他の概念としては、例えば、「情報」と対比的に使われる概念として「知識」があり、また「知識」と対比的に使われる概念として「信念」がある。「彼が明日来ることを知っている」では、「彼は確実に明日来ます。私はそれをあなたに断言できます」と相手に述べているのに対して、「彼が明日来るという情報を持っている」では、「伝え聞いたことも含め、私が知っている範囲では、彼は明日来ることになっています」と、断定はしないが、しかし単なる個人的な憶測を超えたところで彼が来る可能性

に関して知っていることを相手に伝えることになる。一方、「彼が明日来ると信じている」では、彼が来るという完全な確信はないことを相手に伝えることになる。これらは、一つの事柄に関する知識をめぐり、その知識の確かさをそれぞれ異なる手続きで「格付け」していると捉えることができる[19]。この格付けのゲームがあるために、知識や情報に関する議論は複雑になる。しかし、これらのことばを使用する際には常に格付けを行うことになるというわけではない。したがって、問題とする必要があるとき以外は、ここでは格付けについては言及しないことにする。

　以下では、さまざまなことについて、人が「知っていること（すなわち知識）」について、われわれはどのようなことを知っているのか、その内容を記述することを試みる。シュッツが記述したように、われわれは「知識が社会的に配分されている」という知識に基づいてさまざまな活動を行っている。それでは、われわれはどのように、さまざまな知識を社会に配分し、また配分された知識に基づいて活動をするのだろうか。言い換えれば、われわれはどのように、さまざまな活動の一部として知識を伝達、保存、利用、修正するのだろうか。ここでは、この問題に対し、われわれの知識に関わる諸活動について理論を組み立てるのではなく、われわれが日常行う活動として知っていること、すなわち実践的知識マネジメントについてわれわれが知っていることを記述する、というやり方をとる。具体的には、実践的知識マネジメントが、それを実践する人々や対象となる知識のストックの種類によって異なることに目を向け、それぞれの文脈に根ざした、実践的知識マネジメントを記述するための語彙を提供することをめざす。

## 1.3　知識の社会的配分

### 1.3.1　知識と社会的分業

　現代社会の特徴を知識や情報という側面からみようとする際に鍵となるのは、近代化の一部として進んできた社会的分業であろう。農業などの第一次産業主体の社会から、工業や商業など、第二次産業や第三次産業が分化・発展する産業の歴史は、社会的分業の進展の歴史として捉えることができる。産業が高度

に発達した今日、人々の生活は複雑な分業システムに支えられている。こうした分業システムは、国を越えて世界規模に拡大し、国際的なシステムの変動が、人々の生活に大きな影響を及ぼす段階に到っている。

こうした複雑な分業社会では、人は自分が属している職業集団の職域についてはかなり詳細な知識を持っていても、他の領域については、実践的な目的を成し遂げるのには十分な程度のことしか知らず、それ以上の詳細な知識は持ち合わせないのが普通である。例えば、人は電話で通話できるしくみについて詳しく知らなくても、電話機の使い方さえわかっていれば、電話で他人と話すことができる。しかし、中には、自分の専門領域以外のことについて、比較的詳細な知識を持っている人もいる。例えば、商事会社の社員がアマチュア無線のマニアで、自宅では機械を組み立てたり、他のアマチュア無線仲間と交信したり、専門雑誌を購読して最新動向に目を通しておく、といった例も、よくある話である。しかし、他領域について詳しい知識を得ることは容易ではないため、詳しい知識を持っているとしても、その領域の数は自ずと限定されたものとなる。つまり、分業の結果として社会的に配分された知識のすべてを個人が持つことは不可能である。

### 1.3.2　シュッツによる問題提起

知識が社会的に配分されているという問題を最初に正面から取り上げたのがアルフレッド・シュッツである。彼は、当時の知識社会学の関心が、もっぱら認識論的な問題に終始しているのに対して、知識の配分のメカニズムを知識社会学の中心的課題として探究すべきであるとした。

シュッツが、知識の社会的配分問題を課題として取り上げた理由は、大きくわけて二つあった。一つは、生活世界における成員にとり、知識が配分されているという前提は、あらゆる行為の基盤になるものと見なしたからである。バス停で見ず知らずの人に「ずいぶんと来ませんね」と声をかけるのは、例えば、相手の人が日本語を知っているということを自明視したからであり、また主語の「バス」を抜かしても、相手も自分と同様にバスを待っていることを想定し、相手にとって自明であるとしているからである。また胸が痛むときに医者を訪れるのは、医者が医学知識のストックに由来する知識を手許に持っており、そ

れを背景にして適切な治療を施してくれると判断するからである。また逆に、相手がある知識を持っていないという前提にもとづいて行動することもあるかもしれない。例えば、明らかに外国人であるような容姿の人に対しては、「日本語がわかりますか」と尋ねることから始めるかもしれないし、またその人がわかりそうなことばを使って話しかけることもあろう。さらに、診察室の医師がいかにも「新米」に見える場合には、その診断がきちんと根拠があるものなのか少々不安になって、その医師が下した診断に対し、患者はいくつかの質問をして念を押してみるかもしれない。このように、およそ行為というものは、そのつど関わる知識がどのように人々の間に配分されているかということについての理解を前提にして成立していることをシュッツは指摘し、知識の社会的配分問題に注目することに意義があるとした。

　二つめの意義としてシュッツがあげたのは、このように、知識の社会的配分があらゆる行為の基盤となっているのにもかかわらず、知識が配分されるメカニズムが社会学で問題とされていないということだった。シュッツは当時の知識社会学が、知識の社会的配分問題を、真理のイデオロギー的基盤としての社会的条件、特に経済的条件や教育がもたらす社会的影響という側面、また教育を受けた者の社会的役割といった側面からしか取り上げていない、として批判的に見ていた[20]。シュッツにしてみれば、知識社会学で取り上げられていたこれらの課題すべてにおいて、知識の配分メカニズムは暗黙の前提となっているのであるから、まずはその前提にこそ光をあてるべきだと考えたのであろう。

　こうしてシュッツは、知識配分メカニズムの記述を通じて、この問題を論じる際に有益な語彙を残してくれた。この語彙を用いて、シュッツは、われわれが日々生活する場面において、さまざまな行為の際に、知識配分メカニズムに関するどんなことを自明視し前提としているのかを記述しようとした。この記述は、生活世界における「常識的理解（common sense understandings）」を言語化したものであり、社会学的な知識にもとづいて世界のメカニズムに対して説明を与えようとする社会学理論とは異なる[21]。以下では、シュッツの記述を紹介し、それを敷衍して新たな語彙を付け加えながら、知識の社会的配分メカニズムについて掘り下げて検討していきたい。というのも、以下で見るように、「情報を利用する」「情報を探索する」といった行為は、知識の社会的配分

の問題と密接に関わっているからである。

### 1.3.3　個人の視点から見た知識のストック

　はじめに、生活世界における個人の視点から、人々が認識可能な知識に関わる類型を提示し、そこから配分のメカニズムを明らかにしてみたい。われわれは、生活の中でさまざまな行為をする際、そのつど多くのことを暗黙の前提とする。例えば、ご飯を炊く、という行為一つとってみても、事前に米をとぎ、一定量の水につけておくことをした上で火にかけることを暗黙の前提として作業を進めるであろうし、またクラシックの演奏会では、演奏の音が鳴り止んでも、曲の終わりでなければ拍手はしないことを暗黙の前提として、次の楽章が始まるまで静かにまつであろう。このように、「いまここ」の特定の状況において、その人が前提として依拠している知識をここでは「手許の知識のストック（the stock of knowledge to hand）」と呼ぶことにする。他方、人がそのつどの状況に応じたそのつどの手許の知識のストックに依拠できるのは、その人にとって利用可能な知識の集積が手許の知識の背景にあるからである。これを「利用可能な知識のストック（the stock of knowledge at hand）」と呼ぶことにする[22]。

　各人にはそれぞれ深く知っている分野と、存在することは知っていても、その内容についてはほとんど知らない分野がある。長年一つの領域で仕事をしていれば、その領域については細部にいたるまで深く知っているであろう。他方、何らかの活動をするとき、その領域についてほとんど知らなくとも、最低限のことを利用可能な知識として持っているだけで、その活動を行えるという領域も多い。例えば、電話で人と話すには、電話の細かなしくみに関する知識を「手許の知識のストック」として持っていなくとも、電話のかけ方さえ知っていれば何の心配もいらない。同様に、裁判をおこすのに、法曹界の人と同じくらいに法律や裁判制度についての知識を持っている必要はない。中には、ある数学の定理の証明方法、ある村に伝わる物語など、自分は内容を全く知らないけれども、他人が知っていることとして認識可能な知識のカテゴリーもあるだろう。

　利用可能な知識のストックはそれぞれの人によって異なるが、それがどんな

ものであれ、日常生活では、大抵の場合、利用可能な知識のストックに由来する、そのつど「適切な（relevant）」手許の知識のストックに依拠することで、物事は問題なく処理される⁽²³⁾。しかしながら、時には、そうしたやり方ではうまくいかないことがある。手許の知識として依拠できるほどよく知らなかったり、忘れてしまっていることもあるだろう。また、利用可能な知識のストックとしては、自分がそれまで全く知らなかったようなこともあるだろう。そうした際には、もう一度学び直したり、思い出したり、情報を収集してストックの一部として集積する必要があるだろう。

　知識の種類によって、知られ方、すなわち配分のされ方は異なる。例えば、母国語のように、ある国に生まれ育った人であれば、自由に操ることが常識として前提されるようなものがある。その一方で、分子生物学の研究仲間において常識であることは、その研究に直接関係を持たずに生活を送っている大多数の人にとっては、そうではない。何が「常識」であるかは、想定される特定の集団との関係で捉えられるものであり、その意味で「常識」とは相対的な概念である。利用可能な知識のストックには、独自の経験から得た、他の人にまったく知られていないようなものもあるかもしれないが、大部分は親など周りの大人から得たもの、学校で教わったもの、友人から教わったものなど、誰かがすでに知っていることに由来するものである。つまり、「利用可能な知識のストック」の大部分は、社会的に再配分されたものである。

　それでは知識はどのように再配分され、個々人の手許の知識を構成するに至るのだろうか。そこにはどのようなメカニズムが働いているのだろうか。

　再配分のメカニズムの一つに、社会化がある。人は成長の過程で、さまざまなものごとを学び、一人前の社会人になってゆく。この過程を社会化と呼ぶ。人に道で会ったときのあいさつのしかた、相手が目上の場合と友人の場合とのあいさつのしかたの違い、道路で走っている車のうち、タクシーとバスの見分けかた、それらの乗車の手順の違い、いろいろな雑草のなかで、強烈なにおいを発する白い花をドクダミと呼び、お茶にして飲むと体にいいということなど、日本という地に生まれ育つあいだに、家族や親戚、友人、近隣の人と接するなかで、われわれはどんなにか多くのことを知るであろう。われわれが知っている多くのことは、この社会化を通じて、つまり人と接するなかで再配分される

といえよう。

　しかしながら、われわれは知識の再配分を社会化にのみ頼っているわけではない。社会化による知識の再配分は、その場その場に依存し、偶発的な側面が強いし、また個人が伝えられる知識の範囲や量は自ずと限られている。そこで、この社会化による知識の再配分を補うように存在するのが、特定領域の知識を集中的に、組織的に再配分することで、その領域の初心者を訓練するような教育制度や、広範囲な地域に渡って多様な出来事を定期的に伝える新聞やテレビなどマスコミの諸制度である。このような再配分のメカニズムを利用して、われわれは、知識を伝達したり、評価して修正したり、新たな知識を追加したりする。

　知識の再配分のメカニズムは、企業などの組織内にもさまざまな形で存在する。例えば、企業の決定事項などを社員に知らせる（再配分する）ための各種文書や社内報といったしくみや、新入社員の研修制度などは、知識を集中的にかつ組織的に再配分するメカニズムと捉えることができる。一方、そうしたメカニズムを通じて伝えられることはないが、実際の仕事を通じて、その部署における仕事の進め方のこつなど、まわりの社員から学ぶことも少なくないだろう。つまり、組織や、同じ組織内でも別の部署に新しく入った人は、研修を受けたり、マニュアルを読んだりすることで知識を得るとともに、組織内での社会化を通じて得た知識によって次第にその部署での「一人前」となっていくのである。

　このように、知識の社会的配分に関わる再配分のメカニズムには大きく分けて二つのものがあり、それらのメカニズムを通じた実践的知識マネジメントによって実際に知識は再配分されるのである。再配分のメカニズムについては1.5節で述べることとして、その前に、再配分によって利用可能となる知識のストックの種類について考えてみよう。

## 1.4　知識のストック

### 1.4.1　利用可能な知識のストックの種類

　シュッツは、人が（社会科学者を含む）科学者として世界を理解する場合と、

日常生活者として理解する場合とがいかに異なるのかを、それぞれの場合に依拠する知識のストックの違いという点から主に論じた。科学者が科学者として世界を理解しようとするときには、科学の諸規範や、成果として集積されてきた科学知識に則って、世界のある部分について組織的に疑問を提出し、解明を試みる。一方、日常生活においては、「当面の目的（purpose at hand）」を達成できさえすればよいのであるから、関連したことがらの多くは、自明のこととして特に問題にされることはない。例えば、夕飯の支度をするときに、米については、事前によくといでから適量の水で炊けば、主食としておいしく食べられる、といった知識を当たり前のこととし、おいしい炊き方や、まして米の性質や栄養分を、食事のたびにいちいち問題にするようなことはない。稲の遺伝子を研究している科学者は、科学者としては、稲の遺伝子の構造や、そこから発現する稲の性質を問題にする一方で、夕食の準備をするときは、いままで通りのやり方でご飯を炊くだろう。言い換えると、日常生活者としては疑問に付さないような点についても、ある特定領域を専門とする科学者としては、その領域における科学的な関心との関係で、改めて詳細に探究することがあるのである。ある人が科学者として仕事をする際に科学のさまざまな知識のストックに依拠することを、シュッツは「科学的態度（the scientific attitude）」と呼び、一方の、日常生活者として当面の目的との関係で必要なければ探究をあえてはしないような態度を「自然的態度（the natural attitude）」と呼んだ[24]。

　この二つの類型を提示することでシュッツが示したかったことはいくつかあると思われるが、特に本章との関連でいえば、知識にはさまざまな種類があり、それぞれ異なる規範に依拠して生成されているということであった。さらに、次の点もシュッツは指摘している。すなわち、科学者といえども日常生活者として（自然的態度で）生きる時間があり、稲の遺伝子を研究する科学者も、ごはんを炊くときには、手許の知識のストックとして依拠するのは遺伝子に関する最新の研究成果ではなくて、お米のとぎ方や火加減について知っていることなのである。また、科学者たちが昼食を共にしながら遺伝子の構造に関わる新しい仮説について話し合うことができるのは、科学者として仕事をしている最中でも、完全には日常生活者としての規範を無視するというわけではないからである。つまり、科学的態度とは自然的態度の一部を一時的に変更して特定の

事項に限って探究の対象にすることであり、いわば自然的態度のヴァリエーションなのである(25)。

シュッツは別の論文で、知識の社会的配分問題に関連して三つの類型を提出しながら、この点を論じている(26)。三つの類型とは、「専門家 (the specialist)」「市井の人 (the man on the street)」「情報に通じた市民 (the well-informed citizen)」(27)で、これらのカテゴリーを使って知識の種類の違いや、ものごとを自明視する態度の違い、もしくは探究に対する態度の違いを記述している。「専門家」の知識は領域が限定されてはいるが、その範囲では詳細で明確であり、整合性も目指され、かつ、その専門家集団の了解が得られているという点で保証つきのものである。科学知識はそのよい例であろう。従来の知識に対して疑問をつきつけていくという点では、科学者がこの類型をもっとも極端な形で遂行していると考えられる。というのも、例えば弁護士などは、既存の法律に疑問を呈していては仕事ができないため、自明視せざるを得ないが、科学者の場合、究極的にはあらゆることがらに対して疑問を提示することが許容されているからである。

一方、必ずしも互いに整合性があるとは限らない、多くの領域に渡る知識のカテゴリーを「市井の人」の知識と呼ぶ。それは、当面の目的に照らして使える知識である。ある状況を類型的にとらえ、類型的な手段によって、ある類型的な結果をどのようにして引き起こすかを示す、諸々の手続きに関わる知識である。なぜその手続きをとるのか、その意味などについて人は追求しようともせず、また追求などしなくとも安心してその手続きを人は使う。他の人もまたそうしてきている、という点で保証済みなのである。例えば、今日の夕飯はいつもの類型的な夕食の一つであり、献立もまた、いつものようにご飯に味噌汁に何品かのおかずで構成されている。なぜそうなるのかなど考えることはない。また、当面の課題に対処できればよいのだから、さまざまな領域に関する「市井の人」の知識は、互いに食い違っていても問題はない。ことわざにはしばしば互いに相反するような意味を持ったものがあるが、人々は両者の間に整合性がないからといって頭を抱え込むこともなく、ましてや検証をしてどちらかを棄却するということを行うこともなく、状況に応じてどちらかを使うということを自然にしている。

「情報に通じた市民」の知識は、専門家の知識に比べれば詳細性、明確性に欠けるものの、自分の専門領域ではない分野について人が持つかなり詳細な知識である。それは当面の目的に照らして十分に足りるという、市井の人が「所与とする」知識とは異なり、自分なりに情報を収集し、その領域に関して非専門家ではありながらも、自分の意見をはっきり表明できる程度に詳細で整理された知識である。したがって専門家になることをめざして獲得した知識とは異なるという点にも注意したい。

### 1.4.2 知識のストックに対する態度の違い

利用可能な知識のストックの範囲では活動を遂行するのに十分ではないときでも、われわれは常に新たな情報を得ようとするわけではない。十分ではないと知りつつも、すでに利用可能な知識として持っているもので済ませてしまう場合もあれば、情報を収集して入手する場合もあるだろう。それはある活動を遂行するにあたってその人が参照する規範と関係する。仕事上のことなら、きちんと確かめる必要があるだろうが、自分の趣味に関わることなら、調べもせずに適当に済ませてしまうかもしれない。また、時間などの制約で、当面の目的を達成することができれば、これ以上何も新たな知識を入手する必要はないという判断がなされるかもしれない。

情報源に対して新たにアプローチしようとするときには、得ようとする知識の詳細さなど、知識に対する態度が人によって異なる。こうした態度の違いについて、シュッツは先ほどの三類型を使って記述している。

ある人が専門家としてその専門領域における問題に対処しようとするときには、主に依拠するのはその領域の専門知識である。専門知識の利用のしかたには三つの場合が考えられる。一つは、その人自身がその領域の専門家としてすでに持っている利用可能な知識のストックで対処できる場合である。二つめは、利用可能な知識のストックのうち、詳細さに欠く部分がある場合で、専門領域内の情報源を探し、適切な知識を新たに入手して対処する。三つめとしては、利用可能な知識のストックとして認識される範囲には適切なものがない場合である。その場合には、未知のストックによってその領域の知識を修正したり、新たに何かを追加する必要が出てくる。いずれの場合においても、その領域に

第1章　生活世界と情報

おける利用可能な知識のストックを「所与のもの」として、なおかつその集団の構成員にとっての準拠枠になるものとして受け入れ、それに基づいて行動するということが、専門家としての問題への対処のしかたとなっている。解決すべき問題自体もその準拠枠に基づいて設定されるため、所与のものであり、その解決もその準拠枠に依拠してなされるということである[28]。

　準拠枠として専門知識に依拠できるようになるためには、すなわち、手許の知識として利用できるようになるためには、専門家はその領域における利用可能な知識のストックについて学びとり、詳細な形で持っていて、必要に応じて自在に使いこなすことができなければならない。逆に言えば、その領域の知識のストックを学びとり、さらに、そのつど実践のなかでうまく使いこなすことができなければ、それはすなわち、他の専門家と知識を分有しようとしないか、あるいは分有する能力がないということを意味するのであるから、その領域の専門家とは認められないことになる。このことを知識のストックに対する態度という点からとらえ直すと、専門家にとって自分の領域のストックにアクセスして自分の手許の知識とすることは切実な問題であり、またすでに利用可能な知識のストックに問題解決に必要なものが欠如していたり、不適切であるということがわかれば、新たな知識を追加したり、既存のものを修正する努力もするということを示している。

　科学者を例に、専門家とその専門領域における知識のストックとの関係を考えてみる。クーンがパラダイムとパズル解きという概念で説明したように、科学においては、各研究分野においてすでに問題は所与のものとして設定されており、科学者はすでに確立された手続きに基づきつつ、既存の知識に修正を加えるという、パズル解きに似た形でその問題を解決しようとする。科学の究極的な目的は、このように、発見によって既存の知識を修正したり、新たなものを追加するということである。このような目的は科学に特有のものであって、他の専門領域では異なっている。他の領域で知識のストックに修正や追加が行われるのは、製品を作る、販売契約をする、患者を診断するなどの活動を遂行する上で、既存の知識のストックに由来する規則に改善の余地がある、もしくは既存のやり方では支障があるなど、仕事を遂行する上で必要が生じたときである。つまり、他の専門領域では、既存の知識の修正や新たな知識の追加を第

一の目的として活動がなされているわけではない。

　さらに、科学者が研究から導きだした知見が単なる個人的な知見に終わらず、その分野の知識のストックに対して新たなものを追加するものとして認められること、すなわち「発見」としてその科学者が提示でき、それに対して異議が出されないという状況が成立するためには、科学者はその分野の既存のストックに新しいところまで精通していることが不可欠となる。つまり、利用可能な知識のストックのうち、自分の専門である狭い分野については、少なくとも詳細な知識を持ち、自ら常に更新していく義務を持つ。これは他領域の専門家についても同様で、例えば、弁護士が顧客から持ち込まれた問題をどのように定式化して訴訟という形に持っていくかを考える際、最新の法律を参照することはもとより、その問題に関わる判例を最新のものまで調べあげて使う。このように、専門家が専門家として実践するということには、専門領域における利用可能な知識のストックを熟知し、必要に応じて深く調べ、それに基づいて、すなわち手許の知識として用いつつ、問題を解決するということが伴う。

　しかしながら、すでに触れたように、複雑な分業化が進んだ社会で個人が専門家として対処できる範囲は非常に限られているため、自分の専門領域以外については、非専門家として対処せざるをえない。その際の、各領域における利用可能な知識のストックに対する態度の類型化に、シュッツは「市井の人」と「情報に通じた市民」という用語を用いている。「市井の人」は、自分の属する集団内における知識のストックを所与のものとして受け入れ、素朴に生きている。そのストックが明晰性を欠いていても、当面の問題が解決できるならばそれ自体は問題とならない。ましてや自分の属する集団外の知識のストックについては、詳細に知らなくともよいとしている。要するに自分の直面する問題を解決するに足るだけの知識があればよいとして、それ以上に情報を得て自分の専門外の領域について詳しくなる必要は感じない。電話をかけて話すことができれば十分で、電話がどのようなしくみになっているのかを詳しく知る必要はないと思うし、また図書館で本を借りることができれば十分で、図書館員がどのように働いているかについて詳しく知る必要もないと思うのである。

　他方、「情報に通じた市民」は、当座の問題がとりあえず解決するに足る知識があればよいというふうには考えない。その問題に対して確信をもってある

解決方法を選択できるように、自分の専門領域以外の知識を詳細に得ようとする。また、当面の問題とは全く関係のない事柄についても、将来何かしら役立つかもしれないと考えて、もしくは純粋な好奇心から詳細に知ろうとする。ここが「市井の人」の態度とは異なる点である。また、どの領域について深く知ろうとするのか、その選択は自分自身が行うものであり、専門家の場合のように、その専門領域においてすでに決定されているというのとも異なる。自分は作家であるが、通信という領域に非常に興味を持っているので電話のしくみについても詳細に調べて知っているという人もいるかもしれないし、また将来会社を退職したときには、近くの図書館でボランティアをしたいから図書館員の仕事についてはいろいろ本を読んでいるし、通信教育で資格をとってみたいと考えているという人もいるかもしれない。

　以上の三類型は、あくまでも知識のストックに対する個々人のそのつどの態度に関する類型であり、すべての人がいずれかの類型に常に属しているというものではない。個人はある特定の領域については市井の人の態度をとり、また別の領域では専門家、さらに別の領域では情報に通じた市民の態度をとる。また、ある領域の専門家といえども、当面の目的に照らしては専門家であることをやめて市井の人として対処することもあるだろう。例えば、ある人が言語学者であれば、日本語におけるあいさつのことばについて非常に詳しく研究して明晰な知識体系を構築するかもしれないが、その人が街角で知人とすれ違うときに相手がしたあいさつについて、「それは、この場合最も適切なあいさつではない」と相手に疑義をさしはさむこともなく、相手のことばに対応した形であいさつのことばを返すことで済ませるであろう。つまりこの三類型は、人が生活する上で、生活世界のかなりの部分については当面の間は疑問視せずにそのまま受容し、他のある部分については疑問に付して探究の対象とするという事態を記述する上で有意義な語彙を提供している。この点は、情報の探索や利用という問題を考察する上で重要である。

### 1.4.3　利用可能な知識のストックの様式

　これまで「利用可能な知識のストック」自体については、成員にとって認識可能な知識として一括して捉えてきたが、さらに踏み込んで検討してみると、

その存在のしかた（様式）には異なる種類があることがわかる。異なる様式の知識のストック間にはどのような違いがあり、また相互にどのような関係にあるのかという点は、シュッツが特に関心を寄せていたことであり、それは生活世界に関する常識的解釈と科学的解釈、すなわち自然的態度でいる人の理解と、科学的態度、特に社会科学知識体系に依拠した理解との違いおよび両者の関係をつぶさに検討した中にも現れている[29]。すでに考察したシュッツのこれらの議論を踏まえて、利用可能な知識のストックについて、その様式の点から新たな考察を加えると、以下に示すように、利用可能な知識のストックは、「特定的個人に配分されている知識のストック（the personal stock of knowledge）」と「非特定的個人に配分されている知識のストック（the impersonal stock of knowledge）との二つの種類に分けられることが明らかとなる。

(I) 特定的個人に配分されている知識のストック

知識のストックには、それを蓄積し、所有する個々人を特定化できる場合がある。そうしたストックには、以下のような種類がある。

① 一個人の知識（the individual knowledge）

特定の一個人にとって利用可能な知識のストックとして社会の成員が認識するものである。「利用可能な知識のストック」を導入したところ（1.3.3）ですでに述べたように、このカテゴリーに属する知識の大部分は、以下に列挙するような社会的に利用可能な種々の知識に由来したものであり、個人が純粋に自らの経験に基づいて得た知識は一部にしかすぎないものとして、一般に認識されている。一個人にとって利用可能な知識のストックから他の人への知識の伝達では、その個人しか知らない知識が伝わる場合もあれば、所属している集団において共有されている知識が伝わる場合もある。

② 個人間の知識（the person-to-person knowledge）

二人以上の、互いに知っている特定個人間で共有されている知識として成員が認識するものである。つまり、その特定個人間にとっての利用可能な知識のストックである。二人で同じ経験を共有したり、それぞれが知っていることを互いに教えることで共有されるに至ったと認識されるような知識である。例えば、幼なじみ同士が近所で遊んだ思い出や、親の病状についてその子供たちだけが知っていることなどがあげられる。

(2) 非特定的個人に配分されている知識のストック

　成員によって認識可能な知識のカテゴリーには、その所有者を個々人のレベルで特定化できないようなものがある。つまり、上述したような、所有者を個々人のレベルで特定化できるものとは異なり、共有者に匿名性があるような共有様式を持つものとして成員に認識されるような知識のことである。これはさらに体系的に組織化されたかたちと、そうではない非体系的な口承というかたちで認識可能なものとに分かれる。日常言語においては、体系的に組織化されたものを「知識」と呼び、口承を「常識」や「常識的理解」といったことばで呼んで区別することがある。

① 口承

a．生活世界に関する口承（the oral tradition）

　特定の組織を超えて「誰もが知っている」と成員が想定するような知識のストックを指すカテゴリーである。人が自然的態度で活動する際に依拠するような知識で、日常言語や、それに基づいた諸々の世界に関する理解のことを言う。幼児期からの社会化の過程において習得する「世間一般の常識」として想定されるようなことに対して用いられる。これは相対的なもので、当然のことながら、その具体的内容は状況によって異なる。

b．特定組織に固有の口承（the organisationally located oral tradition）

　特定の組織において、その組織の成員であれば「誰でも知っている」と想定されるような知識のことである。以下にあげる体系的に構造化された知識のストックに対して、それに関係づけられてはいるが、それ自体は成員の間で暗黙に「当たり前」のこととして見なされている知識に対して使うカテゴリーである。例えば、会社の就業規則ではいつ取ってもよいはずの有給休暇を、冠婚葬祭や特定期間以外では事実上取れなくしているような「会社の常識」が、組織に固有の口承である。

② 集約的・組織的に構造化・公表された知識のストック（the collective, public, structural and corporate knowledge）

　このよい例が、科学知識である。科学知識は、科学者の間で「集約的に」合意された内容であるとみなされている。また、論文や教科書などの形で「公表され」、入手が可能である。さらに、科学知識はそれぞれの学問に分かれ、さ

らに各学問は分野に分かれるというように、「構造化」されている。そして最後に、科学者らはそれぞれの専門分野で仕事を行い、他の分野については他の科学者に任せるというように、役割分担がなされている。このように、ある活動を役割分担に基づいて、その集団の各人が同様に遂行できるように構造化した知識が集約的・組織的に構造化され、公表された知識である。

　これは組織化のされ方によってさらに二つの種類にわかれている。

a．論理的に統合された知識のストック（the systematised stock of knowledge via logic）

　科学者は、自分たちの知識のストックを構成する要素が互いに論理的統合性を持つことをめざす。既存の知識体系内についてのみならず、新たに追加する知識と既存の知識体系との関係においても、成員がこの論理的統合性をめざすのは、科学知識が唯一の例である。

b．体系化によって組織化された知識のストック（the systematised stock of knowledge via codification）

　例えば、各法律は、必要な事項を列挙し、それらを条文として体系化したものである。法律は必要に応じて制定されるものであり、異なる法律の間は、演繹的に導かれるような論理的関係にはない。

## 1.5　知識のストックの配分メカニズム

　ある特定の知識のストックが、「利用可能な知識」としてある集団において特定の形態を保ちながら共有されていると認識できるということはどういうことなのだろうか。そこには、そうした認識を可能にするような知識の配分メカニズムがあり、それに基づいてある一定の内容の知識が共有、維持されているはずである。以下では、非特定的個人に配分されている知識のストック、すなわち「口承」と「集約的・組織的に構造化・公表された知識のストック」の配分メカニズムについて、両者を対比させながら考察してみたい。その際には、それぞれのストックの様式に対応した配分メカニズムを、知識の構造、保存、適用、修正の観点から眺めることにする。

　さらに、ここで再びシュッツの三つの類型を導入したい。まず口承に対して

第 1 章　生活世界と情報

は「市井の人」という類型を、そして「集約的・組織的に構造化・公表された知識のストック」のうち、「論理的に統合された知識のストック」、すなわち科学的知識に対しては「専門家」の類型をあてはめる。そして他方の「体系化によって組織化された知識のストック」に対しては「情報に通じた市民」の類型をあてはめる。1.4.2 では、知識のストックに対する態度の違いという点から三類型を記述したが、本節では、知識のストックの様式と対応させることにより、配分メカニズムと関係づけることを試みる。

　口承においては、論理的整合性などは追求されず、それぞれの状況におけるその都度の整合性のみが求められるという点において、シュッツの提示した「市井の人」という類型が、他のストックとの相対的な関係においてもちょうどよくあてはまる。

　次に科学的知識であるが、科学者は、論理的に統合化された知識のストックをさらに詳細かつ厳密に構築することを目的とし、その一環として、科学的知識のストックにおいてすでに利用可能な知識を適用しつつ、そのストックから導出された問題を解決しようとする。つまり、科学者の活動は科学的知識のストック内で自己充足的に行われる。それはストック内ですでに標準化された尺度に頼り、それ以外の「非科学的なもの」を常に排除しようとする姿勢に端的に現れている。このように、科学的知識のストック以外の知識には頼らないという姿勢が、他方の「体系化によって組織化された知識のストック」の場合よりもさらに徹底しているという点で、「専門家」の類型がよりふさわしい。

　残る「体系化によって組織化された知識のストック」であるが、法律にせよ、業務規定にせよ、図書館の分類表にせよ、これらはそれぞれ何らかの目的を組織的・集約的に達成することをめざして組織化された知識のストックである。その目的とは、そのストックを適用することによって生活世界における人間の活動に関与することであり、それは例えば、社会的な秩序を回復させることや、社内で整然とした分業を遂行することで効率よく仕事をできるようにすること、図書館における知識のストックに人が秩序立ててアクセスできるようにすることなどがあげられる。

　「情報に通じた市民」というカテゴリーをこうした知識に対して使うのには二つの理由がある。まず、ある知識のストックを使って、それに対応した目的を

達成するという文脈においては、それを行う成員はそこで使う知識を自明のものとし、したがって所与のものとする。シュッツにならって、専門家の代表として科学者を取り上げる[30]と、科学者は科学知識の大部分については所与としながらも、新しいことを追加し、変更を加えることを目的として活動している。それに対して、法律などの知識体系に依拠して活動する場合には、この知識体系全体を所与のものとして適用し、知識体系に変更を加えるという作業は別の活動としてなされる。こうした点から、後者に類別されるような知識体系を「専門家」のもの、すなわち科学的知識とは区別して「情報に通じた市民」のカテゴリーを対応させることとする。

さらに、科学者の活動は科学知識の集成に依拠しつつ、その集成に何らかの変更を加えて同業者に伝えるという、自己充足的な活動であり、科学の知識体系以外の知識は極力排除される。それに対して、図書の分類をしたり、問題を法律に基づいて解決するといった活動においては、例えば、図書館員は同僚のみならず多様な知識領域に所属する利用者、多様な知識領域を扱った図書と関わって仕事をし、また弁護士は同僚や裁判官など他の法律専門職のみならず、問題を持ち込んだ市民や、その問題が生じた多様な領域と関わるところで仕事をする。つまり、科学者以外の職業領域では、他の知識領域と関わるところで遂行される。図書館の分類規則や法律など、自分が専門とする領域の知識体系に依拠するだけでは職務を遂行することはできないのである。

三類型間の違いについて、シュッツがある特定の知識体系への依拠のしかたの違いから説明しているのを参照すると、「専門家」は、自分がその領域の専門家になろうと決心すると、その領域における利用可能な知識のストックを自分の手許の知識のストックとして使えるように学ぶことにより、その領域で何が問題となっており、それに対してどう取り組むべきかについても知る。つまり、その領域で専門家として活動するための準拠枠を得、またそれを独占的な準拠枠とすることによって、依拠すべき知識の範囲を限定しようとするような態度の類型として「専門家」を特徴づけている。それに対して、「情報に通じた市民」は、「専門家」の場合と異なって、複数の準拠枠に関わり、また、自分の依拠する準拠枠を所与のものとし、準拠枠に関心がない「市井の人」とも異なり、その複数の準拠枠に関心を持つ。問題に応じて準拠枠を選択し、それ

について対処するために可能な限り多くの知識を収集しようとする態度の類型として「情報に通じた市民」は特徴づけられている。科学者は、科学者として活動をするときに、科学知識以外の知識をできるだけ排除しようとするのに対して、科学以外の職業領域においては、必要に応じて、問題が関わる領域に関する情報を探索し、収集し、それに依拠しながら仕事を進めなければならないことが往々にしてある。このような特徴に留意すると、科学以外の職業領域に属する知識のストックを科学と区別して「情報に通じた市民のストック」と呼ぶことには一定の意義がある。

### 1.5.1 「市井の人」の知識のストック

(1) 構造と保存

すでに述べたように、口承には、生活世界に関するものと、特定組織に固有のものとがある。シュッツが明らかにしたような、生活世界成立のための諸前提や、日常言語、ある特定の職場で伝えられている仕事のこつやノウハウと呼ばれるようなもの、あるいはさまざまな集団における掟のようなものが挙げられる。こうした知識は、成員が集約的に、なおかつ組織的に作り出したものではない。日々の活動の副産物として生成されたものであり、したがって、活動の中にその一部として織り込まれているような種類のものである。つまり、それ自体がまとめられて整合性が保たれるように構造化されているようなものではない。そして成員は互いにその知識に基づきながら活動することを相手に期待したり求めたりすることができ、また相手がそれに応じなかったり、その知識に照らして間違ったやり方をすれば、社会的制裁の対象にもなる。例えば、日常言語などは、だれかが組織的な形で統制して一定の使い方を強制するわけではないので、ことばの使われ方は少しずつ変化するが、一定の安定性を保ちつつ、大人から子供へと伝わっていく。それも日常のさまざまな活動を通して伝えられていくのである。

(2) 適用

進行しつつある状況に参加している人々は、特定の行為を達成するという実際的な目的に必要ないくつかの知識のストックが互いに共有され、互いがそれに基づきながら行動していると見なす。つまり、ある知識のストックが互いに

とって「手許の知識のストック」であることを当然の前提として活動を進める。しかし、ある時点でそのように見なせないことがわかれば、違った対応をするであろうし、またそれが事前にわかっているような場合には、そのことを考慮にいれたやり方をするであろう。例えば、ある観察保護施設において受刑者たちは、ひとまとまりの「受刑者コード」が他の受刑者にも共有されていると見なし、自分がどのコードに従っているからこのようにふるまうのだ、という説明をその都度いちいち説明することなしにある行動をし、相手がそれをコードに基づいて理解してくれるものと見なす(31)。しかしながら、その施設の新参者に対しては、この場合にはこうする、こうしないということを「コード」に基づいて逐一説明した上で、自分の行動を理解させるという手続きを踏むかもしれない。

　特定の組織に固有のものにせよ、生活世界全般に共通と見なされるようなものにせよ、「口承」という形態の「利用可能な知識のストック」は、その場面に関する「常識的理解」として人が前提とし、想起することでその場面を理解可能なものとして把握するかぎり、その状況に関わっているものとみなすことができる。それは対面状況に限定されるものではない。例えば、日本の一般紙を開くとき、たとえ初めて手にとる新聞社の新聞であっても、通常は株価の一覧や、テレビ欄、社会面、訃報欄などが、新聞の標準的な形式としてどの新聞にもある筈だということを想起しながら、それぞれの欄を探そうとするであろう。

(3)　変更

　すでに述べたように、口承は成員が組織的な手順を踏んで生成されるものではなく、日々の活動の副産物として生じてきたものであり、したがってそうした活動と一体化したものである。つまり、口承には、それをひとまとまりの知識のストックとして組織的に扱う手続きがあるわけではないので、その保存や、修正を含めた変更のための確立した方法はない。ただし、口承の内容が変化しないということではない。年月がたち、後進の人々に伝えていくうちに、変化することもあるかもしれないが、しかしそれもまた活動の副産物としてであって、変えようという人々の組織的な努力によって変わるものではない。

　成員は、口承を個人によって変えられるものとは見なしていない。誰かが変

えようとしても、それは「冗談」や「能力がない」と見なされるのがおちである。社会学者のガーフィンケル（Harold Garfinkel）が行った実験において、「車がパンクしてしまった」と相手が言ったときに、「パンクとはいったいどういう意味なのか」と問い詰めると、相手は冗談を言っているとしかとらず、しまいには怒ってしまったという例がある[32]。生活世界に関する口承は、この例が示すように、暗黙に「当たり前のこと」と見なされていることであり、また、社会的な制裁が可能であり、それに基づいて行動することを人に要請することができるという特徴を備えたものである。このことから、個人が変えようとしても、集団によってであったとしても、口承は容易に変えられるものではないことがわかる。

(4) 伝達

　口承は組織的に構築された知識の集成ではないので、他の人々に伝達するための組織的な方法も備わっていない。人々から人々へ活動を通して伝えられる。言いかえれば、社会化によって伝えられる。これについては、知識の形態によって学習の形態も異なることに関してヴィトゲンシュタインが示唆した内容が参考になる。彼は、ことばや感情の表し方というようなことを学ぶことを、数学や科学のように、「システム」、すなわち論理的に統合され、明確にされた規則のまとまりの形式で「利用可能な知識のストック」として提示されているような知識を学ぶ場合と対比して論じ、前者の場合、すなわち本書のことばを使えば口承の形態のものについては、経験を通して、もしくは経験を積んだ人々から学ぶ以外にはないとした。他方、「システム」の形式で提示されている知識、すなわち「集約的・組織的に構造化・公表された知識のストック」のうち、特に「論理的に統合化された知識」については、論理的に統合化された規則のまとまりを通して組織的に学ぶことができるとして両者を区別した[33]。

　しかしながら、口承が組織的な知識のストックではないということは、口承が決して体系的に組織化されることがないという意味ではない。例えば、ことばについては、辞書や言語学者が文法を組織的に扱うことによって可能になった体系的な記述、生徒や外国人のための教科書などがある。ジャーナリストや人類学者、社会学者が、特定の集団の祭祀や生活上の慣習など、さまざまな口承について記述したものもあるし、マニュアルやガイドのように、新参者や旅

行者のために、解説を提示したものもある。

　ここで注目に値することは、「利用可能な知識のストック」としてわれわれに認識可能な口承が、こうした形式化された記述から導かれるものではないという点である。それは一方の、「集約的・組織的に構造化・公表された知識のストック」、例えば、科学知識などが、科学者らが自分たちの活動の一部として知識体系を組織化する努力によって因果的に導かれるという場合と対比される。ことばの教科書は教育や学習を補助するものであり、辞書は語彙に関する人々の記憶を補助するために作られたものである。言いかえると、これらの定式化されたものは、特定の目的のためにことばを組織的に扱おうとした努力の成果として捉えることができる。他方、自然的態度でことばを使っている人々は、自分たちが使っていることばを組織化しようと考えているわけではなく、日々の活動を行うための手段として用いているにすぎない。したがって、ことばを自然的態度で使う際の人々が依拠する「常識的理解」をシュッツが言うところの「一次的構成概念（the first order construct）」とすれば、辞書や教科書のように定式化されたものは、その「二次的構成概念（the second order construct）」である(34)。両者が異なる秩序によって成り立っている知識のストックであるということは、いかにことばが詳細に記述されたものであっても、それをもってして自然的態度の成員が依拠する「常識的理解」に代えることはできないことを意味する(35)。

### 1.5.2 「専門家」の知識のストック

(1) 構造と保存

　科学者たちが知識を組織的に体系化する上でめざしていることは、問題の解決、すなわち理論と関係づけられた知見を標準化された手続きと方法から導き出すことによって論理的一貫性を保つことであり、さらにその解決とその他の解決との間に論理的に整合性があり、なおかつ演繹的な関係があるようにするということである。つまり、それぞれの研究においては論理実証主義的な方法にのっとり、再試可能性によって支えられる客観性を基本的な原則として追求するということについて、科学者の間で合意がある。

　こうした原理に基づいて、科学者たちは、自分たちの諸々の新たな知見を整

第1章 生活世界と情報

理して知識の集成に組み込むことにより、その集成に基づいてさらなる研究が行えるようにしようとする。さまざまな知見は、論文として刊行されることで、各々一まとまりとして保存・蓄積される。つまり、「すでに知られていること」が再生可能な形で保存されることになる。それぞれのまとまりは、例えば分子生物学や脳科学といった領域を構成する。こうしたまとまりにおいては、各々の内的一貫性を保つようにすることによって、人々が知見にアクセスできるようにする。例えば、引用などを通して、自分たちの新たな知見を既存の知見に関係づけることにより、物理的にも既存の知見にアクセスできるようにする。最後に、こうした知見は反証されなければ、知見のまとまりの一部となる。すなわち、知識体系の一部となる。それは、その領域において「合意された知識」となることであり[36]、したがって他の科学者がこの「すでに科学知識として合意されたもの」に依拠し、なおかつそれに呼応する形で研究ができるようになることでもある。このことはすなわち、既存の知見を無視して研究を行えば社会的制裁の対象となるように、規範性というものが科学知識の一側面としてあり、それによって科学における実践の標準化というものが可能になることを示している。

(2) 適用と変更

　科学者は、ある研究プロジェクトの最初から、さまざまな操作をしたり、現象の種々の記録を作成し、最終的に実際に行った具体的な諸々のことを一貫した報告にまとめ上げる。その報告で、科学者たちは、彼らが行ったこととして提示していることをどのように行ったのか、それを行ったことによって何が得られたのか、ということを論理的に、段階を踏んで報告する。結果として、報告を構成する事柄は、その領域の知識を例示したものとなる。つまり、ここに私たちが、当該領域の一研究としてわかったことがある、それはいかにわかったのか、どの程度精緻化されたものなのか、そしてまた、領域の知識にてらしたときに、どこにまだ解決されていない部分があり、さらなる説明が求められるのはどこで、今回の研究から得られる示唆は何か、などの内容が盛り込まれる。このように、科学者の活動は終始、その領域の知識体系を志向して行われる。科学者は、知識体系の安定を前提とすると同時に、研究で問題としている部分に対して、知見を論理的に統合化しようとする。

こうした科学活動の実践的な側面を記述する試みは、科学社会学の中でも、特にエスノメソドロジーというアプローチをとる研究者によってなされている。例えば、科学者は、論文を、自分たちの仕事を進行させるという見地から読む。具体的には、当該領域ではすでに何がわかっているのか、論文の知見は領域の知識とどのように関わっているのか、どの程度うまく精緻化されているのか、どこに問題があり、さらに探究しなければならないのは何か、論文から得られる示唆は何か、といった視点から読む。リンチ（Michael Lynch）が行った脳科学の実験室でのフィールドワークによれば、脳科学研究者らは、新たなプロジェクトを始めるとき、既刊の論文を参照しながら「何を見つけるべきか」「どんな方法で行えばよいか」といった、自分たちが問題とすべきことを特定化した。その一方で、論文にある記述を取り上げつつ、今回の自分たちのプロジェクトに固有のものを発展させていく。しかし、論文を使うのは研究の初期段階に限られず、プロジェクトの進行中に指示や改善手段、提案などを与えてくれるものとしても使われる[37]。雑誌論文が知識体系の具体例として研究の中で使われるという記述を通して、知識体系を適用する場として研究プロジェクトが具体的にどのように行われているかということの一端が理解される。

(3) 伝達

　領域における新たな知見や、すでに知られていることは、雑誌論文、教科書、講義、実験室見学など、さまざまなフォーマットを通じて配分もしくは再配分される。これらのフォーマットはそれぞれ異なる目的を持つ。また、知識は各フォーマットに定式化する活動に埋め込まれ、その一部として生成される。定式化が領域の知識体系と関係づけられてなされることは言うまでもない。

　例えば、雑誌論文について取り上げてみよう。科学者は、自分の知見を同業者（すなわち上級の実践者）にニュースとして知らせるために、（知らせる手段はいくつかあるが）知見を科学論文というフォーマットに定式化する。つまり、特定領域の「現今の課題」という点からみて「最先端」と言える内容を同業者に知らせる手段として雑誌論文は使われる。それに対して反証がなされなければ、その論文は「新しい知見を報告したもの」から、「すでに受け入れられた知識を報告したもの」という位置づけに変わる。

　雑誌論文は、「現今の課題」に焦点をあて、なおかつ上級の実践者である、

第1章　生活世界と情報

同業者に向けたものであるので、例えば、その領域の歴史的発展や、用語解説などの記述は最小限にとどめられる。方法などは、「誰もが」再試できるように書かれているが、科学者がここで暗黙の前提としている読者は同業者である。すなわち、特定のことの再試に十分興味を持つ理由があり、なおかつそうした知識を携えていることを前提とする人々に対して記述がなされているため、初学者などには理解は難しいだろう。

　一方、教科書は、その領域の初学者に向けて知識を伝達するために使われるフォーマットである。したがって、その領域の発展や、確立した知識体系の構造を紹介する。クーンが、教科書をあくまでもこうした目的を達成するためのフォーマットとみなし、歴史的な記述はあるものの、科学を歴史学的に記述したものとは異なると議論したことが参考になる[38]。

### 1.5.3　「情報に通じた市民」の知識のストック
(1)　構造と適用

「集約的・組織的に構造化・公表された知識のストック」には、科学的知識のほかに、ある枠組みに沿って並べて整理することによって体系化したものがある。法律、条約、業務規定、図書分類表などがその例である。

　体系化によって組織化された知識のストックに依拠して活動することになった組織の成員は、ストックの一貫性のある適用によって、標準化された形での問題解決ができるようにすることをめざす。つまり、組織の成員は、自らのストックの安定性や継続性を所与のものとして、弁護士はある事件を法律的に解決し、図書館員はある資料を図書館の蔵書として組織的に提供することをめざす。

　現行の知識のストックが使いにくいものであった場合などは、ストック自体を個人の裁量で勝手に変更するわけにはいかないので、ストックを使いやすくするためのさまざまな工夫が活動を通してなされ、それが口承として受け継がれる場合もある。例えば、アメリカの刑事裁判において広く行われている事件処理の慣行に、答弁取引というものがある。これは、被告人を訴追する側の検察官と、弁護側の弁護人との間で行われる「取引」である。検察側は、被告人が「有罪」の答弁を行うのであれば、その見返りとして、本来の犯罪事実より

は軽微な犯罪事実の下で事件を処理することとする。検察側にとり、被告人が「有罪」を認めれば、犯罪事実の立証をする必要がなくなり、事件処理のために費やす労力が少なくてすむので、こうした取引を成立させたい意向をもつ。他方、弁護側は、「有罪」を認めれば、重い刑を逃れられることを被疑者に提案する。こうした「取引」は慣行であり、法律の中に、刑の軽減の仕方が定めてあるわけではない。「侵入盗」が「小窃盗」へ、「幼児猥褻」が「校庭徘徊」に軽減されるのは、検察側と弁護側が活動を通して共有に至った口承なのである。これは「特定組織に固有の口承」にあたる。検察官と弁護士が刑事事件を処理するにあたって、公正の原則を保ちつつ、両者にとって受け入れ可能な形で刑法を運用して問題の解決を行うために、活動の副産物として生成したものとして理解することができる[39]。

デューイ十進分類法は、「あらゆる」図書館において適用可能とすることを念頭に、アメリカの図書館界が中心となって組織的に改訂作業を重ねている、「集約的・組織的に構造化・公表された知識のストック」の例である。しかしながら、「デューイ十進分類法」さえあれば、ただちに分類作業が可能というわけではない。十進分類法が各箇所で提示しているいくつかの選択肢のうち、どれを「この」図書館では選択するのかを決めたり、利用者の構成からさらに詳細な分類を特定部分に限って展開させるなど、個々の図書館の事情に合わせて、分類表の細かな適用のしかたを決めておかなければならない。そうした共通認識は、「特殊分類規程」として文書化されている場合もあるが、多くは口承という形で同僚の中で共有されている[40]。

(2) 変更

知識のストックに変更が加えられるということは、必要な場合にはなされるが、しかしながら、変更を前提とする場合と、前提としない場合とでは、異なる種類の仕事と見なされる。また、科学者のように、最初から変更することを前提として活動している場合とは異なり、変更はしばしば分業体制で行われる。例えば、弁護士は、顧客の持ち込んだ問題を解決しようとするとき、あくまでも現行の法律の範囲で行う。逆に言えば、現行の法律の範囲で問題解決を行うことが、顧客に対して弁護士として仕事を遂行することなのである。法律の改正は議会で提案され、可決されて初めて成立するのであり、弁護士が改正に際

して意見を求められ、改正作業に加わることもあるだろうが、その活動は、顧客の持ち込んだ問題を解決する場合とは別の種類のものなのである。

(3) 伝達

　集約的・組織的に構造化・公表された知識のストックとして、体系化によって組織化された知識もまた、記録された形で公開されている。その意味では、「誰でも」アクセスが可能ではあるが、特定の行政情報などの例にもあるように、その「誰でも」には制約がある場合もある。つまり、もう少し厳密にいえば、「権利がある人は誰でも」入手できるということになる。しかしながら、たとえ入手したとしても、専門性が高ければ高いほど、専門外の人にとっては理解のしにくいものとなる。さらに、たとえ理解ができたとしても、ある特定の教育・訓練を受け、資格を持っていたり、また特定の職務についていなければ、その知識に基づいて具体的にある行為を遂行できない場合も多い。例えば、法律をよく知っている市民がある問題を法律的に解決しようと思っても、弁護士や裁判官などの資格および職務についていなければ、実質的な解決を行うことはできない。資格は、ある特定の知識のストックについて教育および訓練などを受けた結果、熟知しているという保証である。知識によっては、このような形で、その知識に依拠して活動をする者に対しては、その知識が確実に伝達されるようなシステムが用意されている。

　こうした訓練によって伝達されるのは、単に公開された知識の部分だけに限られない。公開された部分のみを習得することで、実際には活動を遂行できるとは限らない。実際にある知識体系に依拠して活動が行えなければ、その領域の実践者として見なされないわけであるが、そのためには口承の形で伝えられた内容の習得や、身体の動きをおぼえることも必要になる場合が多い。すでに述べた答弁取引に関わる減刑の仕方は、公開された知識としては存在しないものであり、おそらく実際に仕事をしながら学ぶものであろう。修正することや、新たな知識を追加することを前提として活動が行われる科学知識にくらべて、「情報に通じた市民の知識」は、実践の場面において適用するためのローカルな規則が発展する度合いが高い。その部分は口承の形式で維持されることが多いので、実践において初めて入手可能な知識が少なくない。

　また、手旗信号などを使う職業の人は、教科書に載っている図を見てそれぞ

れの意味を理解できるだけでは不十分で、実際にそれを行っている人の動きを見て即座に理解できなければならないし、また自らもその都度状況に適した信号を送ることができなければならない。

　これらを考えあわせると、依拠する知識が構造化・公表された知識のストックは、元来遂行することが目的とされている活動の実践という点からすると、必要な知識の部分集合でしかないことは明らかである。そのため、一定の知識を伝達するためのフォーマルな経路が用意されていても、その経路によって実践に必要なすべての知識が伝達されることはないということでもある。

## 1.6　おわりに

　以上では、われわれが、知識のストックに関わるさまざまなこと、すなわちその生成や伝達、保存、修正などについて持っている「常識的理解」の記述を試みた。「常識的理解」とは、さまざまな場面における活動で前提とするようなことである。知識の扱いに関する理論ではなく、人々が活動を進めるにあたって問題となる知識の扱いに関すること、すなわち「実践的知識マネジメント」との関わりにおいてアプリオリなものとしていることに焦点をあてた。その意義は、知識のストックの種類ごとに、異なる規則にしたがって知識のストックの生成、保存、伝達、修正を行っているという事態に目を向けることにある。情報の探索や利用は、これら知識マネジメントの一部としてなされることであり、したがって各ストックに固有の規則に沿って行われる。知識のストックごとに異なる知識マネジメントがなされるという点に目を向けることは、知識マネジメントが個々の文脈に固有の合理性に基づいてなされるという点に目を向けることでもある。

　ここで繰り返し述べておきたいことは、こうした実践的知識マネジメントは、さまざまな具体的な活動の一部として行われるという点である。社会の成員は、科学活動や弁護士活動、あるいは情報サービスの一環として、知識を生成、伝達、保存、修正などを行う。これらの知識マネジメントを通じて、それぞれの活動を秩序立てて行い、なおかつそれらを行えるようにするのである。本章では、具体的な活動を取り上げるよりもむしろ、今後、具体的な活動の一環とし

て、それぞれ固有の規則に沿って行われる実践的知識マネジメントを記述する際に、利用できるような、語彙を提示した。

　こうした語彙を用いて人々の活動を知識の実践的マネジメントという観点から記述を試みるということは、人々がすでに知っていることや、新たにその場面で知り得たことをリソースとして組み合わせて依拠することによって、いかに活動を遂行するのかを明らかにすることである。例えば航空管制塔において、管制員は空の状況や、空港の離着陸場所の状況を時々刻々と把握し、それに基づいて指示を着陸、離陸する飛行機のパイロットなどに与える。その際に管制員が探し、利用する情報は、管制塔に置かれている数種類の端末や、伝票、管制塔の他の箇所からかかってくる電話などの情報源からのものである[41]。それぞれの情報源から特定の事項を「情報」として把握し、それに基づいて適切な指示を行うためには、当然ながら、すでにその人が管制員としての訓練や経験を通して持っている、利用可能な知識を手許の知識としていかに使えるかということにかかっている。また、図書館のレファレンス・ライブラリアンは、利用者の質問に答えようとする際に、レファレンス・ライブラリアンとしての訓練や経験を通して蓄積した、利用可能な知識を手許の知識として使いながら、参照すべき参考図書やインターネットのサイトを選択し、質問に答えるために利用できそうな情報を探索し、それに基づいて回答する[42]。

　このように、人々の活動を知識の実践的マネジメントという側面からとらえようとすることは、人々がその場を知識や情報という側面からどのような環境としてとらえ、その環境を具体的にどのようにリソースとして用いるのか、を明らかにする試みということもできる[43]。さらに、すでに1.5節で考察したように、新たな利用可能な知識のストックを加えたり、既存のものを取り除いたりすることによって、その環境に修正を加えることも人々の活動の中に含まれることも忘れてはならないだろう。

　また、組織における活動に焦点をあてて考えてみると、組織に属する人々が関心を持っているのは、どのような環境を作れば活動をスムーズにできるか、ということである。また、その一環で考慮されることは、組織の外部の人々に対してどのような環境を提供するか、という点である。例えば図書館員は、利用者が必要な情報を探し出すという活動をスムーズに行えるような環境づくり

を考えなければならないし、病院の職員は、患者が診察を受け、検査を受けるといった活動をスムーズに行えるような環境づくりを考えなくてはならない。こうした、組織の外部者が、それぞれの組織との関わりにおいて活動を行う際に、いかに情報を得ながら、よりスムーズにその活動を行えるようにするか、その環境をつくることもまた、組織の内部者が果たそうとする課題の一つである。

しかしながら、組織内部の人々にとって活動がしやすい環境と、組織外部の人々にとっての活動がしやすい環境とは、相互が求めるものが一致する部分と、相反する場合があることは容易に予想される。例えば、診察という活動は医師と患者との共同作業と見なすことができるが、一方は診察をする側、他方は診察を受ける側という立場の違いがあり、同じ活動に従事しながらもその場において利用可能な知識はそれぞれの立場によって当然のことながら異なる。また、利用可能な知識のストックという観点からこの問題を考えると、組織の内部の者として、その環境を構成する知識のストックを熟知する者と、内部の知識のストックについてほとんど知らない者という違いがある。したがって、同じ組織に関わりながら、活動の環境としてとらえた場合、両者の認識にギャップが生じるのは必然であり、どちらか一方の側が活動しやすいように環境を整えることが、同時に他方の側でも活動がしやすい環境づくりに直結するという単純な構造にはなっていないところにこの問題の難しさがある[44]。

以上の点は、広い意味での、社会システムとそのシステムにおけるユーザインタフェースをどのようにデザインすれば、そのシステムに関わる人々が活動しやすい、すなわちユーザフレンドリーな（使い勝手がよい）ものにできるかという問題である。

こうしたユーザインタフェースに関わる諸問題は、多様な種類の文脈における活動を一つの行為モデルの下に説明づけようとするアプローチにおいては見落とされてしまうものである。本章で提示したように、情報や知識ということばをあらかじめ定義しないことによって、多様な文脈において活動を行う人々が、それぞれいかなる利用可能な知識のストックや情報を手許の知識として利用するのかをつぶさに明らかにすることができる。さらに、同じ文脈においても、立場の違いによって手許の知識として利用するものは異なる。知識の実践

的マネジメントの一部として情報の探索と利用を記述することは、その多様性を実践者の経験と乖離しない形で明らかにすることであり、組織や、サービスのあり方をデザインしたり、再考を行ったりする上で示唆に富む材料を提供することにもなると考えられる。

注
1) 小林修一；加藤晴明 『《情報》の社会学』 福村出版, 1994, 220 p.
2) 三上俊治 "2. 情報行動とコミュニケーション." 『情報環境とニューメディア 改訂版』 学文社, 1996, p.25-45.
3) Dervin, B. "The everyday information needs of the average citizen: a taxonomy for analysis." *Information for the Community*. M. Kochen ; J. C. Donohue, eds. Chicago, American Library Association, 1976, p.19-38.
4) Belkin, N. J. "User/intermediary interaction analysis: a foundation for designing intelligent information systems." *Information Seeking: Basing Services on Users' Behaviors*. J. Varlejs, ed. Jefferson, McFarland, 1987, p. 4-23. ("利用者と仲介者との相互作用に関する分析：知的情報システム設計の基礎." 『情報の要求と探索』 J.ヴァーレイス編 池谷のぞみほか訳 勁草書房, 1987, p.7-35.) ; Belkin, N. J. "Cognitive models and information transfer." *Social Science Information Studies*, Vol.4, No.2/3, p.111-129, 1984. また、本書第3章も参照。
5) Chatman, E. *The Information World of Retired Women*. Westport, CT, Greenwood, 1992, 150 p.
6) Harris, R. ; Dewdney, P. *Barriers to Information: How Formal Help Systems Fail Battered Women*. Westport, CT, Greenwood, 1994, 177 p. ; Julien, H. E. "How career information helps adolescents' decision-making." *Information Seeking in Context*. P. Vakkari et al., eds. London, Taylor Graham, 1997, p.371-385.
7) Williamson, K. "The information needs and information-seeking behaviour of older adults: an Australian study." *Information Seeking in Context* 前掲 p.337-350.
8) Erdelez, S. "Information encountering: it's more than just bumping into information." *Bulletin of the American Society for Information Science*. Vol. 25, No.3, p.25-29, 1999.
9) Harris and Dewdney 前掲 p.66.
10) Ikeya, N. The Practical Management of the Social Stock of Knowledge: The Case of an Information Giving Service. Ph.D thesis. University of

Manchester, 1997, 391 p.
11) Schutz, A. "Common-sense and scientific interpretation of human action." *Collected Papers I: The Problem of Social Reality*, ed. by M. Natanson. The Hague, Martinus Nijhoff, 1962, p.3-47. ("人間行為の常識的解釈と科学的解釈."『アルフレッド・シュッツ著作集 第1巻：社会的現実の問題 I』M. ナタンソン編 渡部光ほか訳 マルジュ社, 1983, p.49-108.)
12) Belkin "User/intermediary..." 前掲．；Belkin, "Cognitive models..." 前掲．
13) Ryle, G. *The Concept of Mind*. London, Penguin Books, 1949, 316 p. (『心の概念』 坂本百大ほか訳 みすず書房, 1987, 492 p.)；Wittgenstein, L. *Philosophical Investigations*. Tr. by G. E. M. Anscombe. Oxford, Blackwell, 1953, 250 p. (『ウィトゲンシュタイン全集 8：哲学探究』藤本隆志訳 大修館書店, 1977, 479 p.)
14) Button, G. et al. *Computers, Minds and Conduct*. Cambridge, Polity Press, 1995, 237 p.；Button, G, ed. *Ethnomethodology and the Human Sciences*. Cambridge, Cambridge University Press, 1991, 278 p.；Coulter, J. *The Social Construction of Mind: Studies in Ethnomethodology and Linguistic Philosophy*. London, Macmillan, 1979, 190 p. (『心の社会的構成』西阪仰訳 新曜社, 1998, 308 p.)；西阪仰『相互行為分析という視点』金子書房, 1997, 209 p. (認識と文化 13)
「情報」を分析概念として組み込んだ理論における「情報」の日常言語との関係を明らかにするために、日常言語としての「情報」の使用に注目する必要性を指摘する論文には、以下のものがあげられる。Coulter, J. "The informed neuron: issues in the use of information theory in the behavioral sciences." *Minds and Machines*. Vol.5, No.4 p.583-596, 1995.；Lynch, M.；Jordan, K. Patents, promotions, and protocols： mapping and claiming scientific territory.（in press）
15) Ryle 前掲 p.143-147.（邦訳 p.211-219.)
16) Coulter *The Social Construction...* 前掲 p.35-62.（邦訳 p.71-124.)
17) ここでの相対性は、何が情報か常に確定できるものではない、といった懐疑主義へ議論を導くものではない。あくまでも、特定の文脈との関係で情報に関わる達成が成就したのか、もしくはしなかったのかが決まるという意味での相対性である。
18) Button et al. *Computers...* 前掲 p.107-108.
19) 同上 p.95.
20) Schutz, A. "The well-informed citizen." *Collected Papers II: Studies in Social Theory,* ed. by A. Brodersen, The Hague, Martinus Nijhoff, 1964, p.

121-122. ("見識ある市民：知識の社会的配分に関する一試論."『アルフレッド・シュッツ著作集　第3巻：社会理論の研究』　A. ブロダーセン編　渡部光ほか訳　マルジュ社, 1991, p.172-173.)

21) シュッツ自身は社会学理論に哲学的基盤を与える目的で、現象学的な観点からこのような記述を試みた。ここでは、現象学的手続きには則らないものの、社会学の理論的知識を「括弧入れ」することによって、生活世界に関してわれわれが知っていることの内容の記述を試みるというシュッツの態度を、他のエスノメソドロジー研究者と同様に採用する。詳しくは、次の文献を参照されたい。Anderson, R. J. et al. "The relationship between ethnomethodology and phenomenology." *Journal of the British Society for Phenomenology.* Vol.16, No.3, p.221-235, 1985. なお、「括弧入れ」については、注24)参照。

22) 本論での the stock of knowledge at hand と the stock of knowledge to hand の区別は、シュッツを参照しつつ、恐らくシュッツも参照したであろうハイデガーの「用在性（Zuhandenheit：手許にあること）」と「前在性（Vorhandenheit：手前にあること）」の区別を参考にしている。Heidegger, M. *Sein und Zeit.* 11. Aufl. Tübingen, Max Niemeyer, 1967, 437 S.(『存在と時間』　松尾啓吉訳　勁草書房, 1960-66, 2冊. 特に406ページの訳注51参照)

　シュッツ自身は「利用可能な知識のストック」と「手許の知識のストック」の区別を明確な形では行っていないが、彼の「利用可能な知識のストック」概念が「手許の知識のストック」を含意していると理解することは可能である。例えば、以下のシュッツによる「利用可能な知識のストック」に関する記述は、本論における「利用可能な知識のストック」概念と対応する。

　　この世界についての解釈はすべて、この世界に対して以前なされた経験の集積に基づいて行なわれる。ここで以前なされた経験とは、自分自身の経験であったり、あるいは両親や先生からわれわれに伝えられた経験であったりする。そしてそれら諸々の経験が、「利用可能な知識」という形態をとることによって、［世界を解釈する際の］準拠図式として機能するのである。(Schutz, "Common-sense and..." 前掲. (邦訳 p.54.))

他方、「…日常生活の自然的態度においては、われわれの関心は、以前に経験された諸々の対象から成る疑問視されていない領野に対してそこから際立っている特定の対象だけに向けられている」（同上 p.55-56.）という箇所や、「…状況の定義とは、［それを行う］人の以前の経験すべてが、その人の利用可能な知識の集積という習慣的な所有物の内に組織化されることによって沈澱したものである」（p.56-57）という箇所からは、シュッツ自身、個々の状況において人がまさに依拠している知識（手許の知識）を、その起源ではあるが、その人にとっては当該時点では対象として捉えることができる知

識（利用可能な知識）から区別していたのではないかと解釈することが可能である。

最近刊行されたシュッツの遺稿の断片には、the stock of knowledge at hand と the stock of knowledge in hand の区別が見られる。そこでシュッツは、前者の概念について、以前は知っていたが、いまは忘れてしまった知識およびある条件がそろえば獲得できる知識を意味するものとし、一方、後者については、那須が「ルーティン化された道具的知識」としているように、特定の機能を果たし続ける限りは疑問に付されることがなく、生活の明確な一部となっているような知識のことを意味するものとしている。Schutz, A. "Relevance: knowledge on hand and in hand." *Collected Papers IV*, ed. by H. Wagner et al. The Hague, Martinus Nijhoff, 1996, p.67-70.; 那須壽『現象学的社会学への道：開かれた地平を索めて』 恒星社厚生閣, 1997, p.50-77.

本章で用いている「手許の知識のストック」と「利用可能な知識のストック」の概念は、あくまでも成員自身が知識について持っている類型的な知識に含まれるカテゴリーであり、特定の具体的な知識とあらかじめ結びついているものではない。繰り返しになるが、これらのカテゴリーは、実践の場面において、成員がその場面を理解するときに依拠しているものであって、社会科学者が自らの理論を構成する概念として定義し、対象を外部から眺めて類別する際に用いるような分析概念とは異なる。以下に使われるさまざまなカテゴリーについても同様である。

23) 「適切」を括弧に入れているのは、ここでは「いまここ」の特定の場を離れた客観的な評価基準に基づく評価として「適切」の語を用いているのではなくて、その場の活動に関わる人々の間で、その場で成立している「客観的に適切である」という評価として用いていることを示すためである。以後は括弧に入れていなくても、特に説明がない場合には、上記の意味で用いている。

24) Schutz, "Common-sense and..." 前掲. 自然的態度にある人は、自らをとりまく世界や、そのうちにある諸対象を、その人に現れている通りのものであるとして「当面の間（until further notice）」は見なすことを通じて、その状況における活動を遂行する。シュッツは、この自然的態度の特徴を、「自然的態度のエポケー（epoche of natural attitude）」という概念で示した。これはつまり、自然的態度にある人は、世界や、そのうちにある諸対象が、その人に現れている通りのものではないかもしれないという疑いについては「括弧入れ（bracketing）」して、判断を差し控えるということを意味する。Schutz, A. "On multiple realities." *Collected Papers I* 前掲 p.226-229. ("多元的現実について."『アルフレッド・シュッツ著作集 第 2 巻：社会的現実の問題 II』 M. ナタンソン編 渡部光ほか訳 マルジュ社, 1985, p.34-

37.)

　「エポケー」や「括弧入れ」とは元来現象学の用語である。われわれをとりまく世界をそこに実在するものとして受け取るのが自然的態度の特徴であるのに対し、世界に関するそうした判断を一旦差し控え、世界の実在性の正否については括弧に入れて、現象それ自体の本質的なありかたが私にどのように現れてくるかを捉える方法のことを意味する。これに対し、シュッツは、「括弧入れ」すなわち判断留保を一種の操作としてとらえ、自然的態度や科学的態度においても見られるし、さらに、どのようなことがらに対する判断を留保するかによって、それぞれの態度が特徴づけられるとした。例えば、自然的態度においては、世界の実在性に対する疑念が留保されている（自然的態度のエポケー）。一方、科学的態度においては、自然的態度における、この疑念の留保が一部解除（留保）され、ある特定のことがらについては疑問に付して探求できるようになる。この科学的態度を言いかえると、自然的態度において依拠する知識、すなわち生活世界に関する常識的理解の一部については、それに依拠することを一時的に留保することである。これが科学知識体系に依拠するということなのである。

　以上のように、自然的態度と科学的態度の関係を真っ向から対立する関係としてとらえずに、科学的態度を自然的態度のヴァリエーションとしてとらえたからこそ、シュッツは、社会科学者の提示する構成概念が、研究対象である実践者が用いる概念から独立したものではないだけではなく、生活世界に関する常識的理解に依拠したものであることを指摘するに至ったのである。佐藤や浜も指摘している通り、生活世界の存立に関わる考察を、シュッツは「自然的態度の構成的現象学」と呼んだ。すなわち、シュッツは、社会科学の知識体系に対しては、一旦その正否を「括弧入れ」した。注21)で述べたように、この操作によって、社会科学者が対象とする世界を社会科学の概念体系から切り離し、そうした概念体系が成立する基盤となっている人々の生活世界として考察する、すなわち、その中で生きる人々にとってどのように世界が現れているか、人々は世界に関しどのような前提に基づいて諸活動を行っているのかということについて考察することができたのである。佐藤嘉一"A. シュッツと現象学."『社会学史研究』　第 19 号, p.37-51, 1997.；浜日出夫"シュッツ科学論とエスノメソドロジー."『文化と社会』（マルジュ社）Vol.1, p.132-153, 1999.

25)　Sharrock, W. ; Anderson, B. "Epistemology: professional skepticism." *Ethnomethodology and the Human Sciences* 前掲 p.51-76. また、注 24)を参照されたい。シュッツが自然的態度と科学的態度という語彙によってめざしたのは、社会（科）学に対して、科学という活動と日常生活の活動に関して新たな知見を提示するような説明を与えることではなかった。彼がめざしたのは、同じ生活世界にある人が、どのような志向性をもって営む活動が科

学となり、また科学以外のさまざまな活動となるのか、その違いをそれぞれの志向性を構成する原理から明らかにし、記述することであった。

26) Schutz, "The well-informed citizen." 前掲 p.120-34.（邦訳 p.171-189.）
27) 渡部・那須・西原の翻訳では「見識ある市民」という訳語が用いられているが、「見識ある」という表現は、知識に対する態度を記述することを超えて、豊富な情報に基づいてきちんとした価値判断ができるという意味を持つ。シュッツ自身、結果的にはそうした判断をすることのできる人として「the well-informed citizen」を捉えていることは確かであるが、これら三つの類型をシュッツは知識に対する態度という観点から挙げていることを考慮し、原語の well-informed により近い語に置き換えた。一般に、自分の専門分野ではなくとも、ある分野について豊富な情報を持ち、新しい動向もよく知っているということはある。一方、分野によっては、新しい動向はおろか、基本的なことについても知らず、判断しようにも十分な情報を持っていないということもある。こうした事態を捉えてシュッツが、われわれはそれぞれいかなる時にも同時に異なる知識領域について三者なのである、と記していることとも、本章での三類型の捉え方は矛盾していないようである。
28) Schutz, "Common-sense and..." 前掲 p.36-38.（邦訳 p.89-91.）
29) 同上 p.3-47.（邦訳 p.49-108.）
30) 「専門家」という語はさまざまな人々に対して使われているが、シュッツ自身は三類型を論じた際、「専門家」というカテゴリーに対応するものとして科学者を考えていた。知識の社会的配分に関するシュッツの議論を、配分のメカニズムに関する本稿の議論と接合するために、シュッツに即して、ここでは科学者を専門家に対応させる。もちろん、科学者の知識以外に専門家の知識はないとか、もしくは法律などの知識体系に対して変更が加えられることはない、といったことを主張しようとしているのではない。
31) Wieder, D. L. *Language and Social Reality: The Case of Telling the Convict Code.* The Hague: Mouton, 1974, 236 p. この研究を翻訳で読めるものに以下の文献がある。Wieder, D. L. "Telling the code." *Ethnomethodology.* R. Turner, ed. Harmondsworth, Penguin, 1974, p.144-172.（"5.受刑者コード：逸脱行動を説明するもの."『エスノメソドロジー：社会学的思考の解体』 山田富秋ほか訳 せりか書房, 1987, p.156-214.）
32) Garfinkel, H. "2. Studies of the routine grounds of everyday activities." *Studies in Ethnomethodology.* Oxford, Polity Press, 1967, p.35-75.
33) Wittgenstein 前掲 p.227. 以下に該当箇所を引用する。
　　　　感覚表現の純正さについて、＜専門家の＞判断が存在するか。――ここでもまた、＜よりよき＞判断を持つ人間と＜より悪しき＞判断をもつ人間が存在する。
　　　　よりよき人間通の判断からは、総じて、より正しい予測が出てくる。

ひとは人間通［の知識］を学ぶことができるか。もちろん。多くのひとはこれを学ぶことができる。しかし授業の課程を通じてではなく、〈経験〉を通して。――その際、他人がその教師になりうるか。確かに。かれは折にふれて適切な合図を与える。――ここでは、〈学ぶ〉ことと〈教える〉こととがそういうふうに見える。――ひとが覚えるのはいかなる技術でもない。ひとは適切な判断を学ぶのである。規則もあるけれども、それらは体系をなしておらず、経験ある者だけがそれらを正しく応用することができる。計算規則とは違って。（邦訳 p.454.）

34) Schutz, "Common-sense and..." 前掲 p.6.（邦訳 p.52.）
35) ことばを使う際に人々が使う規則を網羅的に列挙することはおそらく不可能なことであるし、仮にできたとしても、そもそも網羅的に列挙したものは、すでに述べた理由で「常識的理解」とは性質が異なるものであることは忘れるべきではないだろう。規則というものをどのように理解すべきかについての詳細な議論は、たとえば次の論文を参照されたい。Sharrock, W. ; Button, G. "Do the right thing!: rule finitism, rule skepticism and rule following." *Human Studies*. Vol.22, No.2, p.193-210. 1999.（"正しいことをしなさい！：規則有限主義と規則懐疑主義、そして規則に従うこと." 池谷のぞみ訳『文化と社会』（マルジュ社） Vol.2, p.99-123, 2000.
36) 「合意された知識」と括弧に入れているのは、科学知識を多数派による合意の産物と捉える社会構築主義の立場とは一線を画しているためである。ここでの合意とは、あくまでも科学における規則に則った知見と見なされるかどうかが基準となっているもので、多数決の規則に則った合意とは異なる。科学知識と合意概念の関係については、つぎの二文献を参照されたい。Lynch, M. *Art and Artifact in Laboratory Science: A Study of Shop Work and Shop Talk in a Research Laboratory*. London, Routledge & Kegan Paul, 1985, p.179-201. ; Button, G. ; Sharrock, W. "A disagreement over agreement and consensus in constructionist sociology." *Journal for the Theory of Social Behaviour*. Vol.23, No.1, p.1-25, 1993.
37) Lynch 前掲.
38) クーンは、教科書の記述の特徴について、つぎのようなことを述べている。
［アリストテレス、ガリレオ、ニュートンなどの例を出した後］上に述べた諸例は、それぞれの革命の事情の中での歴史の再構成のはじまりを示している。その再構成はふつう革命後の教科書によって完成される…教科書は、学生に現在の科学界にわかっていることを速く知らせることを目的とするものなるがゆえに、現在の通常科学のいろいろな実験、概念、法則、理論をできるだけ分離して逐条的に扱う... 科学の仕事のはじめから、科学者たちは今日のパラダイムの中に具現される特定の目標に向かって歩み続けてきた、という意味合いが教科書の表現にこめら

れている。(Kuhn, T. S. *The Structure of Scientific Revolutions*. 2 nd ed. Chicago, University of Chicago Press, 1970, p.140. (『科学革命の構造』 中山茂訳 みすず書房, 1971, p.157-158. [ ] 内は著者が追加した。)

39) ただし、刑事事件であればすべての場合にこのような処置がなされるわけではなく、ある犯罪事実が、それに対応する刑法における犯罪のカテゴリーの典型例として位置づけることができる場合に限られる。したがって、社会的に大きな問題になった事件の場合には、検察側は事件の立証を行うことをいとわないし、また被疑者があくまでも無罪を主張すれば、「取引」は成立しないことになる。Sudnow, D. "Normal crimes: sociological features of the penal code in a public defender office." *Social Problems*. Vol.12, No.3, p.255-276, 1965. 本論文は次の本に紹介されている。樫村志郎『「もめごと」の法社会学』 弘文堂, 1997, p.173-185.

40) Ikeya 前掲. Ikeya, N.; Sharrock, W. "Managing the organisation of knowledge: a case of library work."『政治的言説』 平成7-9年度文部省科学研究費補助金基盤研究A研究成果報告書（研究代表者：山崎敬一）1997, p.45-64.

41) Sharrock, W. ; Ikeya, N. "The practical management of visual orientation." *Communication & Cognition*. Vol.31, No.2/3, p.249-241, 1999.

42) 以下の文献は、「実践的知識マネジメント」という概念に基づいた分析ではないが、レファレンス・ライブラリアンが用いる知識という側面からレファレンス・プロセスをとらえることを試みた研究として参照されたい。池谷のぞみ "レファレンス・ライブラリアンが用いる知識と判断の枠組み：質問応答プロセスにおける適切性の判断を中心に." *Library and Information Science*. No.28, p.81-103, 1990.

43) 三上が用いている「情報環境」概念は、記号の集合のみならず、各種の情報メディアやネットワーク、情報機器、それを包み込む空間などを含めた広いものであり、実際多くの種類の活動には情報機器などが関わっていることを考えると、本稿における議論の参考になる。三上 前掲 p.2-24.

44) さらに、この診察という活動は、医師や看護婦のみならず、カルテの検索や会計を担当する職員などとの協同作業によって成立するものである。したがって、同じ組織に属する者同士においても、分業体制が複雑であれば、別の部署における仕事がいかなる環境においてどのように行われるのかわからない場合もありうる。

# 第 2 章 個人の情報世界

越塚　美加

## 2.1 個人レベルでの情報探索

　まず最初に、序章で述べた情報利用研究の動向を、研究方法の点からまとめなおしてみる。1960年代から1970年代にかけて盛んであった情報利用研究は、ある特定の集団に所属する人々がどのような情報利用行動をとるか、あるいは、図書館や情報検索システムを含むさまざまな情報システムを利用者がどのように用いているかに焦点が当てられていた。そして多くの研究では、研究者自身が描いた集団像に基づいて調査計画が立案され、結果が分析された。

　それに対し、1970年代から始まり、1980年代半ばに至って急激に増加した情報利用研究は、まず個人に焦点が当てられ、各人が置かれた状況に照らして、個々人の特性を考慮しながら、個人がどのような情報利用行動をとるかを研究している。ここで述べる「状況」という語は、その個人を取り巻く環境および個人がとる行為のプロセスそのものの両方を含む広い概念を指している。また、個人を取り巻く環境とは、情報利用に際しては、例えばその時に利用可能な情報源や情報機器を指す。行為のプロセスそのものとは、例えば情報利用が進むにつれて行為者の知識の状態が変わり、ある情報源の位置づけも変わってゆくその変化をも含めた「状況」を意味する。すなわち、初期の情報利用研究では問題とされなかった、情報源の性質や個人が従事する仕事の内容、事態の進行にともなう変化等が問題にされ、利用者自身がそれらをどのように捉えている

かをも研究対象とすることが多くなったのである。

　こうした関心の変化を促進する一つの契機となったものに、ダーヴィン（Brenda Dervin）とナイラン（Michael Nilan）が *Annual Review of Information Science and Technology*（ARIST）誌上で 1986 年に発表したレビュー論文がある[1]。論文中で、ダーヴィンらは、情報利用研究の変化は単に関心の置きどころだけでなく、システムの要求に重点を置いた視点から利用者中心の視点へ、機械論的な人間観から人文主義的な人間観への、大きな変化であることを指摘し、そうした新しい研究動向を「パラダイム・シフト」と呼んだ。そして、そのパラダイム・シフトを代表するものとして、ベルキン（Nicholas J. Belkin）の「変則的な知識状態（anomalous state of knowledge: ASK）」に関する研究およびダーヴィン自身による意味構成アプローチ（sense-making approach）に関連した一連の研究等をあげた。

　情報利用研究における変化の背後には、社会学における「計量的方法」と「質的方法」の論争に見られるような社会科学分野全般の見直しがあり、情報利用研究における研究対象や研究方法の見直しは、こうした他分野の動向にも沿ったものであったと言うことができる。研究方法の見直しに関しては、例えば、エリス（David Ellis）が述べたとおり、新しい研究は「伝統的なマクロなアプローチ、すなわち、大規模な集団を質問紙や構造化インタビューによって研究することから離れ、小さな集団を観察や非構造化インタビュー技法によってより集中的に研究するミクロアプローチへと移行した」[2]のである。新しい研究は個人に焦点をあてたため、「ではそれらの個人的な経験が社会的行為としてみた場合にどのような意義を持っているのか」、あるいは、「ある社会層に所属する人々がどのような情報を必要とし、用いているのか」という、より社会に関わりを持った形での研究がなおざりになる結果をもたらした。しかしその一方で、そうした社会的な面はあるにしても、情報利用はあくまでも個人的な経験であること、したがってその個人がどのような環境に置かれ、どのような場面で情報を利用しているかを見ていかなければならないことがより一層明確にされた点は、大きな成果であったといえる。

　質問紙法による調査については、経験的な観点からも疑義が提出された。例えば、コーヴェル（D. G. Covell）らは、診察中に医師がどのような情報源を利

用したかについて、診察中に行った観察と診療後に医師に対して行った質問紙による調査の結果が完全に食い違うことを示し、データの信頼性を高めるために、両者の併用が必要であることを示した(3)。

こうした問題に対処する方法上の提案も多い。その一つで注目を集めたものに、具体例叙述法（critical incident technique）がある。1989年にウィルソン（S. R. Wilson）らは、MEDLINEが医師の仕事を遂行する上でどのように用いられているかを、被調査者である医師が実際に直面した事例をデータとして分析することによって明らかにした(4)。データ収集にあたって、ウィルソンらは、被調査者である医師に対して電話で構造化インタビューを行い、その録音を転記したものと人口統計学的なデータを併せて用いている。この方法をとることによって、比較的生に近く、実際に起こった個々の事例をデータとして大量に収集することが可能となった。すなわち、個人が置かれている状況とそこで取られた情報利用の両方を適切に記述する手法の一つが提示されたことになる。

情報を利用するときの「状況」を考慮に入れた研究の例としては、エリスの研究を見逃すことはできない(5)。後に詳しく検討するが、エリスは、研究過程という状況において行われる研究者の情報探索を丹念に検討し、特定の情報源の定期的なモニターや情報源相互の関連をたどる連鎖式探索など、情報探索の様式をいくつかに類型化した。エリスによる研究の優れた点は、個々の研究者の研究過程の推移という「状況」の中で、複数のさまざまな探索の様式が現れること、またそれらは、研究者の専門領域やその個人の特性というそれぞれ異なる「状況」の中で出現するが、共通性を見出し、緩やかに一般化することも可能であることを明示した点にある。さらに、エリスは、情報検索システムを開発する上で利用者の探索様式に関する研究がもっと必要であると主張し、そのための具体的な方法論を示している。

1990年代においては、個人の探索利用過程に関する質的な研究が中心となっている点は1980年代と変わらない。しかし、OPACや情報検索システムの利用過程の研究だけでなく、ブラウジングのような明確な構造を持たない探索様式に関する研究や、動物の採餌行動（information foraging）をモデルとした研究、情報との遭遇（information encountering）に関する研究など、さまざ

な探索・利用行動を包含する幅広いものとなっている。

　本章では、1990年代の動向を踏まえ、個人における情報利用の過程を検討する。その際、個人が作り上げる情報世界という観点からの記述を試みる。ひとは日常的な情報ニーズを満たすために、周囲に情報を処理するためのしくみを作り上げる。これにより、日常的なニーズが満たされ、日常業務が円滑に遂行されてゆくことが保証されるのである。さらに、こうして作り上げた個人的な情報世界では満たされないニーズについては、外部の情報源を利用することにより満たそうとする。その場合には、外部情報源の利用のしかたを学習することが必要になる。

　本章で主な例として取り上げるのは、ドイツ文学研究者の研究過程における情報利用であり、それを手がかりに先に述べた個人の情報利用過程を具体的にみていく。まず、個人レベルの情報組織について論じ、研究過程に沿って展開する情報探索を検討すると同時に、ドイツ文学の研究過程という状況においては、情報探索は情報組織と切り離しがたい側面があることを示す。また、定式化されない探索様式であるブラウジングが中心的な探索様式であることを示し、その特徴を明らかにする。最後に、人は外部世界に構築されたデータベースやOPACのようなシステムを個人の情報世界にどのように結びつけようとするのかを論じる。

## 2.2　個人レベルでの情報組織

### 2.2.1　個人レベルの情報組織に関する研究

　1980年代に入ると、普及しつつあったコンピュータ・システムを会社の通常業務に組み込み、仕事の効率を向上させようとするOA化の試みがさまざまな場所で始められた。それに前後して、OA化に必要なコンピュータ・システムやインタフェースの開発・改良に貢献する目的で、会社のオフィスなどを対象として、そこで何が行われているのかを明らかにし、モデル化するための研究が始められた。そうした研究の一環として、人々が業務を遂行する上で、仕事場において情報をいかに組織化しているのか、すなわち、どのような媒体の情報をどのように収集・蓄積・検索・利用しているのかということが研究さ

第 2 章　個人の情報世界

れるようになった。

　OA 化と関連したオフィスや研究室に関する研究は、主として OA システム設計の基礎データとされた。コンピュータに精通していない人々が使うシステムを設計するためには、コンピュータ化の対象となる業務について、その現状の分析に基づいて、現状に近く、無理なく移行できるようなシステムを設計することが必要であるとされたのである[6]。個々のオフィスを、さまざまなシステムやファイルが散在した一つの情報空間ととらえ、個々のシステムやファイルがそのなかでどのように形成され、配置され、アクセスされているのかを調べる研究も、こうしたシステム改善の試みの一環ととらえることができるだろう。

　一方、研究者の情報利用についての研究は、オフィスの研究が行われる以前から進められていた。多くの研究において、研究者は、自分が所属する機関によい図書館があり、資料利用環境に恵まれている場合でも、それらの資料をあまり利用せずに、自分の研究室内にある手持ちの資料を利用して研究を遂行する傾向にあることが示された。この結果を受けて、情報源としての個人手持ちの資料を研究する必要性が指摘され、数こそ少ないが、研究者が自分の研究室やその他の仕事場で、図書や雑誌論文、さまざまな書類やメモ等をどのように組織化しているかについての研究が行われてきた。これらの研究は次の二つに大別できる。まず、より使いやすい情報検索システムのインタフェース設計の基礎データとするために、研究で用いるさまざまな文献類をどのように組織化し、また何を手がかりにその中から必要な情報を探しているかを研究するもので、例えば、クワスニック（Barbara H. Kwasnik）[7] の研究を挙げることができる。もう一つは、研究過程に沿った情報利用の実態を明らかにし、個人レベルの情報利用をモデル化しようとするなかで、研究室での情報利用を取り上げているものである[8]。

　このようにして、図書館・情報学と情報システム研究というそれぞれの領域で、仕事場としてのオフィスや研究室が情報の蓄積場所および情報源として重要な役割を果たしていることが示された。そして、そこでの組織化のやり方を研究することは、仕事に関連した個人の情報利用を理解する上で重要であることが認識されるようになってきた。

### 2.2.2 オフィスとは何か

　ここで取り上げる大学の研究室や会社のオフィス（特に区別する必要のないときは、一括してオフィスと呼ぶことにする）は、単なる「仕事をする場としての物理的な部屋」のことである。しかし、ヒルシュハイム（Rudy A. Hirschheim）はオフィスを、単純には定義しにくい多面性を備えており、次のようなさまざまな側面から分類可能なものと捉えている[9]。

　　地理的な側面：物理的な場所
　　時間的な側面：そこで仕事をする時間
　　行為の側面：そこで行われる仕事
　　構造的な側面：そこで働く人々によって報告される社会的関係
　　空間的な側面：人々が同僚と社会的関係を保つ場所
　　経済的な側面：組織運営の目標となり、人々を評価する基準となる経済的要
　　　　　　　　　因
　　社会的な側面：オフィスで仕事をする人々を動機づける社会的・心理的要因

このような多面性を備えているオフィスを分析する場合、どれか一つの側面にのみ着目することは、本来オフィスが備えている機能の多面性を見落としてしまう危険性がある。

　一方、オフィスにおける情報行動を研究したコール（I. Cole）[10]、マローン（Thomas W. Malone）[11]、クワスニック[12]は、研究対象であるオフィスそのものについては、きちんとした定義づけは行っていない。彼らは、厳密で客観的な定義よりも、それを利用し、組織化している人の見方を重視する立場をとる。これはヒルシュハイムの言うオフィスの機能の多面性に通じる。すなわち、人々によるオフィスの意味づけは多面的であり、人々がオフィスをどのように意味づけているかは、人々がオフィスの内部をどのように組織化しているか、どのような秩序を作り上げているかということ、さらに、なぜそのように組織化しているのかという点にまで踏み込むことによって、はじめて理解できるのである。

### 2.2.3 オフィスの構成要素とその組織法

一般に、オフィスには、作業をするための机類や書類を収める書棚、コンピュータの端末等仕事に関係があるもの、さまざまな書類や本、さらに、仕事とは直接関係のない食器等、実にさまざまなものが置かれている。こうしたオフィスを構成する物品や書類の種類や量、オフィス内での整理の仕方については、ある特定の職業やオフィス内で行われる仕事の種類ごとに共通した特徴があるのではないかと考えられる。そこで、次に、どのような要因がオフィスの構成物やそれらの組織化の方法をどのように規定しているのかを研究した事例を検討する。

ケース（Donald Owen Case）は、60人の大学教授を対象にインタビューを実施するとともに、彼らのオフィスの中にある資料のスタックの数、本や雑誌やノート類が並べられている書棚の数、ファイルキャビネットのひき出しの数、その他書類の蓄積場所とその量を実際に数えている[13]。ここで言う「スタック」とは、後述するマローンが「パイル」と呼んでいる「書類の山」、すなわち、一般には整理下手の象徴のように見なされているものとほぼ同義である。調査の結果、書類を収納するための家具類が不足しているわけではないにも拘わらず、彼らは平均して19のスタックをオフィスの中に形成していることがわかった。しかし、それらのスタックはまったく無秩序に形成されたものではなく、むしろ現在着手している仕事に関連の深い書類で構成されており、仕事にとって重要な役割を果たしているものであることが明らかにされた。

一方、マローンは、研究者と事務職従事者がオフィスの中に置いているものを対象とした調査を行った。この調査では、机、テーブル、ファイルキャビネット等、オフィス内で情報を蓄積する場所を総称して「デスク」と呼び、これに床の上等も検討対象として加えた上で、書類の組織法および検索法を調査している[14]。

マローンは、オフィス内に置かれている書類の束を次の2種類に区別した。まず、まったく名づけられておらず、単に積み重ねられた書類の束で、机の上などオフィスの比較的表面に近い部分にあるものを「パイル」と呼んだ。一方、漠然としたものであれ、何らかの名称で呼ぶことができ、論理的に整理されている書類の束を指して、「ファイル」と呼んだ。このファイルは、通常、キャ

図 2-1 乱雑なオフィスの例

図 2-2 整頓されたオフィスの例

ビネットの中などに入れられており、外からは見えない位置にある。これらの書類の束はこれから見ていくように、日常の仕事の中で重要な役割を果たしている。

　研究者の場合には、日常的な書類の流れがほとんどなく、全体的に乱雑で書類の束も大部分がパイルであり、非常におおざっぱにしか分類されていないことが指摘されている（図2-1）。ただし、机の上（この場合は家具としての机）には、綴じ込まれたファイルよりも新しい書類が置いてあるという点に規則性を見出すことができる。後に示すように、一見、乱雑に見えても、この規則によって緩やかな組織化が行われ、書類は適切に検索されるようになっている。

　その一方で、標準的な書式の書類を扱い、書類の流れがルーティン化しているような庶務の仕事を行う人のオフィスの場合には、書類の流れに合わせて、マローンの用語で言うデスク類が配置されており、比較的きちんと片付いたオフィスとなっていた（図2-2）。そして、このようなオフィスの場合、役立つ資料はみなテーブルの上に出してあり、数か所を回される書類は常にひき出しなどの入れ物の外にあること、未決ファイルの中にある書類は決してひき出しには入れないといったように、資料の蓄積場所に関してきちんとした説明ができた。調査対象となったオフィスでは、作業の流れと、オフィス内のパイルや、キャビネットなどに整理され綴じ込まれているファイルとが密接に結びついており、書類の山であるパイルも単に積み重ねられているのではなく、その中に規則性があり、精密に組織化されたものであることが示された。すなわち、新しくそのパイルに入れられる書類がパイルの一番下に置かれる仕組みになっている。そのため、最初に処理しなければならない書類が一番表面にくるようになっており、また、パイルの数も常に5から10の間で、研究者の研究室内に比べ少なかった。

　このように、オフィス内には多くのものや資料があり、それらは持ち主の仕事の種類、特に、書類の流れがルーティン化しているかどうかに依存した形で組織化されていると言える。個人研究室内で行われる仕事は、中にはルーティン化しているものもあるかもしれないが、ほとんどが自分の研究に関する仕事であり、その進捗状況により仕事の仕方が異なる。例えば、実験や調査を実施している段階、得られたデータを分析する段階、論文を執筆する段階等、どの

段階に携わっているかによって仕事の種類が異なっている。そのため、オフィス内にある資料は、スタックやパイルの形で緩やかに組織されているものの割合が、ルーティンワーク主体のオフィスに比べて多い。しかし、一見秩序立っているように見えない資料類は、実際は「緩やかに組織されている」のであり、まったく無秩序に部屋のあちらこちらに積み上げられているわけではない。そこに見出される規則は積み上げた本人がわかればよいのであって、他の人には混沌としたように見えても通常は問題はない。このことは、次項でみるように、そのオフィスや仕事そのものが他者と共有されることを前提としているかどうかということと関連する。事務部門のように、共同作業を前提とし、一連の仕事の過程で発生する書類、その書式、書類の流れがほぼ決まっているようなオフィスの場合には、書類に関するこうした慣習が理解できないと仕事ができず、また、それがオフィス内での共通理解事項であるという前提がなければ円滑な仕事の遂行が望めないのである。

　次に、パイルやスタックを含むオフィス内の情報がどのような条件のもとでどのように組織化されているのかを詳しくみてみる。

### 2.2.4　組織化の条件と組織法

　従来、図書館では、資料を内容、形状（例えば、大型本やマイクロフィルム等は通常の図書とは別に排架される）、刊行形式（例えば、逐次刊行物は一般図書とは別に排架される）等によって分類し、書架に線形に配置してきた。そして、資料分類を補うために、蔵書目録上で一元的に、資料のタイトルや主題から探せるようにすることによって、利用者の便を図ってきた。

　マローンがインタビューした研究者の中には、過去にこの図書館方式に類似の方法、すなわち、資料を内容に応じて分類したり、書誌事項をカードに書き込んで目録を作成し、相互参照をつける等の工夫をこらして検索手段を維持しようとした人もいた。しかし、インタビューの時点では、これらの試みはすべて放棄されていた[15]。ケースが調査した歴史学研究者でも、所蔵資料全体の索引を作成しようとする試みは例外なく失敗している[16]。コールも同様の結果を得ており、多くの被調査者は、基本的に、単純で組織化の程度が緩やかなやり方を好んでいたことを指摘した。また、仕事の進行に合わせて扱い方や重

要性が変わっていくような資料の場合には、手間がかかる固定的な分類法は向いていないと述べた[17]。

マローンは、ある情報に対して分類を固定的に割り当てることについて、同じ資料であっても、蓄積する時に割り当てたカテゴリと、検索しようとする時に用いるカテゴリが一致しないことを指摘した。この点からも資料類に対して割り当てられたカテゴリは永久に固定的に用いられるというわけではないと言える。また、用意されるカテゴリ自体も流動的であり、古いカテゴリが統合されたり、分化して新しいカテゴリとなったり、新しい研究プロジェクトに携わることでまったく新しいカテゴリが出現することもあるとした。

図書館方式の場合、多数の利用者が資料を共有できるように、また、作業に携わる複数の図書館員によるばらつきがないように、多大な労力をかけて検索しやすいシステムを工夫し、標準化された形式で組織化し排架している。一方、個人の研究室やオフィスは、共有を前提としない私的な空間が多い。そのような空間では、個人か、せいぜい互いによく事情のわかった数人の人間が利用できればよいため、記憶にもっぱら頼るかたちで組織化・検索・利用がなされる。したがって、組織化に多大な労力が必要な図書館方式は維持が困難であり、同時にそのような精密な組織化はあまり必要ないと言える。

それでは、人々は自分が持っている情報をどのように組織化しているのだろうか。

最初にクワスニックの研究[18]を取りあげてみよう。彼女は大学の教員が資料をどのように組織化しているかを調べるために、毎日大学のメールボックスに届けられる手紙・通知・文書類を教員がどのようにカテゴリ分けしているか、既存のカテゴリの解釈についてどのように整合性を維持しているか、新しいカテゴリを作成するのはどのような時かを調べた。

クワスニックは、まず、被験者の研究室やその他の資料保管場所に案内してもらっている。そして、そこには何が置かれているか、また、個々の事物にどんな呼称が与えられているか、どのようなメールがどのようにカテゴリ分けされており、どのようなものが同一のカテゴリに入れられるかを調べ、資料が組織化される際に用いられているカテゴリの洗い出しを行った。次に、被調査者が行う作業を観察して、メールボックスに入れられているメール（クワスニッ

クは、メールボックスに届けられる手紙・通知・文書類をまとめて「メール」と表現している）の仕分けを実際にどのように行っているかを記録した。その際に、被調査者には頭の中で考えていることをすべて口に出してもらうよう依頼し、観察結果と合わせて分析の対象とした。さらに、カテゴリ分けのしくみをクワスニック自身が正確に理解できているかどうかを調べるために、被調査者に代わって仕分け作業を行い、被調査者自身の仕分け法と一致しているかどうかを確認してもらった。

その結果、資料をカテゴリ分けする際に被調査者が用いていた区分原理は33種類あり、それは7つのカテゴリに大別できることがわかった（表2-1）。一番多く用いられていたカテゴリは、アクセス頻度や、誰が持っている資料か、自分の仕事や関心との関連、どのような目的で利用するかといった「状況に関する属性」のカテゴリで、全体の33.3％を占めた。次いで資料の著者や図書

表2-1　資料の区分原理

| | |
|---|---|
| 状況に関する属性 | 配置 |
| 　アクセス頻度 | 　蓄積 |
| 　環境 | 　排列 |
| 　必要性／要求 | 　同一グループに |
| 　資料の所有者 | 　別のグループに |
| 　仕事や関心との関連 | 　未整理 |
| 　部屋／空間 | |
| 　情報源 | 時間 |
| 　利用／目的 | |
| | 価値 |
| 資料に関する属性 | 　重要 |
| 　著者 | 　面白い |
| 　形式 | 　いまひとつ |
| 　トピック | 　価値がない |
| 　タイトル | 　秘密 |
| 　物理的な属性 | 　価値不明 |
| | 　私にとって役に立つ |
| 処理 | |
| 　変更 | 認知の状態 |
| 　廃棄 | 　わからない |
| 　保存 | 　覚えておきたい |
| 　保存場所 | 　知っている |
| 　処理延期 | |

Kwasnik, B. "The importance of factors that are not document attributes in the organisation of personal documents." *Journal of Documentation*. Vol.47, No.4, p.392, 1991.をもとに作成

の一部か雑誌論文かといった形式、その資料が扱っているトピック等を手がかりとする「資料に関する属性」(29.4%)、その資料を廃棄するのか保存するのか、保存するならばどこに保存するのかといった「処理」(12.6%)のカテゴリだった。図書館では、「資料に関する属性」でもっぱらカテゴリ分けを行っているのに対し、個人の場合には、「状況に関する属性」など、純粋に個人的な状況に基づくカテゴリ分けの比重の高いことがわかる。

　クワスニックは、被調査者のカテゴリ化を学習し、自分自身でメールをカテゴリ分けした際、一部、被調査者の分類方法と異なったやり方になってしまった理由を次のように分析している。すなわち、メールの主題を抽出し損ねたことと、被調査者自身がメールをカテゴリ分けした時とクワスニックが行った時とでは環境が変わってしまったことが最大の理由であるとしている。後者から、同じ内容の情報でも、仕事の進行状況や時間の経過などによって扱いが異なることがはっきり示され、マローンと同様の結果を得ている。

　一方、コールは、オフィス内の情報を組織化する際の条件について、使用頻度が情報の組織化の程度に密接に関わっているとした[19]。さらに、使用頻度が高いほど組織化の程度は低く、逆に使用頻度が低いほど厳密に組織化されていることを示した。コールは、情報を使用頻度が高い順に三段階に分け、それぞれを「現用情報（action information）」「作業用ファイル（personal work files）」「保存資料（archive storage）」と名づけた。これらの情報の特徴を簡単にまとめたのが、表2-2である。

　まず、現用情報は、近い将来処理される、あるいは処理されると予想される情報のことを指しており、文献だけではなく、日記やするべきことのリストといったスケジュールに関するメモも含まれる。置かれている場所は、未決書類入れ、机の上、椅子の上や床の上等、表面に近い場所や作業領域である机のわきであり、すぐに利用できる形になっている。ただし、現用情報の量が増えすぎると検索が困難になるため、各情報とそれらの位置を記憶できる範囲の量を保っている時にのみ効果的に利用される。そして、形式的に組織化されている度合いが最も低い一方で、最も頻繁に用いられる情報でもある。

　時間が経過するにつれ、現用情報として維持されなくなっても残す情報は、作業用ファイルに移される。作業用ファイルは、作業領域に直接接している場

表2-2 日常的に用いる情報とその組織化

| 情報の種類 | 定義 | 具体的な形式 | 置いてある場所 | 使用頻度 | 組織化の程度 |
|---|---|---|---|---|---|
| 現用情報 | 近い将来処理される、あるいは処理されるだろう情報 | 文献類、日記、スケジュール関係のメモ | 未決書類入れ、机の上、椅子の上や床の上等、表面に近い場所や作業領域である机のわき | 高 ↕ 低 | 緩やか ↕ 厳密 |
| 作業用ファイル | 時間が経過するにつれ、現用情報として維持されなくなっても残す情報 | その時に進行中の仕事に関連（進行中のプロジェクトに関連した書類） | オフィスに直接接している場所（オフィスの中、および、廊下等、オフィスに隣接している場所も含む） | | |
| 保存資料 | これから進行する仕事に直接関係がなくなった時点でもまだ重要な情報 | 長期的に蓄積される書類 | オフィスから離れた場所 | | |

Cole, I. "Human aspects of office filing: implications for the electronic office." *Proceedings of the Human Factors Society 26th Annual Meeting, Seattle, 1982-10.* p.59-63.をもとに作成

所に収納された情報である。ここで言う作業領域に直接接している場所とは、戸棚の中、ファイルキャビネットの中、机の中等を指すが、それらは、オフィスの中にある場合もあれば、例えば廊下等、オフィスに隣接している場所も含まれる。作業用ファイルにある情報は、その時に進行中の仕事、例えば、進行中のプロジェクト等に関連している情報である。

　作業用ファイルにあった情報のうち、これから進行する仕事に直接関係がなくなった後でもまだ重要と思われるものは、保存資料へ送られる。保存資料には長期的に蓄積される書類が含まれる。蓄積システムが構築される場所はオフィスから離れている場合が多い。また、組織化の程度は最も厳密である。つまり、オフィスや研究室内の作業を行う中心点からの距離が近ければ近いほど、その時点での重要性およびアクセス頻度が高い資料が置かれ、遠ければ遠いほどその時点での重要性およびアクセス頻度が低くなる。一方、組織化については、アクセス頻度の低い資料ほど厳密になっている。厳密な組織化は、作業の負担が過多になるし、また、仕事の進行に合わせて扱い方や重要性等が変わっ

ていく現用情報や作業用ファイルには向いていない。資料が、特定のときに特定の個人にとって意味のあるものから、誰でもが利用可能なものへと性格を変えていくにつれ、厳密な組織化が意味を持つようになってくるのである。

ケースは、研究者の研究室で行われている組織化について検討し、次の四つの条件によって規定されていると述べている[20]。すなわち、(1)空間的な制約、(2)資料の形態、(3)主題、(4)扱い・目的・質である。そして、通常はこれらのうちのどれか一つのみに依存して組織化が行われるわけではなく、いくつかを組み合わせて組織化が行われているとした。

組織化の原則は、「似たものを一緒に」ということである。しかし、クワスニックの調査結果でメールの区分原理が33あったことで分かるように、「似たもの」にはさまざまな種類がある。「よく使うもの」を意味したり、資料の形状が似ているものを意味することもあれば、同じ曜日の授業に関するテキスト等資料が果たす機能が似ていることを意味する場合もある。ケースはそうした組織化を規定する条件を先の四つに整理し、組織化はそれらに沿ったかたちで行われるとしている。

組織化の条件のうち中でも重要なのは空間的な条件である。自分が持っているスペース、すなわち、オフィスその他の蓄積場所として利用できる場所の広さに依存して、蓄積できる資料の量が決まってくる。また、生活空間としてオフィスをとらえると、見た目等の美的な観点からの組織化が必要になる。これらのことから、オフィスの資料を組織化する方法を規定する第一条件は、空間的な条件であると言える。

オフィスで資料を組織化するときの第二の条件は、資料の形態によるものである。例えば、雑誌は図書館でも一般の図書とは別の場所に収納されている。個人の場合も同様で、図書、雑誌論文のコピーや抜刷、マイクロ資料などは別々の場所に保存されるのが通例である。コンピュータ・ファイルは当然別の場所に収納される。また、形態の一種である大きさは、第一の条件として挙げられた空間的な条件と密接な関係を持っている。情報の蓄積場所は制限されており、増加しつづける資料類を無限に蓄積することはできない。そうした状況のもとでは、限りある空間をできるだけ効率的に活用することが必須であり、その工夫の中でも単純で基本となるのが、同じ大きさのものを一か所に集める

ことである。

　空間的、形態的に組織化された文献は、次に、主題によって組織化される。歴史学の場合は、主題の他に、時間や地域による分類が行われることが多い。ケースは、主題による分類のしかたは、研究分野の特性によって異なるだろうとしている。

　文献を組織化する時に最下位に位置する条件は、その資料の扱いや資料を用いる目的、資料の質によるものである。例えば、ある資料が読む価値があるものかどうかという質、授業のテキストとして用いるのにふさわしいといった目的による組織化が行われていた。

　以上見てきたように、オフィス内で情報を組織化しているやり方はさまざまである。そしてその違いは、個々のオフィス内で行われる仕事の種類、例えば、ルーティンワーク主体のオフィスであるのか、あるいは、研究室のようなルーティン化されていない仕事の場となっているオフィスであるのかという点から生じている。前者は個々の書類が置かれる場所がきちんと定まっており、組織化のレベルが高く、後者は作業領域周辺部に積み上げられた、一見秩序だてられていない書類の束が多く、組織化のレベルが低い。しかし、組織化のレベルが低いとされた研究者の場合は、仕事の進捗状況と情報の組織化が密接な関係を持っており、他人には無秩序に見える状態であっても、研究者自身にとっては検索に困らない程度に書類の束が緩やかに組織化されているのである。

　一方で、オフィス内の情報を組織化するための原則は、個々のオフィスが物理的空間という制約から逃れられず、また何らかの「仕事」をするスペースであるという共通性から、先に挙げた二種のオフィス間で大きく異なるわけではないようにも思われる。違いをもたらす条件は、それが「共有」を前提としているのか、「共有」を前提としているとすれば、それはどの程度の人数の間でのことなのか、であろう。たいていの場合、研究者の研究室は共有を前提としていないのに対し、特にルーティンワークを中心とするオフィスでは、共有が大前提とされている。さらに、共有の範囲には、将来的にそのオフィスで同じ仕事をするようになるだろう人々までもが含まれている。そのようなオフィスでは、どの書類がどこに置かれ、またどのように処理されるべきなのかが、明らかになっていなければならないため、情報の組織化に大きな影響を与えるこ

とになる。

では、このように組織化された情報をどのように探しているのかについて次に検討しよう。

### 2.2.5 検索の空間的な手がかり

情報の組織化と検索方法とはちょうど「タマゴが先か、ニワトリが先か」という問題と同じ性質を持っている。情報は探しやすいように組織化され、また組織化のしかたに合わせて検索される。したがって、人が日常的に情報を探す際にどのようなことを手がかりとしているのかを知る上で、情報がどのように組織化されているかを知ることは欠かせないし、逆に組織化のしかたを考えるには、検索のしかたを知る必要がある。

図書館では、所蔵されている図書を探す手がかりとして、通常、著者名や書名の他に、主題や分類といった、内容を示す記号による手がかりを用意している。一方、個人で収集し、蓄積している本やファイルの場合、主として用いられるのは、その色や形、置いた場所等、文献の内容とは関係ない手がかりであることが、先に述べたコールやマローン、ケースの結果からわかる。両者が異なる理由としては、次のものがあげられる。

(1) 図書館と個人の蔵書やファイルでは、全体量が違う。
(2) 資料の共同利用を前提とする図書館では、個人による違いを捨象し、誰でも利用可能な標準的な方法を採用するのに対し、個人の場合には、受け入れ作業や整理作業、排架などすべて特定の人が利用者でもある自分自身のために行う。分類のような記号で表現されるものは、共有を前提としているのに対し、記号化されにくい視覚的手がかりは個人によるばらつきが大きく、標準化しにくい。
(3) 図書館では、開架書架の場合、主として資料の形態と主題分類によって排架されており、資料の色やささいな形状の違いは考慮されない（ただし、個々の利用者が既知資料の検索の際に色や形状を手がかりにすることは十分にあり得る）。図書館の重要な機能は、利用者に未知の資料を提供することであるから、既知資料検索で活用されるこうした手がかりは、図書館

の標準的な方法となりにくい。それに対して、個人が自己の所有する、すなわち既知の資料をもっぱら検索するオフィスでは、資料類が置かれている場所といった空間的な手がかりに加え、資料の色や細かな形状の違いといった視覚的な手がかりを活用できる。

コール[21]は、個人の蔵書やファイルでは、部屋という物理的な空間中の位置が検索に重要な役割を果たしており、多くの場合、ある空間的な位置と特定の資料をそこに置いたという記憶を組み合わせて検索が行われていると述べている。三次元空間であるオフィスには、蓄積された情報を直接指示するような多くのポイント、例えば、図書の背の色や書架上の特定の場所といった多くのポイントがある。当然、このようなポイントを手がかりに効率よく検索できるのは、オフィスの表面近くに置かれているパイルや書架上の資料など直接目で見て確認することが容易なものである。一度キャビネットや別の部屋に収納されてしまった資料については、この限りではない。このことを2.2.4で述べた「現用情報」「作業用ファイル」「保存資料」と関連させて説明すると次のようになる。

まず、「現用情報」の場合、形式的に組織化されている度合いがもっとも低く、明確なカテゴリ分けによる分類や、索引を作って相互に関連付けるといった作業は通常行われない。情報が必要な場合には、それが置かれている場所についての記憶を頼りにしたり、書類の流れがルーティン化されているならば、「未決書類入れ」といったルーティンとして置かれている場所を探せば見つけることができる。つまり、頻繁に利用するため、その資料を置いた場所、当然置かれているはずの場所を常に把握していることが可能なのである。逆に、ある資料がどこにあるかを空間的に識別するためには、頻繁に利用していなければならない。

検索時の空間的な手がかりは、多分に人間の記憶に頼ったものである。記憶には限界があるから、マローンが指摘したように、パイルの数が多くなりすぎたり、個々のパイルの中身が相互に混ざりあい、パイルとしてのまとまりが弱くなってくると、検索は難しくなってしまう[22]。

「作業用ファイル」を探索する場合には、情報の空間的な位置に関する認識に

加え、2.2.4で触れたようなその他のカテゴリが関係してくる。作業用ファイルに入っている情報は、現用情報と比較して、利用される頻度が低い。現用情報よりも大量で、長期間にわたって保存され、あまり利用されないため、利用するときには空間的な手がかりだけでは検索が難しく、他の何らかの補助的な手がかりが必要になってくる。2.2.4で引用したケースの4条件のうち、第二番目以降の条件を適用する必要が出てくるのである。

「保存資料」は最も形式的に組織化されている。この中に入れられた情報については、もはや空間的な位置に関する知識は重要でなくなっており、ときには、本人以外の仲介者や、既成の仲介ツールを通じてアクセスされるようになる。例えば、古いファイルは個人のキャビネットから資料部門に移管され、情報管理を専門に行う人の管理に委ねられたり、コンピュータを利用したデータベース・システムや、手書きの索引で管理されたりする。形式化されているので、形式、すなわち、保存資料の組織化の構造を理解しなければ、特定の資料や情報を検索することは不可能になってしまう。

空間的な位置情報を主として利用した蓄積・検索システムにおいては、個人の記憶が重要な役割を果たしている。ある資料や情報が利用されなくなるということは、特に書類の流れがルーティン化していない場合には、空間的な位置の記憶を維持するための相互作用が減少することにつながり、空間的に識別できる可能性が低くなってくる。そのため、より形式的なカテゴリの構造が出現し、空間的な認識の代わりに情報へのアクセスポイントとして用いられるようになる。

### 2.2.6　検索の時間的な手がかり

個人の所蔵する資料や情報の検索には、空間的な位置だけが重要な手がかりであるわけではない。同様に重要な手がかりが「時間」である。すなわち、ある資料を受け取ったり、作成したり、それにアクセスした日時である。ここで言う日時とは、単なる年月日だけではなく、他の出来事との時間的な前後関係を含んでいる。コンピュータ上で作成したファイルには、それを保存したり再保存した年月日が自動的に付与されるようになっている。ここで取り上げる時間は、このような絶対的な時間に加え、どのような仕事に関連して発生した資

料か、それらの仕事はどのような時間の前後関係を持っているかといった一連の流れの中で相対的に位置づけられた時間も含んでいる。

マローンの調査[23]では、ある資料を探すときに、最後にアクセスしたのはいつか、また、何と一緒にその資料を見たかということを手がかりとした人がいた。中には、机の上を低速コマ送りのように時間の経過を追って再現でき、「巻き戻し」や「早送り」によって必要な資料が机のどこにあるかを検索できる人もいた。探している資料をいつ頃入手したか、あるいは、その資料をいつ頃作成したのか、またいつ頃それを利用したのかといったことが具体的な手がかりとなるが、近い過去に起きたことほど思い出しやすいから、これらの手がかりの有効性は、時間的に探索時点にどの程度近いのかに大きく影響される。この点に関しては、空間的な検索の有効性と同様である。

ケースが行った歴史学研究者に対する調査[24]でも、時間が検索に重要な役割を果たしていることが示された。ケースは、歴史学の研究の特性として、細かい物事をきちんと記憶できる能力が要求される分野であるということを指摘した上で、記憶に頼った検索がうまく働いていることは驚くに当たらないとしている。また、歴史学研究者の場合には、資料の蓄積、利用に際して、その時に行っていたこと、すなわち、蓄積や利用時の環境が記憶に大きな影響を与えることを指摘している。例えば、ある文献を読んだときに、どのような仕事との関連で読んだのか、その時に同時に進行していた仕事はどのような仕事で、その仕事に関連する文献はどのようなものだったかといったことを一緒に記憶し、後の検索に役立てていた。

個人が所有する情報の蓄積および検索に際して、「時間」の重要性を特に強調した資料の蓄積法が「超」整理法である[25]。野口は、「個人の情報整理は、そのために専門家がいる場合とは違う」ことを前提に、「余計な労力を使わず、仕事の流れの一環として半自動的に処理できるようなシステム」として「超」整理法を考案した。これは、関係のある資料やメモ同士を一定の大きさの封筒に入れ、それを本棚に並べていき、利用した資料が入っている封筒は左端に持ってくることによって、常に最近利用した資料が左側に、利用しない資料ほど右側に置かれる仕組みである。このように資料を並べると、アクセスした時間順に封筒が左から右へと並んでいき、ある資料を探したい場合には、時間的な

前後関係、すなわち、いつ頃入れたファイルか、それは今見ているこのファイルよりも先か、後かということを手がかりに探すことができる。野口の意見では、「時間的な前後関係が明確なのは、一つには、因果関係による。例えば、試験問題のファイルは、その採点記録ファイルより古い時点にある。また、人間の記憶が、脳の中で時間順に並んでいることも関連しているようである。前に「場所に関する人間の記憶はあやふや」と述べたが、それと対照的に、時間順に関する記憶はきわめて正確である」と場所に関する記憶よりも時間順の記憶の方が頼りになるとしている。このファイリング方式および検索方式を野口は、「時間軸検索」と称し、資料を内容から厳密に分類し、探すためのツールを提供している図書館方式と対照的なものとして位置づけている。

　個人が所蔵するファイルに対する実際の検索は、空間的手がかりや時間的な手がかりがバラバラに用いられるのではなく、記憶の中の資料の形状や色といったさまざまな手がかりも含めて、柔軟に組み合わせて行われていると考えられる。そして、このように物理的な空間へ具体的な形状をもつ資料をある一定のやり方で配置していくことは、それらを読んで個人の中に記憶として取り込んだり、思索の結果を視覚的に捉えられるようにすることと密接に関係していると考えられる。そこでは、物理的な文献がもつ形状や色はそれら頭の中にあるものを引き出す索引代わりになっているのである。

### 2.2.7 「思い出させる」機能

　個人レベルで情報組織を行う場合、単に必要な情報を探しやすくするだけではない。個人で所蔵する資料の中でも、比較的新しく取り込まれた資料類が果たす役割には、もう一つ重要な側面がある。特に現用情報や作業用ファイルについては、仕事の局面と組織化のやり方が密接に結びついており、切り離すことができない。特に、マローンが指摘した「思い出させる（reminding）」機能は仕事と深い関わりがある[26]。

　マローンは、オフィスに置かれている多くのパイルは、情報組織上のカテゴリが厳密であれ、緩やかであれ、ただ単に「ファイリング」する機能だけではなく、しなければならない仕事やスケジュールなどを「思い出させる」機能を備えていることを指摘した。すなわち、机の上の目につくところ、表面に近い

場所に読まなければならない資料を置いたり、出席しなければならない会議の案内を机の前に貼っておいたり、作成しなければならない報告書に関係する資料や書類をひとまとめにしてふだん作業する場所に近いところへ置くことで、それらを思い出させるようにする機能である。資料の組織法自体がメモ代わりになっていると言い換えることもできる。このような特殊な機能が意識的に用いられるとき、資料類の組織法に大きな影響を与えることになる。

パーソナルコンピュータの統合ソフトの中にスケジュール管理機能があり、設定した日時に警告音を発したり、メールソフトウェアを介してその内容を報知してくれるものがある。これは、思い出させる機能をパソコン上で実現させたものとみなすことができる。

### 2.2.8 まとめ

情報の組織化は、情報を検索するやり方と表裏一体をなしている。オフィスにおける個人レベルの情報の組織化は、それらの人々が従事している仕事の性質、および、オフィス空間と情報の他者との共有の程度によって異なっていた。特に個人レベルの情報の組織化に特徴的なものは、「スタック」や「パイル」と呼ばれる部屋の中に積み上げられた書類の束である。先に述べたように、これらは他者から見れば無秩序の象徴と見えてしまうが、主として仕事の進捗状況と密接に関わった形で緩やかに秩序立てられていた。研究者のように中心的な仕事がルーティン化されていない場合には、これらのスタック類の量が多くなるが、どの山にどのような書類が含まれているのかは、おおむね明確に把握されている。

オフィスというある程度の広さの三次元空間においては、組織化の条件としての空間的な制約条件がそのまま検索する際の手がかりに結びついている。資料の色や形状等の視覚的な手がかりは、物理的な空間における配置とあいまって、そのまま自分の観点で整理した内容に対する索引の役割を果たしていた。次節で見るように、研究者の場合、この組織化のしかたがまさにオリジナリティを持つ研究に結びついていくことがある。共同研究ではなく個人研究の場合には、情報やこうした索引を他者と共有する必要がないので、一見混沌としているように見えるこのような組織化のしかたがかえって望ましいと考えられる。

個人の空間を情報という観点から分析することや、個人レベルでの情報利用の研究は、社会学分野でも行われているが、本節で取り上げたものとは視点がまったく異なっている。社会学分野で注目を集めているのは、個人レベルの情報利用といっても、とくにメディアの個人利用の進展と、それが社会に与える影響に関する議論である。

一つの焦点は、空間としての建物の構造が変わり、各戸に子供部屋が設けられたり、個々の部屋にテレビや電話を一台ずつ持つことによって始まった「個室化」[27]である。もう一つは、ウォークマン等の小型で音質のよい機器や、携帯電話、PHS等の個人向け通信機器の普及が個室化とあいまって、個室を社会空間に露出させるようになってきた点である[28]。すなわち、共有する空間であるはずの路上や電車の車内でウォークマンや携帯電話を使うことによって、瞬時に利用者が占める空間が「個室」として切り取られ、周囲の人々も否応なく私的な空間である他者の「個室」に強制的に接することになってしまうという意味での個室化が進んでいるということである。しかし、このようにしてできた「個室」は、社会という共有空間の中にあるものの、決して他者と共有できない空間として存在する。

両者共に論じているのは、こうした個別メディアの発達と普及によって新たな個室が作られ、社会と個人が切り離されることによって、空間概念そのものが変化していること、また新しい空間概念は人々の社会行動に変化をもたらしているということについてである。

本節では、個人レベルの情報組織として会社のオフィスや研究室という物理的な空間においてどのように情報を組織しているのかを取り上げた。個人のオフィスや研究室は、組織の中にありながら、原則として他者との共有を前提としていない個室である。しかしこの場合には、個室において生産されたものが組織や社会に還元されている以上、社会から孤立した空間になっていることは問題にならない。これを象徴的に示すのが、オフィスでの電話や電子メールやWebページの私用に対する制裁である。つまり、オフィスという個室は、完全に私的な空間なのではなく、一定の社会的制約の下に存在するものなのである。組織化の問題やオフィスでの情報利用の問題を考えるときには、このことを念頭に置いておくべきであろう。

一方、居住空間中の個室については、社会から完全に切り離されつつあるとき、それは社会的病理とみなされ、「ひきこもり」と名づけられる。居住空間中の個室は基本的には共有を前提として作られているのではないのだが、オフィス以上に社会との接合部分がスムースにつながることが求められているから、それがうまく達成されない時に病理とみなされるのであろう。こうした個室での情報の組織化はどのようにして行われているのだろうか。

情報の組織化・探索・利用という観点から眺めたオフィスについても、社会学で取り上げられている「個室化」や「個別化」の問題と関連づけ、個人向け通信機器の普及がオフィスをどのように変えてきているのかをみること、また、逆に、居住空間の個室の組織化のしかたを見ることは興味深い課題であろう。

## 2.3 研究過程における情報探索

前節では、個人が日々の情報行動の中で、どのようにオフィスという環境において情報を組織化しているのかを検討した。本節では、視点を空間から時間に転換し、そうした個人レベルで組織された情報も含めて「研究」という比較的長いタイムスパンを必要とする一連の過程で、研究者がその進捗状況に応じてどのように情報を探索・利用するのかを検討する。

### 2.3.1 研究過程と情報探索行動

序章と重複する部分もあるが、研究者に焦点を当てた情報利用研究の歩みを最初に概観しておきたい。

科学技術の振興が国家の発展に重要な貢献をすることが理解されるようになって以来、科学技術分野を中心とする研究者たちの情報活動を支援することは、図書館情報サービスの重要な課題となった。初期の情報利用研究で研究者たちの情報利用行動が主要な研究テーマとなったのは、決して偶然ではない。その結果、研究者を対象とする情報利用研究は急速に進展し、研究活動に関わるコミュニケーションの実態が解明されていった。

1970年くらいまでの研究で中心となったのは、特定の研究分野に属する研究者たちに焦点をあてて、そのコミュニケーション組織、学術雑誌などのメデ

ィア、学会などの情報関係の制度が果たす機能を明らかにすることであった。

　この時期に行われた調査の中で重要なものが、ガーベイ（William D. Garvey）らによる非公式コミュニケーションに関する研究である[29]。ガーベイらは、心理学、物理学、工学分野での調査結果に基づき、科学者が情報を生産したり、また情報を入手するために一般的にどのようなメディアを使っているのかを標準的に示すモデルを導き出している。倉田によれば、ガーベイらの最大の功績は次の二点を示したことである。第一に、科学者はその研究成果を発表にするにあたって、実に多様なメディアを利用している。第二に、多様なメディアを利用する科学コミュニケーションの過程には、非公式と公式という厳格な区別が存在する[30]。

　科学者が非公式コミュニケーションに依存して最新情報や必要な情報を入手していることが分かり、非公式コミュニケーションについての研究が進んだ。特に、見えざる大学（invisible college）の研究は、初期の情報利用研究の大きな成果の一つであると言える。

　見えざる大学は単に情報利用研究によって見出され、設けられた概念装置であるのではなく、その重要性は科学者自身によっても認識されている。ノーベル生理学医学賞を受賞した利根川進は、立花隆とのインタビューにおいてその重要性を説明している[31]。例えば、基礎科学の世界では、誰がどういう研究をしているのかということはみんな公開しているから、学会や専門誌を通じて誰でも情報は手に入るのではないかという立花隆の質問に対して、次のように述べている。

　　それがちがうんですね。そういうペーパーなんかで発表されている情報はかなり古いもんなんです。だいたい半年から一年遅れてます。だからそんなものを待っていたら、研究の最先端の流れから取り残されてしまう。最新の情報は全部口コミなんです。同じ研究を先端で競い合っている研究者の中には、知り合いがたくさんいるから、何かちょっと大きな発見があると、たちまち口コミで情報が広がるんです。友人同士だったら電話で話し合うし、研究集会とかシンポジウムとか、顔を合わせる場はいくらでもあるから、すぐ情報は広がる。そして、どんなフィールドでも、世界の研究の中心になっている

研究室があって、そこの研究がどう進んでいるかが気がかりだという研究室があるわけです。そこを世界の研究者がみんな訪ねてくる。そして、いろんな情報を得るとともに、自分のところはこうなっているという情報を置いていく。つまり、その研究に関してはそこが自然に世界の情報センターになってしまうわけです。そこにいれば、ローカルな研究室にいたらなかなか得られないような最新の情報が労せずして全部入ってくる。

　利根川はよい研究を行う上で公式コミュニケーションが果たす役割について、分子生物学研究の最先端では、公式コミュニケーションは最新情報を入手する上では役に立たないことを示している。さらに、分子生物学研究の世界の第一人者であるダルベッコがいたソーク研究所は、研究の中心地であり、世界中から最新の情報が集まってきて、同時に世界各地へとそれらの情報がもたらされるという、科学コミュニケーション上、中心的な役割を果たしている機関であるとしている。そして、最先端の優れた研究を行う上で必要十分な科学コミュニケーションが機能しているかどうかという観点から見ると、中心部と周辺部の格差は非常に大きいとしている。

　すでに 2.1 節で述べたように、1980 年代以降の情報利用研究では、研究対象は研究者以外に拡がり、一方、理論的な関心は、個人の情報利用行動や利用の過程の詳細な分析に置かれるようになった。研究者を対象とする研究においても同様で、メディアやコミュニケーション組織などの研究から、研究者が実際に研究する過程の中での情報の探索や利用の研究がさかんに行われるようになった。エリスの研究は、そうした新しい研究の代表的なものである。

　エリスは情報検索システム研究が従来基盤としてきた研究手法を批判した。従来の研究が方法上のモデルとして依拠してきた「クランフィールド実験」では、実験のために用意された環境で被験者に対象とする検索システムを利用させ、その結果をもとにシステムの性能を検討していた。エリスは、このような人工的な環境でとられたデータでは、「利用」は現実の状況を無視し、極めて単純化して捉えられているため、実際の環境の多様性に適切に対応できるようなシステムを考案することはできないと指摘した[32]。そして、研究者を対象に、実際の情報探索がどのような要素で構成されるのかを聞き出し、そこから

表 2-3　情報探索行動様式の類型

| 対象：<br>社会科学分野の研究者 | 対象：<br>物理学・化学分野の研究者 | 対象：一般企業に勤務する<br>エンジニアと研究者 |
|---|---|---|
| 論文発表： 1989 年 | 論文発表： 1993 年 | 論文発表： 1997 年 |
| (1) 開始の探索<br>　　starting<br>(2) 連鎖式探索<br>　　chaining<br>(3) ブラウジング<br>　　browsing<br>(4) 情報源の選別<br>　　differentiating<br>(5) モニター<br>　　monitoring<br>(6) 抽出<br>　　extracting | (1) 開始の探索<br>　　starting<br>(2) 連鎖式探索<br>　　chaining<br>(3) ブラウジング<br>　　browsing<br>(4) 情報源の選別<br>　　differentiating<br>(5) モニター<br>　　monitoring<br>(6) 抽出<br>　　extracting<br>(7) 妥当性の検証<br>　　verifying<br>(8) 最終チェック<br>　　ending | (1) 初期調査<br>　　surveying<br>(2) 連鎖式探索<br>　　chaining<br>(3) モニター<br>　　monitoring<br>(4) ブラウジング<br>　　browsing<br>(5) 情報源の識別<br>　　distinguishing<br>(6) フィルタリング<br>　　filtering<br>(7) 抽出<br>　　extracting<br>(8) 最終チェック<br>　　ending |

エリスの 3 論文をもとに作成

研究者がとる情報探索行動の類型化を行った。

　エリスの研究は、現実世界での実際の行動に基づいて情報探索行動様式の類型化を行った最初期の研究の一つであり、その後の研究に大きな示唆を与えている。

　エリスの一連の研究の結果を表 2-3 に整理した。以下表に沿って説明する。最初の研究において見出された社会科学者による情報探索行動様式の類型は次のようなものであった[33]。

(1) 開始の探索（starting）
　　研究を始めたころに見られる探索様式で、他の人との接触、他人から教えてもらった文献リストを用いた探索、レビュー論文の利用等を特徴とする。
(2) 連鎖式探索（chaining）
　　手持ちの文献の引用をたどる。情報源間のさまざまな形態の引用の連鎖を追っていくもので、未知の情報源を探し出すために行われる。連鎖式探索の対象は、文献と個人的な接触の両方がある。個人的な接触の連鎖の場合

は、尋ねた相手が知識や情報を質問者に教えてもよいと思っているかどうかと、彼らが質問者より知識を持っている他の人の名前を知っているかどうかによってその成否が決定される。

(3) ブラウジング（browsing）

雑誌などの一次情報源、および、データベース検索の出力結果などの二次情報源を特に探索の焦点を絞らずに眺め、偶然有用な文献を拾い上げることをめざす行動のことである。

(4) 情報源の選別（differentiating）

何らかの基準により情報源を重要なものとそうでないものとに区別する。入手した情報が多すぎたり、時間がなくて全部を見られない場合などに、雑誌の質等、何らかの基準に基づいて、優先順位を決め、選択的に情報源をチェックする。

(5) モニター（monitoring）

定期的に特定の情報源を見ることで、ある分野の発展や技術について最新の情報を持っている状態を維持する。学術雑誌や会議録等公式な情報経路と、情報交換のための個人的な接触などの非公式な情報経路の両方が最新情報を得るために用いられる。

(6) 抽出（extracting）

文献リストなどからよさそうなものを抜き出す

物理学・化学分野の研究者を対象とした研究の結果からは、上述の6つのカテゴリに加え、次のようなカテゴリが導き出されている[34]。

(7) 妥当性の検証（verifying）

入手した情報に誤りがないかどうか、その妥当性を検証する。社会科学の研究者はあまり重きを置かない部分であったが、化学分野の研究者は必ず行い、また重要視している部分でもある。

(8) 最終チェック（ending）

論文を書き上げる直前に、自分たちが書いている内容について再考するために行う文献探索。これも社会科学の研究者にはあまり見られない行動で

あったが、化学者には重視されている部分であった。

さらに、一般企業に勤務するエンジニアの場合は、大学に所属する研究者とは多少異なったカテゴリを含んでいる[35]。

(1) 初期調査（surveying）
社会科学者における「(1) 開始の探索」とほぼ同様。新しい主題分野内での研究状況やキーとなる研究者を把握するための文献探索という性格付けがより明確にされている。また、着手しようとするプロジェクトの新しい要素の背景となる情報を探すために用いられる。
(5) 情報源の識別（distinguishing）
社会科学者における「(4) 情報源の選別」と同じであるが、概して、人的なつながりにより入手した情報の方が、文献より優先度が高い。
(6) フィルタリング（filtering）
情報を探す時に、何らかの評価基準やメカニズムを用いて情報を選別することを指す。キーワードを用いて行うオンライン文献検索がフィルタリングの代表であるが、情報通の同僚などがフィルタ役を果たすこともある。
(8) 最終チェック（ending）
化学者の「(8) 最終チェック」と同一のカテゴリであるが、エンジニアの場合には、通常、プロジェクトの最終段階で、見ておかなければならない文献がないかどうかをチェックするために、小規模な探索という形で行われる。解決し残した問題を片づけるために小規模の探索を行ったり、新しく出版された文献を探す場合もある。

エリスは、上述した各カテゴリが研究やプロジェクト全体の進行段階のどの時点で出現するか、そしてどのような順番で生起するかは、一意には決まらないとしている。また、これらの要素のすべてが常に見出されるとは限らないとも述べている。この点からも、情報利用研究の結果示すことができるのは、かつての情報利用研究が描き出そうとしていた、各メディアの機能が固定されているような情報利用モデルではなく、エリスが示したような緩やかに一般化さ

れる情報利用過程であるということが言えるだろう。

　社会科学、物理・化学、企業のエンジニアのそれぞれに、他には見られない特有のカテゴリがある。これは、研究のスタイルや、最終成果物が社会科学と物理・化学では論文の作成、エンジニアの場合は製品そのものであるといった違いが反映している。特に、企業に所属するエンジニアには、プロジェクトとして共同研究スタイルで仕事を進める特徴があり、その際にプロジェクト全体を統括する人がいわゆるゲートキーパーの役割を果たして情報の流れを管理することがこれまでの研究でよく知られている[36]。その点が「フィルタリング」という他分野には見られなかったカテゴリが存在する理由として考えられる。また、情報源の識別においても同様にゲートキーパーが大きな役割を果たしていることが考えられ、人的なつながりによって入手された情報に重きをおく傾向があることもその現れであると考えられる。

　エリスの研究は、探索がさまざまな形に類型化されることを明らかにした点で意義深い。現在、多くのデータベース検索システムでは、特に全文データベースについては、コマンドラインではなく、ハイパーテキストの特性を活かしたハイパーリンクをたどる形の探索法を取り入れている。エリスが見出したカテゴリのうち、手元にある文献の引用文献をたどって検索を進める連鎖式探索は、ハイパーリンクを引用文献リストや本文中の引用個所から被引用文献に対して張っておくことによって簡単に実行できるようになった。実際の探索法の分析に基づいてより使いやすい検索システムを開発できる可能性がますます高まっており、その先鞭をつけたエリスの業績は高く評価できると言える。

### 2.3.2　ドイツ文学者に見る研究過程と情報探索

　研究は一般にタイムスパンが長い。また、概して研究者の仕事としての研究は、研究生活を通して切れ目なく続くもので、その開始がいつで終了がいつであると明確に述べることは難しい。確かに、はじめに何らかの解決をしなければならない課題があり、さらにその期間も限定されているような研究も存在し、特に企業の研究所ではそのような形の研究が行われることが多い。一方で、大学に所属する研究者の中でも特に人文社会科学系の研究者の場合には、限定された期間内で明確なテーマに基づいた研究を行うことは少ない。したがって、

研究過程に伴う情報利用行動を研究しようとする場合には、「研究」という文脈をどのように捉え、また具体的にどの範囲をどのように明らかにするかが問われることになる。

　越塚は、研究者が一区切りついた研究について成果をまとめ、成果を人々に知らせるものとして、論文があるまとまりの研究を代表すると見なせることに着目し、論文の引用文献をもとに、その論文を書くに至った研究過程およびその過程で行われる情報利用行動についての研究を行った[37]。すなわち、論文の引用文献は、論文を執筆した研究者が、研究の中で何らかの手段で入手し利用したものであるから、その入手の経緯を明らかにすることによって、研究過程における情報利用行動についてより明確な像を描けるとしている。さらに、研究過程は単一の発表論文ごとに完結するわけではなく、いくつかの論文を書く比較的長い期間継続していると見なせることから、被調査者の研究履歴を調べ、被調査者の執筆した論文を研究履歴の中に位置づけた上で、各論文の引用文献の入手方法を尋ねることによって、研究過程の中での情報利用行動を明らかにしようと試みた。実際の調査では、被調査者の執筆論文の中で何度も引用されている文献を研究上で重要な文献であるとみなし、それらの文献を中心に、記憶が新しいと思われる最新の論文の各引用文献について、その存在を知るにいたった経緯と入手経路を中心に60分から90分のインタビューを実施した。対象としたのは、東京圏にある私立大学に勤務するドイツ文学研究者2人と地方の国立大学に勤務するドイツ文学研究者3人である。

　調査結果の概要は、表2-4のとおりである。全体的な傾向としては、既存の研究量の多寡にはあまり関係なく、自分が勤務する大学の附属図書館以上にドイツ文学や各テーマに近い文献を専門的にあるいは多く扱っている書店、古書店の書架をブラウジングして適切な論文や単行書を入手し、それらの引用文献を中心に芋づる式に探索することによって文献の入手をはかっていることが分かった。つまり、探すためにあらかじめ組織されている図書館や二次資料ではなく、自分で図書を中心とした文献を読み進めることによって探す道筋を作っていくやり方が中心となっている。文献を読み進めていくうちに複数の文献で引用される文献や必ず引用される文献、すなわちそのテーマを研究する上で重要な文献が明らかになってくるのである。そして、芋づる式に文献を読み進め

表 2-4 ドイツ文学研究者とその資料探索

| | 被調査者 a | 被調査者 b | 被調査者 c | 被調査者 d | 被調査者 e |
|---|---|---|---|---|---|
| 研究テーマ | ギュンター・グラス 映像と現代文学 | ホフマンの特定の作品論 | スイスの社会（現代文学） | 一角獣 | モーリッツ（作品・作家論）フリーメーソンと啓明主義が文学に与えた影響 |
| 所属 | 九州 国立大学 | 九州 国立大学 | 九州 国立大学 | 東京 私立大学 | 東京 私立大学 |
| 既存研究の量 | 現代文学：多い | 少ない | 文学分野：少ない | 文学：多い 美学：多い | 他分野：多い 文学界：2人 |
| 資料 | 入手しやすい | 被調査者にとっての観点からの研究はほとんどない 当該テーマに関する心理分野（＝被調査者がとっているアプローチ）の論文はない | 現代スイスの政治や社会に関する事柄を日本で採集するのは難しい | 文学分野の研究者はなない（7人） 書かれたもの自体が少ない | 原資料：内偵資料 →大部分非公開 研究論文：近年公開開始 研究論文：特定の著作の比較検討できるのは元会員の信用できるものに限り、そうでないものは注意が必要 |
| 資料探索 選定 | 適切な論文や単行本の引用文献を手づるに探索 | 神田で映像関係の書店があり、そこで関連のありそうな面白い図書を入手 | | テーマに対する漠然とした意識をもとに、まとまった成果を収めた単行書や雑誌書から選び及探索を行う →引用されているものもとの文献を確認するため →重要な研究者、重要な文献の同定 | 原資料の発掘 文献リスト等も作成されないまま放置されていたものが、ドイツの統一により公開されつつあり、原資料の発掘そのものも研究となる 古い研究の内容を再確認 |
| カレント | 特に重要というわけではない | | カレントな資料が中心 現在は、在日スイス大使館から送られるなった新聞を譲り受けている | 特に重要というわけではない | 原資料の公開が旧東独で最近始まったので、ここ2、3年の間に発表される論文があるはず →定期的に索引誌や抄録誌をチェック |
| その他 | 図書館で探しても見つからないが、どうしても入手したい文献は、ドイツの知人に直接依頼して入手する 前年に発表された全研究論文を網羅的に収録している書籍があり、掲載論文の複写も請求できるが、ほとんど利用しない | 文学分野以外の、専門外の領域については、専門の研究者（同僚）に尋ねたり、知人を紹介してもらい、文献を請求を受けて、重要文献を入手 | 政治や社会、文学分野以外に関する雑誌は、範以外の販売が終わった単行本を書店からチェックを受けた（だから入手しずらい、単行書をチェック） 最近のこのテーマに関する文献を紹介してもらった | フランス文学や国文学の資料を使う時には、専門の研究（同僚）、利用すべき参考図書に関する参考図書について助言を仰ぐ | 博士論文として準備を進めている →指導教員あり →通常とは異なる探索やる（二次資料を使って、網羅的な検索を行う） |

越前美加 "電子的な情報源が文学研究者に与える可能性：ドイツ文学研究者の情報利用行動をもとに." 情報学基礎 45-7, 情報処理学会, 東京, 1997-5, p.39-44. の表1と2をもとに作成

ていくうちに、重要な文献を網羅できるようになる。利用文献の網羅性を確かめるために、『人文学引用索引（Arts & Humanities Citation Index）』の検索結果を被調査者にチェックしてもらったところ、抜け落ちているものもあったが、大部分が既知の文献であった。

このように主要な文献に引用されている文献を芋づる式にたどっていくやり方が、人文学分野だけではなく多くの研究者に好まれることは、いくつかの研究によって指摘されている。人文学分野の研究者が好む理由としては、まず適切な主題書誌がないこと、あったとしても解題書誌が少なく、各文献に対する評価が行われていないため、即戦力とはならないことが挙げられている[38]。一方で、特に文学研究者はオンラインデータベースの検索を好まないことも指摘されている。収録範囲や検索のために用いるべきキーワードと自分が思い浮かべるキーワードとのギャップが大きいことなどがその理由である。

ドイツ文学のように現物を入手し、自分で探す道筋を作るやり方で研究を進める場合には、地域の研究環境に大きく依存することになる。東京ですら、大規模なコレクションを持つ大学図書館や専門（古）書店があるとはいえ、新刊文献を出版直後にすべてブラウズできるわけではないから、やはり文献の入手にはハンディがあると言える。まして東京から離れた場所を研究の本拠地とする場合には、文献入手の特別なルートを持つことが必要となる。そのため、外国の知人を頼りにしたり大使館から直接新聞を譲り受ける等の工夫をしている例が見られた。

文学研究では、多くの場合、最新の研究状況についておさえておく必要性がそれほど高くないと言われている。しかし、特定の作家、作品、文学的テーマなどに対する新しい解釈を提示する場合や、新しい作品を発掘する場合などでは、過去の研究だけでなく、新しい研究にも目を配っておく必要があるため、二次資料を定期的に利用することも多くなる。

このように文学研究と一口に言っても、その研究内容や研究のスタイルによって情報探索の形態が大きく異なる。しかしながら、芋づる式の探索法は、文学研究者にとって、その引用文献が文献中で各著者にどのように評価されていたかがわかること、引用されている文献はそのテーマに沿った文献が必然的に集められることから、文学分野では作成されることが少ない解題書誌や主題書

誌の代替物として重要な手段と考えられていることが分かる。

## 2.4 ブラウジング

情報検索システムの利用に関わるかつての研究のほとんどは、検索式を作成してオンライン情報検索システムを検索するといった、定式化された情報探索を対象とするものが中心であった。定式化された探索様式の典型は、いわゆるコマンド型の情報検索システムの検索である。コマンド型の検索システムでは、ニーズの明確化から、探索戦略の構築、探索の実行、結果の表示と、ひと続きの手順をたどって探索するように設計されている。したがって、利用に際しては、2.5節で見るように、システムに関する知識を駆使して、ニーズを情報源に効率的に結びつける合理的な探索計画を立てる必要がある。そのために「サーチャー」と呼ばれる情報検索を専門とする職種も登場した。こうしたシステムの利用に関する研究では、合理的な探索計画の立案と実行において障害となる要因を探ることがおもな目標とされた。すなわち、ニーズは明確化されるべきものであり、また、探索は計画的に遂行されるべきものである、という前提のもとに研究が行われてきたのである。

しかしながら、今日の情報検索システムは、次の二点でこれまでのものと異なっている。第一に、エンドユーザ・コンピューティングの普及により、情報検索システムは誰でも使えるものであることが必要とされるようになった。それに伴って、難しいが効果的な機能を備えて利用者による利用の合理性・計画性に期待するのでなく、むしろニーズがあいまいなままで、無計画でも、簡便に検索できるようになることこそが課題となった。第二に、ちょうどそれに応えるように、WWWにおけるリンクのように定式化されない探索に対応する技術が登場し、普及した。

さて、先に述べたような情報検索システムにおける技術的な変化に伴い、研究の対象となる探索様式も、Webページ間に張り巡らされたリンクをたどる探索、すなわち「ブラウジング」という非計画的な様式が取り上げられるようになっている。WWWのブラウジングは誰もが予備知識をほとんど必要とせずに利用することができる探索様式であり、インターネットの普及に伴って注

目されてきた。ただし、こうした定式化されない探索様式の重要性は以前から指摘されていた。例えば、メンゼル（Herbert Menzel）はすでに1964年に科学者の情報探索におけるブラウジングの重要性を指摘している[39]。しかし、従来の研究は探索様式の特徴の記述に重点が置かれ、どのような場面でそうした探索が行われ、どんな役割を果たすのかは、十分に議論されてこなかった。そこで、本節では、定式化されない探索様式であるブラウジングの特徴と、ブラウジングが研究に果たす役割について詳しく見ていく。

### 2.4.1 ブラウジングの定義

ブラウジングという語は、英語では学術用語であるより前に、日常的に使われていることばである。では、日常的にどのような意味で用いられているのだろうか。英和辞典では、例えば『ランダムハウス英和大辞典　第2版』では、次のようになっている。

Browse vi.
1. 〈牛・シカなどが〉（草を）食べる、はむ（gaze）
2. （本・雑誌・新聞などを）漫然と読む、ざっと目を通す、拾い読みする
3. （店などで）商品をゆっくり眺める；（スーパーなどで）店の食品を盗み食いする
4. （手などを）ゆっくり動かす

元来は動物が草をはむ行動を意味する語であったようだが、今日では、ある関心を持ってさまざまな対象を眺めたり収集したりする行動を指しており、特に一直線に目標をめざすのではない、ゆっくりとした動作が特徴的な探索・収集活動を意味することばとなっている。

さて、四つの定義のうち、情報探索に関係があるのは、2番目である。例えば、図書館の新着雑誌コーナーに置かれている雑誌をランダムに手に取ってぱらぱら見たり、書架の間をぶらぶらと見て回りながら気になる本を見たり、OPACの検索結果を一覧することなどが、この意味のブラウジングの例である。ブラウジングの特徴として挙げられている「漫然とした」「ゆっくりとし

た」といった表現からは、これまでの定式化された情報探索が持つ目標の明確さや、一般に「探索」という語感が備えている「体系性」、「計画性」といったこととは正反対の探索様式であるかのような印象を受ける。しかし、本当にそうであろうか。これまでの研究が明らかにしているのは、単に無秩序に行われるのではなく、必ずしも目標がないわけでもないし、また、体系立てられていないわけでもない、非常に「合理的」な探索様式としてのブラウジングである。

### 2.4.2　探索様式としてのブラウジング

　ハーナー（Saul Herner）は、ブラウジングというカテゴリそのものに分類される行動形態は、情報探索を行う際の「目標」か「探索経路」が完全に欠如しているか、あいまいな場合に生じるとしている。そして、探索目標の有無という意味での「志向性」と「探索の経路」の両面から分析することによって、一見単純に見えるブラウジング行為の複雑さを明らかにしている[40]。

　ハーナーは文献のブラウジングを「志向性のあるブラウジング」と「志向性のないブラウジング」に類型化し、それぞれを次のように定義している。まず、志向性のあるブラウジングは「特定の意図や目標は持っているが、どのように入手すればよいか、どのような経路で探せばよいかが分からない」、つまり、どんなものを探すかは明確だが、どう探せばよいのかがわからないため、あちこちの資料を探索する場合である。この志向性のあるブラウジングの副産物として、ハーナーは目標物に近いところにある「掘り出し物的発見（serendipity）」、すなわち、思いがけない発見の可能性を述べている。この「掘り出し物的発見」については後述する（2.4.3参照）。

　一方、志向性のないブラウジングは、特定の意図や目標を持たずに、あるいは意識をせずに、あらかじめ探す資料を決めておくのではなく手当たり次第に、あるいは心のおもむくままに、いろいろな資料を探すことを指している。例えば、単なる暇つぶしで「何か面白いものが見つからないか、目に入る資料をいろいろ探し」たり、特定の目的で集めたのではないさまざまな出版物をふるいにかけて「何か面白いものが見つからないかを探す」ことが含まれる。

　ハーナーはこのようにブラウジングを二つに大別したが、実際には人々は両者の中間形態のブラウジングを行うことが多いだろうと述べている。すなわち、

決まった雑誌や新聞を習慣的にスキャンしたり（エリスのカテゴリの「モニター」に相当する）、きまった会議に出席したり、特定の同僚と話すなど、はっきりとは定まっていない志向性を持ち、ある程度定まった経路を探索する形態のブラウジングである。

一方、チャン（Shan-Ju Chang）とライス（Ronald E. Rice）は、さまざまな領域でのブラウジングの概念を比較検討することによって、ブラウジングという概念の多元性を示した[41]。すなわち、彼らはブラウジングという概念を、

(1) （体の動きとしての）スキャニング
(2) 探索経路についての知識
(3) 探索内容（何を探しているか）を理解しているか
(4) 正確な場所を知っているかどうか

によって特徴づけられるとした。ここで、(2)と(3)はそれぞれハーナーの探索経路と志向性に対応するものであろうが、特徴的なのは、身体運動を表す(1)と、空間性を表す(4)で、ブラウジングが身体運動や動き回る領域に密接に関わる概念であることを示している。

チャンとライスはさらに続けて、一般に言われているような行き当たりばったりの探索、すなわち探索のランダム性はブラウジングの本質的な特徴ではないと述べた。そして、ブラウジングする人があらかじめ持っている探索経路についての知識と探索内容に関する知識が、具体的なブラウジングのしかたに影響する重要な側面をなしているとした。

表2-5は、探索者が探索の際に探索経路についての知識をもっているか、探索内容をきちんと理解しているか、探している情報が見つかる正確な場所を知っているかという三つの知識の関係と、そのときのブラウジングのしかたを一覧表にしたものである。「探索経路」「探索内容」「正確な場所」の三つをあらかじめ明確に知っていて何かを探すという一切曖昧さを含まない場合は、通常ブラウジングとは呼ばない。その他の部分のうちありえない組み合わせを除くと、いずれも何らかのブラウジングがありうることが見てとれる。

まず、探索経路と探索内容についての知識がある場合は、経路として設定し

表 2-5 探索者が持つ知識による探索様式の類別

| 探索者があらかじめ持つ知識 | | | 事　　例 |
|---|---|---|---|
| 探索経路 | 探索内容 | 正確な場所 | |
| ○ | ○ | ○ | 通常、ブラウジングとは言わない |
| | | × | 知りたい事実が明確で、何を見ればよいかもきちんと把握できているが、その本や雑誌論文のどこにあるかがわからないので、ぱらぱらめくりながら探す |
| ○ | × | ○ | ― |
| | | × | 何か面白いものがないかといった目的で、新着雑誌コーナーにある、決まった雑誌を習慣的に見る |
| × | ○ | ○ | ― |
| | | × | 探したいテーマはわかっているが、何を探したらよいのかわからないので、書架上の目につく本を順番に引っ張り出して見てみる |
| × | × | ○ | ― |
| | | × | 特別な目的もなく手当たり次第に面白そうな本をぱらぱらとめくりながら見ていく |

○　探索者が該当する知識を予め持っている場合
×　探索者が該当する知識を予め持っていない場合
―　可能性がない知識の組み合わせになってしまう場合

Chang, S.-J.; Rice, R. E. "Browsing: a multidimensional framework." *Annual Review of Information Science and Technology.* Vol.28, p.231-276, 1993.をもとに作成

た順に探索を進めればよい。探索経路としての候補となる個々の資料のどこに探したいことが掲載されているかは、正確な掲載場所がわからない以上、ぱらぱらとページをめくるという行為としてのブラウジングによって探さなければならないかもしれないが、探索過程全体としてみたときには、志向性も探索経路も明確で、ハーナーのブラウジングの定義からは外れる事例である。

　探索経路についての知識がない場合は、通常はあきらめるか、図書館でレファレンス質問をするというように、他の人のアドバイスを受けることが考えられる。しかし、自分で探そうとする場合には、手持ちの資料を手当たり次第探すことになり、偶然手にとった資料をぱらぱらと見るという、まさに、ブラウジングを行うことになる。

　一方、探したい内容についての知識がない場合は、例えば何か面白いものはないかといった程度の気持ちでなにげなく手にとったものをやはりぱらぱらと

見ることになり、これもブラウジングとなる。探したい内容の有無は、言いかえれば、明確な探索目的をあらかじめ持っているかどうかということになる。探索目的を持たない場合、探索内容、すなわち、探そうとしている人物や主題をことばによって表してはじめて実行される定式化された探索は難しくなる。

　このようにブラウジングとされる事例を具体的に検討してみると、ブラウジングを一般的な「探索」と区別するものは、探索全体の目標があるかどうか、探す目的があるのかどうかということではなく、「ぱらぱらとめくってみる」という行為であることがわかる。チャンとライスは、表2-5中の最初の行、すなわち、「探索経路」、「探索内容」、および「正確な場所」の三つの知識をすべて備えている場合以外で、スキャニングという身体運動が伴っている場合はすべてブラウジングと見なせると述べている。すなわち、どこに行って何を探せばよいかがあらかじめわかっている場合以外は、ほとんどすべての探索がブラウジングと見なせるという見解で、これはブラウジング概念を最大限に広くとらえる見解だということができる。ブラウジングと定式化された探索との間に明確な境界線があるわけではないから、このような見解の妥当性は、現象の説明能力とともに、研究を進める上での有効性から考えられるべきであろう。そうした点からいうと、「志向性」といった定義の難しい概念でなく、身体運動という可視的なものを基準に置いている点、および、身体性・空間性を重視しているため、2.2節で論じた個人の情報空間に関する研究と接合することが可能であるという点で、この見解はすぐれていると言うことができる。

　私たちが実際に何かを探そうとする時、先の表2-5で言えば一番上の行にあたる三つの知識をすべて持っていることは、むしろ少ないのではないだろうか。つまり、ブラウジングは探索の途中でいつでも起こりうる非常に一般的な現象なのである。したがって、ブラウジングに配慮しない検索システムは、非常に使いづらいシステムだということになる。初期のOPACがカード目録と比較して使いづらかったり、役に立たなかった理由の一つとして、カード目録の検索は、おおよそのあたりをつければ、カードを一枚ずつ繰る探索様式、すなわちブラウジングによって目当ての資料に行き着く可能性が大きかったのに対し、初期のOPACはブラウジングという曖昧さを包含した検索を許さなかったことが挙げられる。現在では、Web版のOPACが普及し、著者名や件名標目を

リンク機能を用いてブラウジングできるようになっていたり、キーワードの部分一致検索の結果を一覧できるようになっているなど、さまざまなブラウジング機能が組み込まれている。探索における曖昧さをある程度許容できることは、実情に合った非常に合理的なシステムであると言える。

　一方、情報検索システムのブラウジング機能が発達してきたことにより、それらの使われ方に変化が現れてきた。それは、システム上のブラウジング機能の発達が、次に述べる「掘り出し物的発見」を促進したことである。

### 2.4.3　掘り出し物的発見

　ブラウジングの特徴として、解決しようとする問題が明確に描けていなかったり、探そうとする経路や正確な場所がわかっていない、曖昧さを含んだ問題についても、回答に行き当たる可能性があることが挙げられる。ハーナーは、ブラウジングの効果の一つとして、ブラウジングを進める間に関心のある主題を自分の心に無意識のうちにセットし、それについての理解を深めるような情報を受け取る態勢が作られることがあると述べている[42]。一方、それとは別に、探索のきっかけとなった疑問とはまったく別の問題を解決してくれたり、新たな思考のヒントとなるような情報に偶然行き当たることがある。このような発見は「掘り出し物的発見」と呼ばれ、探索者への願ってもいない贈り物となる。意識にあがっている問題を解決することもあれば、意識していなかった問題を解決することがあるという点は、通常の探索とは異なるブラウジングの大きな特徴である。

　ライス（James Rice）は、OPACとカード目録を比較して、OPACはカード目録より強力な検索能力を持ち、洗練されてはいるが、情報検索の道具としてはまだ未熟であると述べている。ライスによれば、カード目録の方がOPACよりも有効な点がある。それは、カード目録のブラウジングには「全体性（holism）」と「掘り出し物的発見」が備わっていることである[43]。全体性とは、ある程度の量のカード群（例えば目録カードの引き出し1本分）をすばやく繰ってすばやく読めることを指す。もちろん、OPACもある程度の量の目録データをスクリーン上で見ることはできるのだが、カード目録の場合は、この全体性が備わっているため、他の標目を見たり、各標目ごとのカードの量

やカードの新しさ等を通じて、資料の必要性を判断できる。標目の階層構造を確認することができるシステムは散見されるが、カードの新しさや全体量を確認することに対応する機能は、現在のOPACでは実現は難しいかもしれない。

一方、掘り出し物的発見とは、ライスによれば、適切な文献にどういうわけか出くわすことであり、思いもよらない新しい発見につながる重要な機能である。そして、OPAC上のブラウジングは、カード目録上のブラウジングとは異なり、カードを適当に繰っていったり、全体性を把握することが困難であることから、この掘り出し物的発見の可能性が減少してしまったと指摘している。

Webを利用した現在のOPACシステムでも、確かに当てもなくカードを繰るようなことは不可能であろうが、掘り出し物的な発見の可能性は初期のシステムよりかなり増していると考えられる。検索結果として一覧できるデータ量が増加し、また画面上での表示速度が速くなったこと、各レコードの著者名や件名標目等の間にリンクが張られ、そのリンクをたどれば検索を進められることなどがその理由として挙げられる。これはブラウジング機能の改善とみなすことができ、OPACは検索システムや目録のしくみをあまり知らない利用者にも検索可能なシステムとなりつつある。その結果、例えば「日本経済」のように検索結果が多いキーワードを入力し、千件近くのレコードをあえて検索して、それをブラウジングしながら次の研究テーマを考えたり、著者名からリンクをたどるうちに、思いもよらなかった資料を見つけるといった利用が可能になった。

リーストマン（Daniel Liestman）は、図書館での情報探索が掘り出し物的発見に結びつくいくつかの道すじを整理した[44]（表2-6）。まず、「偶然の一致」というのは、まったくの偶然による発見で、何かを探しつづけていればいつかは必ず掘り出し物的発見をする機会があるだろうというものである。「予期された恩恵」は、図書館目録や図書館の書架等、あらかじめ情報が組織されているものには、資料相互を関連づけているため掘り出し物的発見をうながす機能があるというものである。「共時性」というのはユング心理学の用語であるが、図書館のしくみには利用者を支援する隠されたパターンや知られていない力が働いており、それが掘り出し物的発見に結びつくというものである。「忍耐強く繰り返す」というのは、広い範囲をしらみつぶしに探していけば、掘り出し

表2-6 掘り出し物的発見にいたる道すじ

| 種類 | 説明 |
|---|---|
| 偶然の一致<br>coincidence | 探しつづけているうちに、いつかは何か役に立つものに行き当たるだろう |
| 予期された恩恵<br>prevenient grace | あらかじめ情報が組織されているもの（目録や書架）には掘り出し物的発見を導く機能がある |
| 共時性<br>synchronicity | 図書館のしくみには利用者を支援する隠されたパターンや知られていない力が存在する |
| 忍耐強く繰り返す<br>perseverance | 広い範囲をしらみつぶしに見ていけば、思いもよらぬ発見に行き当たる |
| アルタミラ洞窟的<br>altamirage | 独自の行動が掘り出し物的発見を引き起こす |
| 勘<br>sagacity | すでに持っている知識を使って、あたりをつける |

Liestman, D. "Chance in the midst of design: approaches to library research serendipity." *RQ*. Vol.31, No.4, p.524-532, 1992.をもとに作成

物的発見につながる可能性が大きいというものである。「アルタミラ洞窟的」というのは、アルタミラ洞窟壁画が通常とは異なる他の人が行かないような散歩コースを試したところ発見されたことから、ふだんは探さないところを探してみると掘り出し物的な発見に至るかもしれないというものである。また、「勘」は、すでに持っている知識や経験が掘り出し物的発見を助けるというもので、例えば、後ろの書架から本が呼んでいるような気がする、といった経験がこれにあたる。

掘り出し物的発見を他者が支援することは非常に難しい。しかし、「予期された恩恵」のカテゴリにあるように、例えば図書館が書架上でその主題同士が近い資料を物理的に近い場所に並べ、それを利用者に開放すること、すなわち分類番号順に排架された書架を開放することは、掘り出し物的発見を間接的に支援していることになる。

掘り出し物的発見は、発見者側に何の準備もない状態で見つかるのではない。例えば、研究者は通常一つの限定されたテーマのみをひたすら研究しているのではなく、いくつものサブテーマを同時に研究したり、また仕事上必要に迫られて他のテーマについても学習している。そこで、あるテーマについて探索中に別のテーマについての情報が発見される場合もあるだろう。また、それとは

異なる形態の掘り出し物的発見もあるように思われる。すなわち、発見者側に何らかのもやもやした問題意識があり、それが偶発的な発見によって明確な形を取り始めるという類のものである。次項でこの形態の掘り出し物的発見が研究過程で具体的にどのように生ずるかを含め、研究過程とブラウジングとの関わりを具体的に見てゆく。

### 2.4.4　研究過程とブラウジング

　ブラウジングが研究者によって好まれる探索形態であることは、これまで多くの研究が指摘してきた[45]。本節で例として取り上げる文学研究においては、ブラウジングは二次資料を利用した情報探索などに比べてはるかに好まれていることが指摘されている。

　新倉はブラウジングを「雑誌論文や図書の内容を二次資料という代替物ではなく、現物を手にとることで確認する」という範囲でとらえているように見える[46]。この範囲であっても、ブラウジングは「タイトルでは予想もしなかった内容の論文や項目がその本の中に入っていることをみつけられる」という理由で重視されている。越塚は、この「現物を手にとって確認する」ことが文学研究を進める上で一番重要なことであると主張している[47]。それは、文学研究にとっては、他者の意見やある事象がどのような文脈で述べられたかが検討の対象であることからきている。この理由によって、文学研究者は二次資料をあまり利用していない。それは、二次資料からだけでは、実際に何が述べられているかを確認することができないからである。しかし、越塚は同時に、同じ文学研究であっても二次資料をきちんと確認する場合があることも見出している。その様子を次に詳しく見てみよう。

### 2.4.5　ドイツ文学研究とブラウジング

　人文学分野の研究の進め方の特徴として、新倉は、「潜在的な興味が本を買うときやそろえるときに反映している。その結果、集めているうちにある系統的なものが集まっている。その中から、あるものが研究テーマにつながったり、テーマを思いつくきっかけとなったりする」という研究者の意見を示し、「まずテーマを決め、それに関する文献リストを作り、論文を書くという『システ

マティックな方法』は採られていない」と述べた[48]。研究のテーマによっては必ずしもシステマティックな方法を採らないわけではないが、人文学分野の研究者は、一般に、テーマ決定の段階からシステマティックな方法は採らないため、情報探索においても、目的を明確に定めないブラウジングが中心的な様式となる。ゲスト（Susan S. Guest）は、人文学分野の研究者にとって一次資料に直接あたること、一次資料との相互作用を継続することは、アイデアを思いつく上で必要不可欠なことであり、研究者は予め自分が探していることを知らない探索も多い。文献探索を図書館員に委託しようとしないのはそのためであると、新倉の調査で得られた研究者の意見と同じ見解を示している[49]。

　実際にブラウジングが行われる状況を検討するため、次にドイツ文学研究者が研究過程においてどのように情報探索を行うかを見てゆく。ここで検討するのは、1993年3月に行われた調査の結果であり、2.3.2で検討したドイツ文学研究者のうち、被調査者dの研究過程を詳細に検討したものである[50]。被調査者は、東京にある私立大学の文学部に所属する助教授である。研究手法については先に述べたとおり、発表した論文の引用文献をどのように入手したのかをインタビューによって明らかにすることによって、研究過程を再現していく「拡張した具体例叙述法」である[51]。

　その結果から、被調査者の研究テーマである「一角獣研究」全体に伴う情報探索行動を図2-3にまとめた。調査の時点で3編の論文が発表されており、さらに第4の論文の準備を行っている途中であった。発表された論文は、「ユートピア論」の一部であるという点で、それ以前に発表されたティークという作家の作家論と共通点を持っている。換言すれば、一角獣の研究とティークの研究は、ともに、ユートピア論という大きなテーマの中のサブテーマであると言える。ティーク研究の後で、ユートピアに棲む動物についての研究を行いたいと思っていたところ、一角獣に関する興味深い本を見つけ、それが一角獣研究のきっかけとなったとしている。本自体は、書店の本棚にあるときに、装丁が美しかったことから内容もよい本であろうという勘が働いたと被調査者は述べている。内容のよい本は装丁もよいということは、被調査者が蓄積された経験から身につけた評価基準である。そして実際にこの本は研究のきっかけになるに値する本であり、勘があたっていたということになる。これはリーストマン

第 2 章　個人の情報世界

研究全体を貫くテーマ：ユートピア論
　　　↓
「一角獣」というテーマが漠然と存在
　　　　↓（書店、販売カタログできっかけとなる一冊を発見：単行書中心の探索）
一角獣に関連する資料の収集を開始［資料収集 a］

- 最初の一冊から引用文献をたどって収集　　⇒　読みながら信用できる研究者とそうでない
- 文献解題を利用し、特に面白そうな文献を拾う　　　研究者を振り分ける
- 検討すべきいくつかのサブテーマができる

一角獣研究Ｉ．一角獣研究全体の枠組み作り

| 一角獣Ｉ発表　理論編であり、一角獣伝説の枠組みを検討 |
| --- |
| ［資料収集 a］から |
| ①　日本語の文献での一角獣の起源　リシュヤ＝シュリンガ（マハーバラタ）止まり |
| ②　ドイツ語　皆が同一文献を引用　リシュヤ＝シュリンガ（マハーバラタ）止まり |
| ↓　他にあるはず……読み進める方向はほぼ決定 |
| ③　ギルガメシュ叙事詩に同一の枠組みの物語を発見 |
| ［資料収集 b］ |
| ・ギルガメシュ叙事詩からリシュヤ＝シュリンガまでの伝播経路を埋める資料を収集 |
| ・研究終盤の研究の方向もしっかり定まった段階 |
| →図書館に文献リストを提出し、ILL を依頼（200 件程度） |

一角獣研究Ⅱ．江戸期の日本

| 一角獣Ⅱ発表　江戸期における一角獣 |
| --- |
| ［資料収集 c］ |
| ①　図書館目録で「一角」が最初につく文献を洗い出す→『一角纂考』 |
| ②　図書館のレファレンスで国文学研究の基本的な二次資料を聞く　『和漢三才図会』、『古事類苑』、『廣文庫』等の中の重要そうな文献を読む |
| ③　同僚である国文学研究者から資料提供を受けると同時に、資料の読み方についても指導を受ける |
| ④　現物を見る必要性からその資料に詳しそうな人物を同僚である歴史学研究者に尋ね、紹介してもらう（一種のレフェラル）　→　時間不足で中断 |

一角獣研究Ⅲ．フランスのタピスリー

| 一角獣Ⅲ発表　クリュニュー美術館のタピスリー |
| --- |
| ［資料収集 d］ |
| ①　ほとんどの文献は［資料収集 a］で見出されている。その中からクリュニューに関する文献をまとめて検討する　→二つの定説があることがわかったので詳細に検討し、問題を発見、自論を展開 |
| ②　ⅠやⅡを読んだ同僚から資料提供を受けたものもある |

| 一角獣研究Ⅳ以降の文献収集開始 |
| --- |

図 2-3　一角獣研究における情報探索行動

の類型にぴたりとあてはまる、掘り出し物的発見の典型例であるが、一方、漠然としたテーマ（ユートピアに棲む動物についての研究をしたい）が心の中にセットされており、きっかけとなる本が一冊みつかったことによってそのテーマが顕在化したと思われる点は、ハーナーが述べたブラウジングの効果を示唆し

ている。

　被調査者はこのきっかけとなった本の引用文献をたどることから資料収集を始めた（資料収集 a）。主な方法は引用文献をできる限り入手して読む方法で、読みながら信頼できる研究者とそうでない研究者を振り分けていく。引用文献からさらにそこで引用されている文献を読むというやり方で、いわゆる「芋づる式」に文献収集を行っていった。最初の一冊の巻末には文献解題がついており、それを利用して特に面白そうな文献を拾いつつ、徹底的に読み進めていった。この間、二次資料はまったく利用していない。

　読み進めてゆくうちに、検討すべきいくつかのサブテーマができてきた。「一角獣研究Ⅰ：全体の枠組み作り」「一角獣研究Ⅱ：江戸期における一角獣」「一角獣研究Ⅲ：フランスの壁掛けにみられる一角獣」である。最初に取り組んだ「一角獣研究Ⅰ」は理論編で、一角獣伝説の枠組み作りを目的としている。文献を読み進めるうちに文献間の議論に見られる共通点と矛盾点を洗い出し、資料収集の方向を決定していった（資料収集 b）。この間も主として芋づる式の文献収集を行っていたが、研究の最終段階で図書館に 200 件程度のリストを渡して図書館間相互貸借（ILL）を依頼している。最終段階まで図書館を利用しなかった理由としては、頭の中で温めつつあるアイデアが人に話すことによって壊れてしまうことを嫌った結果であると述べている。

　理論的枠組みができたので、次に日本での一角獣の起源について研究を進めることとし、江戸期の日本における一角獣に関する資料収集 c に移った。国文学関係の資料はそれまであまり利用したことがないため、まず、図書館のカード目録（書名目録）で「一角」が最初につく文献を洗い出したところ、『一角纂考』という文献が見つかった。次に、レファレンス・カウンターで国文学研究の基本的な資料を尋ねている。一角獣研究Ⅰでは、図書館等の援助を得るのは最終段階のみだったが、一角獣研究Ⅱでは最初から援助を得ている。利用したことがない分野の資料を探すときには、図書館などを利用することがわかる。被調査者は、次いで、ここで見つかった資料の中の重要そうな文献を読み進めていく。さらに、同僚である国文学研究者から資料提供を受けると同時に、資料の読み方についても指導を受けている。ここで被調査者は自分が個人的に作ったネットワークを活用しており、これは、人文学分野の研究者を対象とした

多くの情報利用研究でも指摘されている[52]。さらに、見つかった文献リストの中から現物を見る必要があり、これも文学部の同僚である歴史学研究者に尋ね、その文献を見る準備をしたが、論文をまとめる期限との関係でこちらは中断した。

次のテーマはフランスのクリュニュー美術館の壁掛けに関する研究である(資料収集d)。一角獣研究Ⅲでは、ほとんどの資料は資料収集aで見出されており、その中からクリュニューの壁掛けに関する文献をまとめて検討する方法を取った。さらに、文学部でフランス文学研究を行っている同僚から文献提供を受けており、やはりここでも非公式なネットワークを活用している。

以上をまとめると次のようになる。

(1) 図書を中心とし、それらをブラウジングすることによって重要な引用文献を同定し、芋づる式にたどるのが、基本的な探索様式である。
(2) 二次資料や図書館などの公的情報源は通常は利用しない。
(3) しかし、自分の専門分野からはずれた資料については図書館の支援や同僚の手を借りて探す。
(4) 同僚からの資料提供は重要で、そのためのネットワーク作りを重要視している。

一角獣研究Ⅰにおける情報利用の詳細を図2-4にまとめた。ブラウジング関連の行動は一番右の欄に記載されている。図から、書棚を利用したブラウジングが主要な探索行動であることがわかる。まず、ドイツ文学関係の文献をそろえている書店の書棚でよさそうな本を探す。この場合よさそうな本とは、装丁が美しい本を指している。そして、入手した現物のブラウジングを行っている。その後、目を通した文献は研究室の書架の中でもふだん使っている机から見える場所に置き、それらを見ながらアイデアをまとめている。書架に並べた文献の背は内容に対するインデックスとなっており、それを見ると内容を思い出すことができる「思い出させる機能」を持たせている。そして、それらの物理的な順序を並べ替えることで概念操作をし、研究を進めている。すなわち、オフィス空間の組織化とブラウジングによるその探索は、研究分野全体の見取り図

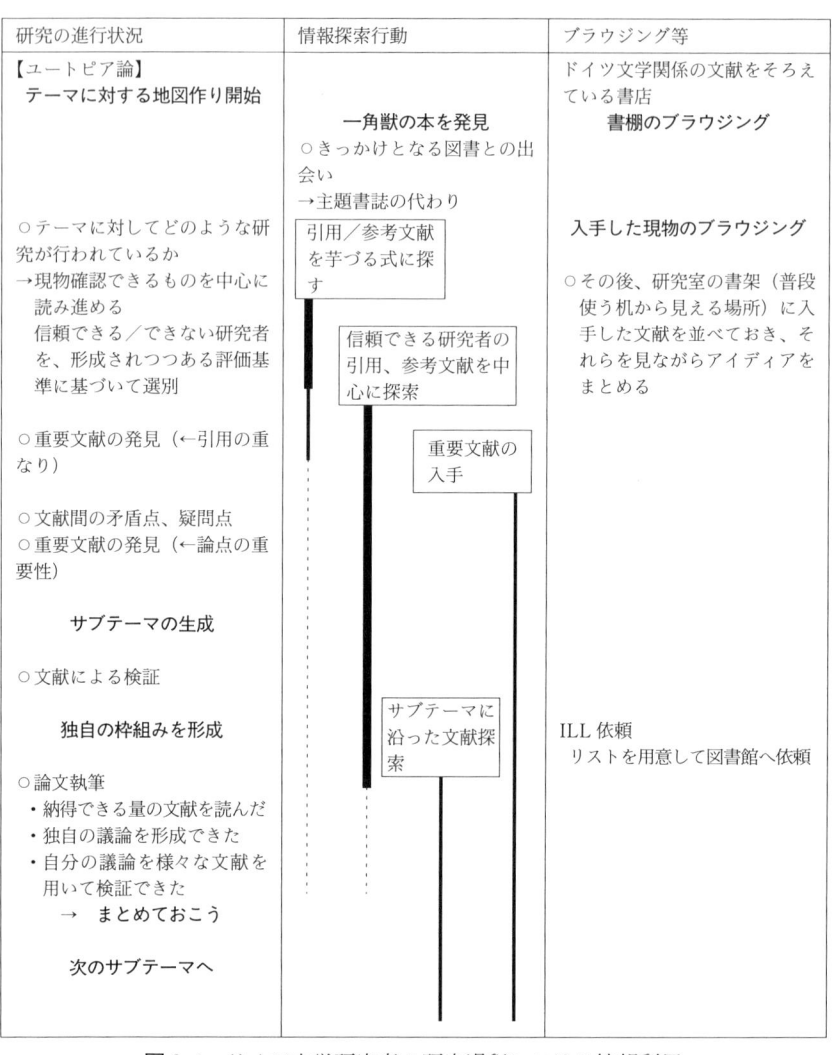

| 研究の進行状況 | 情報探索行動 | ブラウジング等 |
|---|---|---|
| 【ユートピア論】<br>**テーマに対する地図作り開始** | **一角獣の本を発見**<br>○きっかけとなる図書との出会い<br>→主題書誌の代わり | ドイツ文学関係の文献をそろえている書店<br>**書棚のブラウジング** |
| ○テーマに対してどのような研究が行われているか<br>→現物確認できるものを中心に読み進める<br>　信頼できる／できない研究者を、形成されつつある評価基準に基づいて選別 | 引用／参考文献を芋づる式に探す<br><br>信頼できる研究者の引用、参考文献を中心に探索 | **入手した現物のブラウジング**<br><br>○その後、研究室の書架（普段使う机から見える場所）に入手した文献を並べておき、それらを見ながらアイディアをまとめる |
| ○重要文献の発見（←引用の重なり）<br><br>○文献間の矛盾点、疑問点<br>○重要文献の発見（←論点の重要性）<br><br>**サブテーマの生成**<br><br>○文献による検証<br><br>**独自の枠組みを形成**<br><br>○論文執筆<br>・納得できる量の文献を読んだ<br>・独自の議論を形成できた<br>・自分の議論を様々な文献を用いて検証できた<br>　→　まとめておこう<br><br>**次のサブテーマへ** | 重要文献の入手<br><br><br>サブテーマに沿った文献探索 | ILL 依頼<br>　リストを用意して図書館へ依頼 |

図 2-4　ドイツ文学研究者の研究過程における情報利用

を描く上で必要不可欠なステップであり、ブラウジングが済んだ後に並べられた書架上の文献は、頭の中の見取り図を物理的に展開したものであると言える。文学研究は基本的に一人で進めるため、上述したやり方で展開された書架上の文献の配置は構築した研究者自身にのみ理解できればよい。第三者からみれば

まったく無秩序に配置されているように見えても、当事者にとっては研究と密接に関わっており、思考の道筋が視覚化された形で秩序立てられたものなのである。

## 2.5 外部で構築された情報世界と個人の情報世界

ひとは一般に外部で構築された情報世界からさまざまな情報を取り込み、それらに対して自分で解釈を加えたり、加工して個人の情報世界を構築していく。こうした個人の世界は、当然のことながら他者との共有を前提として構築されているのではない。したがって、ブラウジングをはじめとして自分の目的に合わせて自由に情報探索を行い、また独自のやり方でそれらを組織し、新しい知識を生み出すなど、再利用できればよい。その結果構築された世界が、2.2 節で述べた個人レベルの情報組織によって作り上げられた研究室やオフィスである。通常、個人の情報世界の構成は、その構築者のみにわかるやり方で組織されていれば十分なのである。

一方で、探索に供するために外部に構築されたデータベースや図書館では、用意された資源は共有を前提としており、その構成や利用方法についての知識も共有されなければならない。つまり、外部情報世界を個人が利用するにあたっては、その構成についての知識や探索法等の情報スキルが不可欠となる。本節では、視点を個人から情報検索システムの側に移し、外部の情報世界の探索を行うにあたってどのようなスキルが必要とされ、またそうしたスキルはどの程度活用されているのかについて、オンライン情報検索システムの検索を例としてみていくこととする。

### 2.5.1 オンライン情報検索システムの検索に必要とされる知識

オンライン情報検索システムは、10 年ほど前までは代行検索が中心であった。しかし、近年はインタフェースのユーザフレンドリ化が進み、また CD-ROM 版のデータベースが多数提供されるようになり、いわゆるエンドユーザによる検索の機会が増えてきた。さらに、WWW が一般に普及し、それらのページがさかんに検索されるようになった。このように代行検索中心であった

情報検索は、現在、エンドユーザ中心へと大きく変わってきている。

しかし、今日なお、情報検索システムの検索にあたっては、さまざまな知識が必要である。検索の仕組みやシソーラス、ブール演算子などの情報検索に関わる技術的な知識、料金体系やシステム固有のコマンドなどの当該情報検索システムに関する知識、データベースの内容やファイル構造などに関する知識、主題分野に関する知識などである。中でも情報検索システムの技術的な側面については、全文データベースの登場など、データベースの多様化に伴ってさまざまな工夫がなされるようになってきている。現在、例えば全文データベースの検索に必要とされているのは次のような知識である。

(1) 検索質問の処理の手順
検索システムに合わせて検索質問を検索できる形に変換する手順を理解している必要がある。
(2) ブール演算(子)
現在稼動している情報検索システムは、ブール演算を基本的な原理としているものがほとんどである。
(3) 近接演算(子)
全文データベースの場合、アウトプット・オーバーロード(出力過多)を防ぐ方策の一つに、近接演算を行うことが挙げられる。近接演算を行うときの特定の文字列間の距離は語単位で数える場合、文字単位で数える場合などがあり、各システムについて設定されたやり方を理解する必要がある。
(4) データの構造
全文データベースの場合、論文のデータベースであれば論文を構成するタイトルや抄録、本文の章や節、パラグラフ、文、引用文献等のエリアを利用した検索が行われることが多いため、その構造について知っている必要がある。
(5) 全文データ
全文データの特徴全般を理解している必要がある。
(6) 完全一致と部分一致
全文データの場合には、部分一致検索が自動的に行われることが多い。日

本語の場合は複合語が多く、部分一致検索ではノイズが多くなる場合があるので、両者の違いについての知識が必要となる。

(7) 語の正規化とパージング

全文データベースでは、著者が用いた表現がそのまま検索対象になると、著者ごとの表記の違いをフォローできないことがある。そのため、長音や濁音等の処理をはじめとする語の正規化を行っていることがある。また、前述した部分一致によって生じるノイズを低減するために、コンピュータプログラムによって文字列を単語ごとに切り分け、単語単位の検索を可能にしている場合がある。そこで、データに対してどのような処理がなされているかについての知識が必要とされる。

実際に、これらすべての知識を十分に備えた一般利用者は少ないだろう。そのため、一見エンドユーザにも簡単に検索できそうなシステムが多い反面、検索がうまくいかないとき、その理由をきちんと分析できなかったり、検索をよりよいものに改善できない等の問題点が生じてしまう。WWWを利用したOPACの検索などでは、部分一致検索や入力語の正規化などがシステムの内部で自動的に行われてしまうことが多いのに、システムのこうした働きについて利用者は知らない場合がほとんどである。その結果、予想した検索結果と実際に検索されたものが異なっても、修正のしかたがわからないため、それ以上の検索をあきらめてしまうことも多い。例えば、あるOPACでは、「チーズ」について検索しようとして「チーズ」と入力すると、濁点と長音を取り除くという正規化が行われ、システム内部では「チス」という文字列を検索することになる。これに加え、自動的に部分一致検索が行われることも手伝って、「チーズ」「ナチス（部分一致による）」「地図（読みを正規化して濁点をとったもの同士が同じ文字列になるため）」のすべてを検索してしまう。そして、これらはシステムの内部で処理されてしまい、利用者には結果のみが提示される。したがって、なぜそのような結果が起きたのかについて、多くの利用者は説明できない。これは、利用の難しさが顕在化していたかつての情報検索システム以上に深刻な問題である。

ベイツ（Marcia J. Bates）らは、現行のオンライン・データベースが人文学

分野の研究者にどのように使われているか、あるいは使われる可能性があるかを調査した[53]。調査では、オンライン情報検索システムを利用するにあたって障害となっていると考えられる費用の制約および時間の制約もなしに人文学分野の研究者に DIALOG のデータベースを検索してもらった。この検索に参加を承諾した被調査者は、検索を始める前に検索についての講習を受けることができ、また、希望すれば検索中に補助員についてもらってアドバイスを受けながら検索をすることもできた。

この結果、調査に参加した被調査者は今後もデータベース検索を行うと述べているが、ベイツらは実際にはそのほとんどは行わないだろうと述べている。特に調査に参加を表明したが、1年間の調査期間中一度も検索しなかった被調査者も今後検索すると回答していることからも、被調査者自身による表明は信用できないとしている。その理由として、人間は「最小努力の法則」にしたがって行動するもので、オンライン情報検索システムはこの法則に当てはまらないということが挙げられている。そして、もう一つの理由は、補助員がついてくれるときは効果的な検索ができるが、自分ひとりで行うには検索の仕組みが複雑すぎて難しく、効果的な検索ができないと回答しているためである。

このようなオンライン情報検索システムの検索を個人の情報世界にうまく活かすには、外部情報世界と個人の情報世界の間をつなぐ仕組みが必要とされる。これには3通りのやり方がある。一つは当該情報世界についてより詳しい人から人的支援を得ることである。もう一つは教育によるもので、個人が外部の情報世界について学習し、外部世界に歩み寄る形式をとる。もう一つは、外部情報世界と個人の間に適切なインタフェースを設けるもので、外部システム側の改良の形式をとる。

最初の人的支援については、近年図書館で見られる CD-ROM 検索相談員や従来どおりレファレンスで直接指導を受ける形式を挙げることができる。また、情報要求を伝えて代行検索を依頼するのも一つの手段である。二番目の利用者がシステムに歩み寄る形式は、さまざまな講習会やテキストという形で存在する。最後のシステム側の改善については、できるだけ講習会やテキストを利用せずに快適で適切な検索が可能となるシステムの開発が常に望まれており、また開発者自身もそのようなシステムを目指していることが指摘されよう。特に

WWWのように情報検索の知識を全く持たない人々が経験的に検索を行っている今日、システムやそのインタフェースを改善していく方向はその重要性を増している。

このような外部世界と個人の情報世界をつなぐ方策は、外部で構築された現行システムのより効率的な検索法を個人に技術移転していくと同時に、個人がそれらのシステムにどのようなことを期待するのか、また、実際にどのように検索しているのか、どのような点が使いにくいのかといった点を明らかにすることで、双方向的な配慮によって実行される必要がある。そこで、次に、オンライン情報検索システムの検索行動をテーマとして取り上げている研究をいくつか検討する。

### 2.5.2　オンライン情報検索における検索戦略と検索戦術

オンライン情報検索システムが普及し始めたごく初期にマーキー（Karen Markey）とアサートン（Pauline Atherton）によって発表されたERICデータベースの検索訓練用マニュアルでは、利用者がERICデータベースを効率よく検索し、また検索結果をよりよく分析するための手がかりとして次のような検索戦略を紹介している[54]。

(1) ブロック構成法（building blocks）
　　問題を複数の概念に分解した後、それぞれを検索し、最後に各結果を組み合わせる。
(2) 連鎖検索法（citation pearl growing）
　　既知文献に付与されている索引語等を確認し、それをもとに検索を行って検索件数を増やしていく。
(3) 継続的分割法（successive fractions）
　　最初にある程度大きな集合を検索し、それを言語や出版年等で制限していくことで検索件数を減らしていく。
(4) 高特定性優先法（most specific facet first）
　　問題を複数の概念に分解した後、中でも一番特定性の高い概念から検索する。検索件数が多ければ、次に特定性の高い概念を検索し、ANDで最初

の結果と結びつけて件数を減らす。
(5) 最少ポスティング数優先法（lowest postings facet first）
問題を複数の概念に分解した後、中でも一番ポスティング数が少ないと考えられる概念を優先して検索する。ポスティング数は ERIC シソーラスないし経験から導き出すとしている。十分少ない数の検索結果（目安は 20 件以下としている）であればそこで終了させ、少なくなければその次に検索結果が少ないと考えられている概念を検索して最初の結果と統合したり、単独で検索してみる。

初期のオンライン情報検索システムは、現在より性能面で制約があったことや高価だったことから、できる限り少ないステップで効率的に検索することが強く求められていた。そのため、当時の技術に基づいてシステムの有効な利用法を示したのが、アサートンらのテキストであると言える。一方でこれらの戦略はごく基本的な戦略として、例えばブロック構成法は検索経験の少ない初心者に向いている戦略であるし、連鎖検索法はコンピュータを用いた情報検索システムの検索に適した基本的な戦略であり、20 年以上を経てもその有効性は失われていない。例えば、OPAC では分類記号や件名標目等、一般にあまり教育されていない、すなわち、その働きや仕組みをあまり知られていないアクセスポイントが用意されている場合がある。連鎖検索法は、OPAC 中の既知文献レコードを利用してさらに検索を展開することができるため、分類記号や件名標目になじみのない利用者が、それらを活用する有効な方策である。

ハーター（Stephen P. Harter）とピータース（Anne Rogers Peters）は、検索を進める上で用いられる考え方や工夫をヒューリスティクス（heuristics）と名づけてその実例を情報検索関係の文献から見つけ出し、どのようなものが用いられているかを体系化する研究を行った[55]。ハーターらは、ヒューリスティクスは、例えば再現率を上げたり、コストを抑えるといった探索の限定された目的を達成するために用いられる考え方や工夫であるとして、次の 6 種類に大別してあげている。

(1) 全体的な検索のしかた

第 2 章　個人の情報世界

- (2) 検索に用いることば
- (3) レコードやファイルの構造
- (4) 検索式の組み立て
- (5) 再現率と精度
- (6) コストと効率

掘り出し物的発見とブラウジングは(1)に含まれる。また、代行検索によって得られた結果のレレバンスを評価するためにブラウジングすること((5))や、オンライン・シソーラスをざっと見たり((2))、オンライン上で示される語順に並べられた関連語を見ること((2))、は、すべて検索を進める上で有用なヒューリスティクスであるとされている。なお、アサートンらが提示した連鎖検索法は、(2)に位置付けられ、同様に有用性の高い方法とされている。ハーターらが挙げたヒューリスティクスは、有用な検索を進める上で示唆に富んでおり、検索過程で実際に行われているさまざまな工夫が網羅的に集められている。

　フィデル (Raya Fidel) とソーゲル (Dagobert Soergel) は、検索過程や検索結果に影響を与えるさまざまな要因を検討している[56]。各要因はハーターらのヒューリスティクス同様先行研究で見出されたもので、情報検索研究を進めるための概念枠組みとして、次の7種類に整理して提示している。

- (1) 環境 (setting)：上部組織の種類や予算など
- (2) 利用者 (user)：エンドユーザか代行検索か等、利用者の特徴など
- (3) 質問 (request)：広い意味での質問で、利用者の要求と代行検索者がそれをイメージし、検索式に変えたもの、検索途中のものも含む。そうした質問の特徴
- (4) データベース (database)：収録範囲、更新頻度、シソーラスの有無等
- (5) 検索システム (search system)：ベンダーによって提供される検索システム。検索支援の資料やシステム上で提示される支援、利用できる検索技術、出力形式など
- (6) 検索者 (searcher)：検索者の態度や検索スタイルなど
- (7) 検索過程 (search process)

中でも、(6)に含まれている検索者の検索スタイルは、「操作派（operationist）」と「概念派（conceptualist）」とを区別していることでよく知られている。操作派は、検索集合が表す概念自体は変更せずに、例えば出版年による絞り込み等によって検索集合に修正を加える戦術を選ぶ傾向のある検索者を指す。それに対して概念派は、上位語や下位語を利用すること等によって、文献集合が表す意味自体を修正する戦術を選ぶ傾向のある検索者を意味している[57]。ただ、両者のスタイルは異なっていても、検索能力には違いがないことも示されている[58]。

　ベイツは、オンライン検索における検索戦略（search strategy）と検索戦術（search tactics）について研究した[59]。ベイツが述べる検索戦略とは、「検索全体の進め方に関する計画」のことである。一方、検索戦術とは検索戦略の過程として「検索を進めるための次の一手（move）」であり、検索効率や効果をあげる手段として位置づけられている[60]。

　検索戦術については、「情報検索戦術（information search tactics）」と「アイデア戦術（idea tactics）」に大別した。情報検索戦術は、例えば特定性の高い語を探したり、出力中のディスクリプタを調べる、といった戦術で、検索の前半と後半で検索式を作成・修正したり、出力結果を見て検索語を変更するときなどに用いられる。アイデア戦術は、同僚に助言を求めたり、他の検索をやってみて気分を変えたりする、といった戦術で、主として検索がうまくいかなくなった状況を打開するために用いられる。

　下沢らは、ベイツが見出したこれらの戦術について、代行検索の実例をもとに、検索を担当した専門のサーチャーに対するインタビュー結果も加えて、実際の検索において利用されている戦術を洗い出し、各戦術の定義を見直して、検索への適用法を整理している[61]。そして、戦術には準備段階に用いられるものと検索実行段階に用いられるものがあり、さらに各段階において漠然と指針を与えるものと具体的にやり方を指示するものがあるとした。

　検索戦略の具体例は、先述したマーキーとアサートンのブロック構成法や連鎖検索法などである。エリスの探索様式なども一種戦略的な面があるといってよいだろう。検索戦略や戦術は、個人の情報世界と外部世界との間にどのように折り合いをつけるのかという過程と見なすことができる。検索を専門に行っ

ているサーチャーが立てる検索戦略や戦術が一般利用者と異なり、さらにプロのサーチャーの方が検索能力が高いとするならば、その違いを検討し、ギャップを埋めるべく、具体的にシステムを改善したり、教育方法を考慮することができるだろう。システム上で取るべき戦術の候補をシステム側が自動的に、あるいは利用者の求めに応じて提示することで検索の効率や効果を高めることができると思われる。

### 2.5.3 情報利用に関する技術移転の可能性

本節でこれまで述べてきたことは、前節までに述べてきたこととあまりにかけ離れており、両者をつなぐことはほとんど不可能にすら思える。両者にはどのような接点がありうるのだろうか。

これは二つの点から考えてみることができる。一つは、個人の情報世界に共有可能な部分があるのかどうか、ということであり、もう一つは、逆に、外部の情報世界がどのように個人の情報世界と接し、内面化されるのか、ということである。最初の問題は、他者から見た個人の情報世界の可視性の問題であり、第二の問題は、第1章で述べた知識の再配分の問題である。

最初の点については、例えばエリスが示したように、緩やかではあるが、一定の探索様式や探索のスキルは存在している、と答えることができる。ドイツ文学者の場合には、有用な最初の文献を見つけることの難しさと重要性、引用文献をたどること、良い本・信頼のおける研究者の見分け方、人的ネットワークを作ること、二次資料や図書館を使うタイミングと使い方などであった。

例えば、「有用な最初の文献」を見つけることが研究を進める上で重要なことの一つである、という点はドイツ文学研究者に限ったことではない。物理学分野でも、一人前の研究者の条件としてこの能力の獲得が挙げられるとすら言われている[62]。そして、研究者にこのような共通性が存在するのは、それが第二の点に関わるから、すなわち、情報探索に関わるスキルの多くが教育を通じて後天的に獲得されるものであることによる。

科学技術分野の研究においては、研究の遂行にあたって重要な文献は、その研究室や講座の教授、先輩によって示されることが多い。これは企業の研究所においても顕著である[63]。さらに、文献を読んだり選択する能力を培う場と

して、研究室や研究グループによる文献紹介の場がある[64]。すなわち、抄読会、輪読会と呼ばれる勉強会である。この場は、読んだ文献のまとめ方を習得すると同時に、新しい研究動向について学ぶ場となっている。この類の勉強会はおそらく多くの大学のゼミ活動や大学院の授業で見られる方法だろう。学生や若手の研究者は、これに出席し、さらに論文を作成することを通じての文献収集と活用法をも習得することになる。

　研究過程に伴う情報探索は、その研究を円滑に進めていく上で重要な役割を担っている。そして、その技能は研究経験を重ねていくうちに身につくものだとされてきた。もちろん独自に身につけるスタイルもあるが、実際にはテキストやゼミでの指導などさまざまな装置が用意されており、それらを通じて形成される部分もあり、修正され、強化されていくものであると言える。

　利根川によれば、研究スタイルをはじめとして、論文や成果の評価法の習得は多分に環境による[65]。利根川が学生時代に所属した研究室は、世界の最先端の研究を行っており、世界中から現在進行中の研究の情報を持った研究者が集まり、世界の動向を中心とした情報も同時に集まっていた。日常的にそうした情報に接しつづけていることで、重要な情報とそうでない情報、優れた研究、優れた研究者等、最先端の研究を進める上で重要な役割を果たす評価基準が自然に自分の中に形成され、それは他の場所では培えなかっただろうと示唆している。

　世界の最先端の研究を進めるということではなくても、自分以外の人々が書いた著作の内容を吟味して、的確な評価を下す能力は、情報社会においてますます求められるようになるだろう。現在、情報関連の教育がさまざまな機会をとらえて行われるようになってきており、学校教育や高等教育においても同様である。学校においては、主にコンピュータの操作を中心としているようであるが、情報の信頼性や妥当性の判断も含め、文献の探し方や読み方等についての内容も含めて技術移転がなされるよう、今後の情報リテラシー教育が期待される。

### 注

1） Dervin, B.; Nilan, M. "Information needs and uses." *Annual Review of*

*Information Science and Technology.* Vol. 21, p.3-33, 1986.
2) Ellis, D. "Modelling the information-seeking patterns of academic researchers: a grounded theory approach." *Library Quarterly.* Vol.63, No. 4, p.469-486, 1993.
3) Covell, D. G. et al. "Information needs in office practice: are they being met?" *Annals of Internal Medicine.* Vol.103, No.4, p.596-599, 1985.
4) Wilson, S.R. et al. *Use of the Critical Incident Technique to Evaluate the Impact of MEDLINE: Final Report.* Palo Alto, American Institutes for Research, 1989, 97 p. (Appendix, A-I, 240 p.) PB 90-142522.
5) Ellis 前掲.
6) 例えば、次の文献を参照。Negroponte, N. "Books without pages." *International Conference on Communications, Boston, Mass., 1979-6,* p.56.1.1-56.1.8.; Smith, D. C., et al. "Designing the Star user interface." *Byte.* Vol. 7, No.4, p.242-282, 1982.
7) Kwasnik, B. "The importance of factors that are not document attributes in the organisation of personal documents." *Journal of Documentation.* Vol.47, No.4, p.389-398, 1991.
8) 越塚美加 "文献のブラウジングが研究過程に与える影響." 『学術情報センター紀要』 No.8, p.131-142, 1996.
9) Hirschheim, R. A. "Understanding the office: a social-analytic perspective." *ACM Transactions on Office Information Systems.* Vol.4, No.4, p.331-344, 1986.
10) Cole, I. "Human aspects of office filing: implications for the electronic office." *Proceedings of the Human Factors Society 26th Annual Meeting, Seattle, 1982-10,* p.59-63.
11) Malone, T. W. "How do people organize their desks?: implications for the design of office information systems." *ACM Transactions on Office Information Systems.* Vol.1, No.1, p.99-112, 1983.
12) Kwasnik 前掲.
13) Case, D. O. "Collection and organization of written information by social scientists and humanists: a review and exploratory study." *Journal of Information Science.* Vol.12, No.3, p.97-104, 1986.
14) Malone 前掲.
15) 同上.
16) Case, D. O. "Conceptual organization and retrieval of text by historians: the role of memory and metaphor." *Journal of the American Society for Information Science.* Vol.42, No.9, p.657-668, 1991.
17) Cole 前掲.

18) Kwasnik 前掲.
19) Cole 前掲.
20) Case "Conceptual organization..." 前掲.
21) Cole 前掲.
22) Malone 前掲.
23) 同上.
24) Case "Conceptual organization..." 前掲.
25) 野口悠紀雄『「超」整理法：情報検索と発想の新システム』 中央公論社, 1993, 232 p.（中公新書）
26) Malone 前掲.
27) 永井良和"第4章 都市空間とメディア." 『情報化と地域社会』 大石裕ほか著 福村書店, 1996, p.129-168.
28) 安川一"第9章 パーソナルなメディア空間：音楽, マンガ, 若者文化." 『現代メディア論』 香内三郎ほか著 新曜社, 1987, p.248-285.
29) Garvey, W. D. *Communication, the Essence of Science.* Oxford, Pergamon, 1979, 332 p.（『コミュニケーション：科学の本質と図書館員の役割』 津田良成監訳 敬文堂, 1981, 302 p.）
30) 倉田敬子"3.3.2 情報メディアの利用."『図書館情報学ハンドブック第2版』 図書館情報学ハンドブック編集委員会編 丸善, 1999, p.338-343.
31) 立花隆；利根川進『精神と物質：分子生物学はどこまで生命の謎を解けるか』 文藝春秋, 1993, 333 p.
32) Ellis, D. "A behavioural model for information retrieval system design." *Journal of Information Science.* Vol.15, No.4/5, p.237-247, 1989.
33) 同上.
34) Ellis, D. et al. "A comparison of the information seeking patterns of researchers in the physical and social sciences." *Journal of Documentation.* Vol.49, No.4, p.356-369, 1993.
35) Ellis, D.; Haugan, M. "Modelling the information seeking patterns of engineers and research scientists in an industrial environment." *Journal of Documentation.* Vol.53, No.4, p.384-403, 1997.
36) Allen, T. J. *Managing the Flow of Technology: Technology Transfer and Dissemination of Technological Information within the R & D Organization.* Boston, MIT Press, 1977, 320 p.（『"技術の流れ"管理法：研究開発のコミュニケーション』 中村信夫訳 開発社, 1984, 245 p.）
37) 越塚 前掲.
38) 次のような文献を参照。越塚 前掲.；新倉利江子"大学図書館における人文科学分野の研究者を対象とした情報サービスの可能性." *Library and Information Science.* No.28, p.61-80, 1990.

39) Menzel, H. "Information needs of current scientific research." *Library Quarterly.* Vol.34, No.1, p.4-19, 1964.
40) Herner, S. "Browsing." *Encyclopedia of Library and Information Science.* Vol.3, p.408-415, 1970.
41) Chang, S.-J.; Rice, R. E. "Browsing: a multidimensional framework." *Annual Review of Information Science and Technology.* Vol.28, p.231-276, 1993.
42) Herner 前掲.
43) Rice, J. "Serendipity and holism: the beauty of OPACs." *Library Journal.* Vol.113, No.3, p.138-141, 1988.
44) Liestman, D. "Chance in the midst of design: approaches to library research serendipity." *RQ.* Vol.31, No.4, p.524-532, 1992.
45) Green, R. "Locating sources in humanities scholarship: the efficacy of following bibliographic references." *Library Quarterly.* Vol.70, No.2, p.201-229, 2000.
46) 新倉　前掲.
47) 越塚　前掲.
48) 新倉　前掲.
49) Guest, S. S. "The use of bibliographic tools by humanities faculty at the State University of New York at Albany." *The Reference Librarian.* No.18, p.157-172, 1987.
50) 越塚美加"電子的な情報資源が文学研究に与える可能性：ドイツ文学研究者の情報利用行動をもとに." 情報学基礎 45-7, 情報処理学会, 東京, 1997-5, p.39-44.
51) 「拡張した具体例叙述法」についての詳しい説明は、次の文献を参照。
越塚美加"情報利用行動調査の一技法としての具体例叙述法."『図書館学会年報』Vol.39, No.1, p.1-12, 1993.
52) Green 前掲.
53) Bates, M. J. et al. "Research practices of humanities scholars in an online environment: the Getty Online Searching Project report no.3." *Library and Information Science Research.* Vol.17, No.1, p.5-40, 1995.
54) Markey, K.; Atherton, P. *ONTAP: Online Training and Practice Manual for ERIC Data Base Searchers.* Syracuse, NY, ERIC Clearinghouse on Information Resources, Syracuse University, 1978, 182 p. ED 160109.
55) Harter, S. P.; Peters, A. R. "Heuristics for online information retrieval: a typology and preliminary listing." *Online Review.* Vol.9, No.5, p.407-424, 1985.
56) Fidel, R.; Soergel, D. "Factors affecting online bibliographic retrieval: a

conceptual framework for research." *Journal of the American Society for Information Science.* Vol.34, No.3, p.163-180, 1983.

57)　岸田和明『情報検索の理論と技術』　勁草書房, 1988, 314 p. 特に、"第 6 章　利用者志向アプローチ"を参照。

58)　Fidel, R. "Online searching styles: a case-study-based model of searching behavior." *Journal of the American Society for Information Science.* Vol.35, No.4, p.211-221, 1984.

59)　Bates, M. J. "Idea tactics." *Journal of the American Society for Information Science.* Vol. 31, No.5, p.280-289, 1979.

60)　下沢ゆりあ；倉田敬子"オンライン検索における検索戦略と検索戦術." *Library and Information Science,* No.30, p. 147-172, 1992.

61)　同上.

62)　田中一『研究過程論』　札幌, 北海道大学図書刊行会, 1988, 222 p.

63)　Allen 前掲.

64)　田中 前掲.

65)　立花；利根川　前掲.

# 第3章 情報探索の論理

## 斎藤　泰則

### 3.1　はじめに

　日常生活において、われわれが様々な問題に直面したとき、その解決のために情報が必要となる場合がある。情報は他者との会話を通じて得られたり、あるいは図書館やデータベースなどの情報源を探索し、収集される場合もある。いずれにせよ、われわれは、既有知識では解決できないような問題を抱えると、外部に情報を求めて探索行動をとり、得られた情報を利用して新たに知識を獲得し、問題の解決にあたることになる。本章では、人間の行動として一般的に見られるこの情報探索行動の特徴について、次の三つの側面から考察する。
　第一に、情報探索の特徴について、これまで提示された概念やモデルをもとに検討する。特に、心理状態としての情報ニーズから情報探索行動に移る段階に焦点をあてる。
　第二に、従来の研究では必ずしも明確ではなかった情報探索と問題解決との関係について考察し、情報探索は問題解決における問題の構造化段階の行動として位置づけられることを示す。
　第三に、情報の探索・利用と人間の知識状態との関係について検討し、情報の探索・利用による知識状態の形成と変化について形式化を試みる。
　以下、この第二、第三の点について、その概要を述べる。
　3.2節で見るように、情報探索と問題解決との関係を扱った初期の重要な研

究として、テイラー (Robert S. Taylor)[1] やベルジヒ (Gernot Wersig)[2] の研究があげられる。その後の重要な研究には、情報探索過程と問題解決過程との対応関係を取り扱ったクールソ (Carol Collier Kuhlthau) の研究[3] や、最近では問題の構造と情報探索との関係に焦点をあてたヴァッカリ (Pertti Vakkari) の研究[4] がある。ヴァッカリの研究では、問題の構造や複雑性と情報探索との関係が整理されており、問題の構造に応じて異なる種類の情報探索の行われることが示されている。

　ここで、問題解決と情報探索との関係について述べておく。情報探索が行われる機会とは一般に問題解決の場面であって、情報探索は問題解決において必要となる行動である。次節で述べるように、情報探索は、情報ニーズを満たすための行動である。そして、情報ニーズは、ある目標状態に即座に到達することがはばまれているような状況のなかで、目標状態の到達に情報が必要となった場合に生じるものである。この目標状態への到達がはばまれている状況を「問題状況」としてとらえるならば、情報ニーズを満たすための情報探索行動は、問題状況における情報行動となる。さらに、この情報探索行動自体も、情報ニーズを満たすという目標状態に到達することを目指す行動としてとらえることができる。したがって、その目標状態がすぐには達成できない場合には、情報探索状況も問題状況となる。

　情報探索と問題解決との関係を論じたこれまでの研究では、問題解決のどのような段階でいかなる種類の情報が必要となり、情報探索が開始されるのかが明確にされていない。3.3節で詳細に考察するように、問題解決場面において情報が必要となり、探索が開始されるのは、問題が不明確な場合である。不明確な状態の問題を抱えた人間は、情報を探索、利用し、問題に関する知識を獲得して問題を明確に定義することにより、問題解決が可能となるのである。

　このように、情報の探索・利用は知識の獲得と密接に関わる行動であるから、知識状態との関係で情報探索の意義をどのようにとらえるかも重要な研究対象となる。そうした研究には、「変則的な知識状態 (anomalous state of knowledge: ASK)」と情報ニーズの関係を扱ったベルキン (Nicholas J. Belkin) の研究[5] があり、またその定式化を試みたものにブルックス (Bertram C. Brookes) の研究[6] がある。

## 第3章 情報探索の論理

ブルックスは人間の知識状態と受容された情報との関係を次式のように定式化した。

(式1): $K[S]+\Delta I=K[S+\Delta S]$

ここで、$K[S]$ は人間の既有の知識状態、$\Delta I$ はその人間によって利用され、受容された情報、$K[S+\Delta S]$ は受容された情報によって変化した知識状態、$\Delta S$ は受容された情報によって既有の知識状態が受けた効果をそれぞれ表している。例えば、太郎がある英語の記事を読んでいて、意味のわからない単語が出てきたため、辞書を調べてその意味を理解した場合を考えてみよう。このとき、辞書を調べる前の太郎の知識状態が $K[S]$、辞書に載っている単語の意味が $\Delta I$ である。そして、$K[S+\Delta S]$ がその単語の意味を知ることによって出来上がった太郎の新たな知識状態である。ここで、$\Delta I$ ではなく、$\Delta S$ を使用しているのは、既有知識にその単語の意味が単に付け加わっただけでなく、その単語の意味を知ることによって、既知の単語や概念との間に新たな関係が生成されると考えられるからである。

トッド (Ross J. Todd)[7] は情報利用を情報探索研究の基礎的概念であるとし、人間の情報利用の認知的側面を理解するための理論的枠組みとしてこのブルックスの式を取り上げている。この式は情報学の基本方程式として位置づけられることはあっても、これまで情報探索や情報利用との関連で取り上げられることは少なかった。しかし、この式は情報の探索と利用による知識状態の形成と変化に関する一般原理を示そうとしたものとして評価できる。だが、その形式化は厳密さを欠き、知識状態の変化に関する取り扱いに曖昧な部分を残している。そこで3.4節では、情報の探索・利用による人間の知識状態の変化に関する厳密な形式化を行い、一般原理の提示を試みる。

## 3.2 情報ニーズの言語化

本節では、情報探索に関連してこれまで提示されたモデルや概念について考察する。すなわち、情報ニーズに始まり、情報の探索・利用にいたる過程とはどのようなものであって、それらの各段階にはいかなる特徴が見られるかを考察する。特に、心理状態としての情報ニーズの段階から情報探索という行動に

移行する段階については、情報ニーズの言語化という面で興味深い特徴があることを示す。

### 3.2.1 情報行動モデル

ウィルソン（Thomas D. Wilson）[8]は、情報探索を伴うような人間の情報行動について、図3-1のモデルを提示している。そこでは、情報探索を利用者が情報へのニーズを認識した段階と情報システムや情報源にディマンドとして提示する段階をつなぐ過程としてとらえている。

何らかの問題状況におかれた利用者は、その解決のためには情報が不足していると考え、情報ニーズをもつようになる。例えば、哲学の授業を受けている学生が哲学者の思想についてレポートを作成しなければならないという問題状況におかれた場合を考えてみよう。その学生はある哲学者を選択するが、その哲学者についてほとんど知識をもっていないために、その哲学者について知り

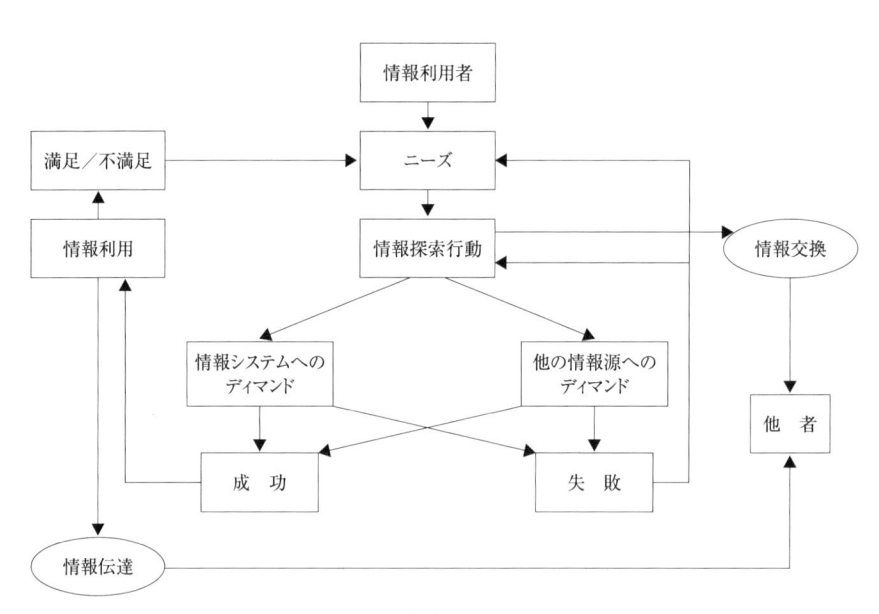

**図3-1 情報行動のモデル**

（出典: Wilson, T.D. "Models in information behaviour research." *Journal of Documentaton*. Vol.55, No.3, 1999, p.251. に加筆）

たいというニーズをもつ。このように何かを知りたいというニーズを「認知的ニーズ」という。また、レポートを作成しなければ単位が取れないという焦りや不安を感じそれを解消しようとするニーズをもつようになる。このように情緒面に関わるニーズを「情意的ニーズ」という。こうした認知的ニーズあるいは情意的ニーズが生じるのは、その哲学者に関する情報が不足しているからである。その結果、学生はその哲学者に関する情報の必要性を意識し、「情報ニーズ」をもつようになる。そこで、学生は図書館に行って哲学事典やその哲学者についての研究図書などの情報源を探索するという行動に出る。

　哲学事典をひくには、事典の構成を理解した上で、例えば「プラトン」「プラトー」などと異なる人名の表記形のうち、その事典が採用している表記形を使用しなければならない。さらに、哲学事典は図書館の定められた位置に排架されている。したがって、学生が図書館で哲学者に関する情報を探索するためには、哲学者に関する情報を入手できそうな哲学事典、哲学事典を入手できそうな書架上の配置、事典中で哲学者を探し出せそうなその表記形というように、自らの情報ニーズを図書館で探索可能なかたちに変えなければならない。すなわち、情報源や情報システムから必要な情報を探索するには、情報ニーズを情報源や情報システムで使用されている形式にしたがって「ディマンド（demand）」として表現しなければならない。情報ニーズをディマンドとして表現することによってはじめて、情報源や情報システムの探索が可能となる。

　探索の結果、情報源や情報システムからその哲学者に関する情報が得られたならば、その情報を利用し情報ニーズが満たされたかどうかを評価することになる。例えば、図書館目録を使って検索された研究図書が高度な内容をもち、学生のレベルに合っていないならば、情報ニーズは満たされず、情報探索をやり直すことになる。もし、選んだ哲学者については、どうしても適切なレベルの図書が得られないならば、他の哲学者に変えるなど、情報ニーズを再検討して新たな情報探索にのぞむことになる。情報探索によって適当な図書が見つかり、哲学者の思想についての情報ニーズが満たされたならば、認知的ニーズや情意的ニーズも満たされ、問題状況が解消されることになる。

　なお、図3-1のモデルが示すように、情報探索行動は情報交換や情報利用により、有用と判断された情報を他者に伝達するなどの情報行動に展開する場合

もある。

　上記の例に示したように、情報ニーズは認知的ニーズや情意的ニーズなどから生じ、それを解消するために意識されるニーズであることがわかる。ウィルソンは、認知的ニーズ、情意的ニーズ、および生理的ニーズというより基本的なニーズから情報ニーズが生じると指摘し、その基本的ニーズを生む背景として、個人自身に関わる側面、その個人の社会的役割、その個人をとりまく環境をあげている(9)。図3-1において情報行動の起点を「情報ニーズ」ではなく「ニーズ」としているのはこのためである。上記の例でいえば、レポート作成という問題状況は、学生という社会的役割から生じたものであり、その問題状況が認知的ニーズや情意的ニーズを生み出したといえる。

### 3.2.2 情報探索に関わる諸概念

　図3-1が示すように、情報行動は、ニーズ、情報探索行動、ディマンド、情報利用という四つの段階からなる。ここで重要なことは、ニーズが情報探索を介してディマンドとしてとらえ直されている点である。ライン（Maurice B. Line）は、情報探索の前段階であるニーズを情報への客観的必要性のレベルと個人の欲求に根差したレベルとに分け、前者をニーズ、後者をウォントとして区別したうえで、ニーズ、ウォント、ディマンド、情報利用について次のように説明している(10)。

　(1) ニーズ（need）

　個人が意識するしないに関わらず、仕事、研究、教育、リクリエーション等のために得るべきもの。ニーズは社会の価値と不可分なものであり、また、個人の欲求（ウォント）に沿うとは限らない。例えば、漢字に関する知識は、子ども自身が望む望まないに関わらず、習得する必要があるとされているようにである。つまり、ここでは、個人のレベルではなく、他者や社会の視点から、その個人に必要な情報が何かが問題にされている。したがって、次のウォントとは異なり、欲しくない情報でも、得なければならない情報への要求があれば、それはニーズとなる。このニーズは以下で述べるディマンドとなりうるものである。

(2) ウォント（want）

個人が得たいと思っているもの。個人は欲し（want）ない情報を必要とする（need）かもしれないし、得る必要のない情報を欲するかもしれない。例えば、芸能人のゴシップのように、必要性はなくとも強く求めるもののことである。このように、その個人が欲する情報と、他者や社会の視点からその個人に必要と思われる情報とは必ずしも一致しないことがある。なお、ニーズと同様、ウォントも次に述べるディマンドとなりうるものである。

(3) ディマンド（demand）

個人が請求する（ask for）もの、より正確には欲しいと思っている、あるいは必要とされている情報へのリクエスト（request）である。必要とされていない情報を求める（demand）場合や、逆に、必要なものや欲するものが求められていない場合もある。というのは、ディマンドは期待ないし予測に基づくからである。つまり、図書館や情報サービス機関が提供可能な情報を期待ないし予測して、求めるものを決めるためである。このディマンドは次に述べる利用につながるものである。

(4) 利用（use）

個人が実際に利用するもの。ディマンドはこの利用の段階を経て常に充足されるわけではない。得られた情報を利用しても、ディマンドが充足されないこともある。ところで、書架上のブラウジングによって情報を得たり、偶然（例えば、会話など）にある情報を入手することで、その情報へのニーズやウォントがあったことに気づくことがある。つまり、ニーズやウォントがディマンドとして明確に表現されることなく情報探索が行われ、情報が入手される場合である。なお、利用される対象は、図書館や情報サービス機関が提供可能なもののうち、実際に利用者が利用可能な情報源に限定されることになる。

ここでの利用は、情報源や情報システムの利用を意味するから、他者から明確に観察可能な事象である。ディマンドは求める情報を図書館等の情報システムに対して表現したものであるから、これも他者から観察可能な事象である。それに対してウォントは個人の心理状態に関わるものであるため、他者から観察可能な事象ではない。またニーズは個人の意識とは独立にその個人の社会的属性によって定まりうるものとすれば、客観的に把握可能でありながら、当該

個人さえもそのニーズを意識していない場合もありえるという特徴をもつ。

　なお、ニーズもウォントも情報探索の前段階に位置するという点では共通であるから、本章での以下の議論において、情報へのニーズとウォントを特に区別する必要がない場合には、「情報ニーズ」という用語を、情報へのニーズとウォントの両方を指示するものとして使用する。

　さて、ディマンドの重要な特徴は、情報源や情報システムが許容する条件、範囲を想定した上で提示されるという点である。ここでいう条件とは、情報源や情報システムにおいて提供可能な情報の範囲、あるいは検索の際に使用可能な検索項目や語彙（索引語）などである。ディマンドは、外部世界としての情報システムが提供可能だと思われる範囲内で提示され、また、システムが受入可能な語彙と方式で表現する必要があるため、情報ニーズをそのまま表現したものではない。それゆえ、ラインが指摘するように、必要としない情報を求めたり、必要な情報や欲しい情報が求められていないケースが生じてしまうのである。

　このように、情報探索にあたっては、情報ニーズをディマンドとして情報源や情報システムで受容可能な形式に表現することが求められるが、肝心の情報ニーズは必ずしも明確に示すことができるわけではない。情報ニーズが意識されるのは、ベルキンの「変則的な知識状態（ASK）」仮説が示すように、抱えている問題の解決に必要な知識が不足し、知識が変則状態にあるからである[11]。よって、問題となっている領域の知識が不足しているがゆえに、知識の変則性を解消するために入手すべき情報がどのようなものかも明確にできないのである。このように、情報ニーズを明確に特定できない状態を「情報ニーズの非特定性（non-specifiability）」という。ラインが「利用」のなかで指摘しているような書架上のブラウジングや、「情報との遭遇（information encountering）」と言われるように、自分でもよくわからないものを求めて不慣れな情報源のあいだをさまよい、「掘り出しもの的発見（serendipity）」をするような行動（第2章参照）は、情報ニーズを特定しえないなかで行われる典型的な情報探索行動である。

### 3.2.3 情報ニーズの言語化と情報探索

　情報ニーズからディマンドへの移行は、情報ニーズという心理状態から情報探索という外的行動への変化としてとらえることができる。

　心理状態としての情報ニーズがディマンドとして表明され、情報探索に展開する過程は、情報ニーズの言語化の面から考察することができる。この情報ニーズの言語化については次の二つの側面がある。第一は、情報ニーズが誰に向けて、あるいは何に対して表明されるのかという、言語化の対象の推移である。第二は、問題状況下で生じる情報ニーズとはどのような要素からなるのか、すなわち問題状況を解決するうえで必要となる情報は何かという、言語化する情報ニーズの内容に関するものである。ここでは、前者の情報ニーズの言語化の対象について考察し、第二の情報ニーズの内容については次節で取り上げる。

　情報ニーズの言語化の対象とその推移、すなわち誰にあるいは何に対して情報ニーズを表明するのかを扱った重要な研究に、情報ニーズのレベルに関するテイラーの研究[12]と、課題探究にともなう情報探索過程に関するクールソの研究[13]がある。

　テイラーの研究は情報探索の過程に関するその後の研究の出発点となったもので、今なお有効な論点を含んでいる。彼は情報ニーズに次の四つのレベルを設定している。

① 第1レベルのニーズ
　問題は生じているのだが、まだ明確に意識していないレベルのニーズ。テイラーはこれを「心の奥底に潜むニーズ（visceral need）」と呼んでいる。
② 第2レベルのニーズ
　問題があることは認識しているのだが、どんな問題なのかを明確に表現できないレベルのニーズ。テイラーはこれを「意識されたニーズ（conscious need）」と呼んでいる。
③ 第3レベルのニーズ
　問題を明確に表現できるレベルのニーズ。テイラーはこれを「定式化されたニーズ（formalized need）」と呼んでいる。

④　第4レベルのニーズ
　　検索式や分類記号など、システムの索引言語を用いて表現するレベルのニーズ。テイラーはこれを「システムにあわせたニーズ（compromised need）」と呼んでいる。

　一方、クールソの研究では、課題探究を情報探索過程としてとらえ、その過程における情緒面の推移を明らかにしている。彼女は、高校生が自由課題でレポートを作成する過程を丹念に追跡し、レポート作成に次のような段階があることを見出している。

① 課題の導入・提示
② レポートのトピック（テーマ）の選定
③ そのトピックについてどんなことを論ずるかを考える予備的探究
④ 論点が明確になり、レポートの構想が固まる焦点の明確化
⑤ 構想に従った必要な情報の収集
⑥ 情報収集の完了とレポート執筆

　そして、この各段階には不安、楽観、疑念といった特有の情緒と、特有な情報探索行動があり、こうした感情が情報探索と問題解決行動に決定的に重要な役割を果たしていることを指摘している。
　このクールソのモデルもテイラーのモデルも、図3-2に示したように、情報ニーズを表明する対象、すなわち誰に対して、あるいは何に向けて情報ニーズを表明しているのかという、情報ニーズの言語化の対象の推移について、基本的に同一の考え方を提示しているものとして整理しなおすことができる。
　図3-2の「言語化以前」とは、抱えている問題が明確でなく、漠然とした状態にあることを認識しはじめた段階であり、問題を明確にするうえでどんな情報が必要かを認識できる段階にはまだ至っていない状態を指す。テイラーのいう第1レベルのニーズの段階がこれにあたる。一方、クールソのモデルでは、課題の導入・提示という問題状況におかれた時点で、問題を明確に認識できず、ただ漠然とした不安を感じる段階にあたる。

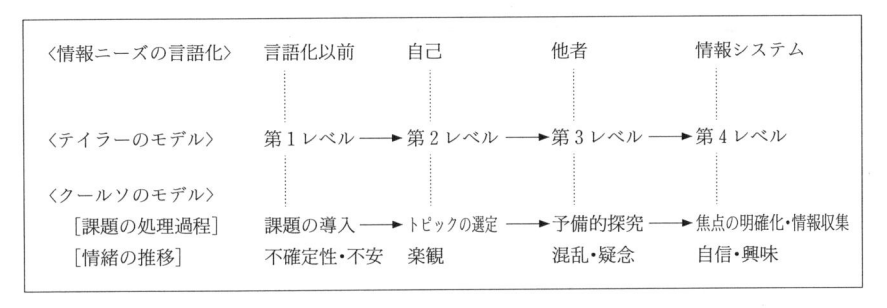

| 〈情報ニーズの言語化〉 | 言語化以前 | 自己 | 他者 | 情報システム |
|---|---|---|---|---|
| 〈テイラーのモデル〉 | 第1レベル → | 第2レベル → | 第3レベル → | 第4レベル |
| 〈クールソのモデル〉 | | | | |
| [課題の処理過程] | 課題の導入 → | トピックの選定 → | 予備的探究 → | 焦点の明確化・情報収集 |
| [情緒の推移] | 不確定性・不安 | 楽観 | 混乱・疑念 | 自信・興味 |

図 3-2　情報ニーズの表明対象の推移

　次の「自己」とは、問題を明確にし、定義するために必要な情報を自分自身が認識できるようになる段階である。テイラーの第2レベルのニーズがこれにあたる。クールソのモデルでは、提示された課題についてトピックを選定するなど、自分のなかで問題を明確にすることにより、楽観的な感情をもてるようになる段階である。
　次の「他者」とは、問題を明確にし、定義するために必要な情報を他者に説明し、表明できる段階であり、図書館員やサーチャーに情報ニーズをディマンドとして提示する段階である。テイラーの第3レベルのニーズがこれにあたる。クールソのモデルでは、情報システムを使って探索を試みたり、図書館員やサーチャーなどに問題を表明する段階となる。しかし、先述したように、情報探索では情報源や情報システムで受け入れ可能な方式で問題を提示する必要があり、その方式について知識をもたなければ、情報探索は実現しない。さらに、情報ニーズの非特定性が示すように、問題を構造化し、定義するために必要な情報を必ずしも明確に認識できるわけではない。そのため、必要な情報を他者に明示できるとは限らないために、大きな混乱や疑念の感情を抱くことになる。
　次の「情報システム」の段階では、情報システムで受容可能な検索語の使用が前提となる。テイラーの第4レベルのニーズがこの段階にあたる。クールソのモデルでは、構想に従った必要な情報の収集の段階にあたり、情緒面でも自信と興味をもつようになる。
　言語化の対象の推移のなかでも、情報ニーズを表明する対象における「自己」から「他者」への推移は、情報探索行動に移る重要な転換点である。情報

ニーズを意識する段階から情報探索の段階に進むには、情報ニーズがディマンドとして表明されなければならない。このディマンドの重要な特徴は他者との社会的関係を形成するという点である。ここで他者とは、情報源や情報システムを指し、あるいは利用者と情報源を仲介する図書館員やサーチャーを指す。すなわち、ディマンドは、情報要求者である個人に対して、図書館員やサーチャーという社会的役割を有する他者との社会的関係を形成させ、「利用者」という役割を付与し、図書館員やサーチャーに対しては「情報提供者」という社会的役割を付与する機能をもつことになる。このように、ディマンドは、情報源や情報システムへの情報ニーズの表明にとどまらず、図書館員やサーチャーという他者に情報提供を要請するというように、他者にある特定の行為を促す力を有する言語表現として、すなわち「言語行為」[14]として機能するのである。

　他者に情報を提供する（inform）行為や他者に情報を求める（request）行為は言語行為研究の重要なテーマになっており、情報提供と情報要求という言語行為の構造を定式化した試みもあり、きわめて興味深い知見が得られている[15][16]。言語行為研究では、情報要求者と情報提供者という二者間の関係について、例えば「要求」という言語行為の遂行条件を次のように定義している。

① 話者である情報要求者は、聞き手である他者（情報提供者）がその要求を充足できると信じていること
② 要求者は、自分が要求対象を欲していると信じていること
③ 聞き手である他者は、話者が要求対象を欲していることを話者自身が信じていると信じていること[17]

　このような枠組みは、利用者と図書館員あるいは情報システムという二者関係を扱う基本的な枠組みとなりうるものだが、情報探索におけるディマンドを扱うには、さらに情報源というもう一つの要素を取り込んだ枠組みが必要である。利用者、情報システム、情報源という三つの世界を組み入れた言語行為の枠組みについての考察は、利用者と情報システムとの関係、ディマンドの特徴を解明し、理解する重要な手がかりを与えるであろう。

### 3.2.4 情報探索対象の非特定性

　情報ニーズの非特定性（3.2.2参照）が示すように、情報ニーズを明確にできない場合であっても、情報探索を開始するには、情報要求者は情報ニーズをディマンドとして表現しなければならない。例えば、ディマンドとしての表現が不要と見られるような書架上のブラウジングの場合でさえも、漠然とであれ関連主題の文献が排架されているであろう書架の位置や分類記号を想起するなど、必要と思われる情報の主題をディマンドとして表現のうえ、書架に足を運んでいるのである。

　では、必要な情報の主題を明確にできないこととディマンドとしての表現とがどのように結びつくのであろうか。結論を先に言えば、必要な情報を主題によってディマンドとして表現し、主題探索行動をとること自体が情報ニーズを明確に特定していないことの現れなのである。このことを、「探索」という行動の基本特性、そして探索対象を主題で指示することのもつ意味から考察する。

　いま、次のような二つの文を取り上げる。

① 　ジョンは一角獣を探している。（John seeks a unicorn.）
② 　ジョンは一角獣を見つけている。（John finds a unicorn.）

　①の「探す」という動詞からなる文は、特定的な読みだけではなく、非特定的（non-specific）な読みが可能である。特定的な読みとは、ある特定の一角獣の存在を前提とし、その一角獣を探していると解釈するものである。それに対して、非特定的な読みとは、ジョンは特定の一角獣を意図することなく、一角獣であればどんな一角獣でもよいとして探していると解釈することが可能となるような読みである[18]。これは一角獣という「概念」で探索対象を指示するものである。「一角獣を探した」という文から、特定の一角獣が存在し見つかったという意味を引き出すことができないように、「探す」という行動は探索対象を特定化しないなかでも成立するのである。

　一方、②の「見つける」という動詞からなる文に対しては、非特定的な読みはできない。「一角獣を見つけた」という文から、特定の一角獣が存在したという意味を引き出すことができるように、「見つける（find）」という行動はそ

の対象が特定化されているときに成立するのである。

　以上の「探す」という動詞の「非特定的読み」は、情報探索行動を考えるうえで極めて重要である。例えば、「不登校という主題」についての文献を探索する場合を考えてみよう。この主題探索の対象は、ある著者がある雑誌に発表した不登校に関する論文（既知文献）というのではなく、不登校という主題概念を扱った文献である。すなわち、特定著者の特定論文の探索すなわち既知文献探索と主題探索の違いは、主題探索の結果が探索時点、情報源などの状況によって変化するのに対して、既知文献探索はそうした状況に影響されることがないという点である。不登校に関する文献は、既発表の記事に加えて、今後も出版、発表されるであろうから、探索時点によって得られる文献数は異なり、また使用する情報源（書誌データベース）によっても、得られる文献は違ってくるだろう。

　それに対して、既知文献探索や事実探索は、探索において「特定的な読み」が適用されるケースである。例えば、「福沢諭吉の生没年」という事実探索を考えてみよう。この探索では、「生没年」という事実は不変であり、いかなる時点においても（少なくとも福沢諭吉の没後であれば）、どのような情報源を使用しても、同じ結果が得られることになる。また、「日本の首相」という主題概念で探索対象を指示した事実探索の場合でも、固有名を指示するような主題概念の場合には、在任時期を特定するなど、固有名を指示するものであれば、特定の人物を解答として提示できるのである。

　しかし、日本の首相のような主題概念とは異なり、不登校は特定の時点を決めてもその指示対象を唯一に指示できない主題概念である。一般に、主題探索はこの種の主題概念で探索対象を指示するものである。こうした主題探索で重要なことは、探索の結果得られた文献の内容がそれぞれ異なるという点である。つまり、文献によって、不登校に関する取り上げ方、論述内容は異なり、まったく同じということはない。たとえ、探索条件（探索時点と情報源）を特定化したとしても、その概念が指示する内容の詳細まで特定化することはできない。同じ主題概念であっても、先述の「日本の首相」という概念のように、時点を決めることで固有名を指示可能な概念とは対照的に、不登校のように、文献に記述されている内容を漠然と指示するような主題概念の場合には、指示対象を

一つに特定することはできないのである。

　この主題探索対象の非特定性と先述の情報ニーズの非特定性とは決して別の事象ではない。必要な情報を特定の文献や事実で示すのではなく、あるいは特定の固有名を指示することが可能な主題概念によって示すのではなく、文献の記述内容を指示する主題概念によってディマンドを提示することしかできない状態は、情報要求者が必要な情報を明確に特定できていないことの現れなのである。

　さて、質問や情報ニーズに対する探索結果の評価尺度に、「適合性（relevance）」あるいは「適切性（pertinence）」がある。すなわち、探索結果が質問の求める内容をどの程度反映しているのか、また情報ニーズをどの程度満たしているのかを評価する尺度である。これらの評価は主題探索における対象の非特定性と密接に関係する。そもそも、適合性あるいは適切性が問題とされるのは、探索結果が質問や情報ニーズを必ずしも十分に満たすとは限らないとの前提に立つからである。実際に「福沢諭吉の生没年は」や「日本の首相は」のような質問に対して、適合性や適切性が問題になることはない。では、なぜ、主題探索の場合に限ってそのような前提が生じるのかといえば、その理由の一つは、これまで述べたように、主題概念によるディマンドの表現自体がそもそも探索対象を十分に特定化しえない性質をもっているからである。探索対象を特定化しえないのであるから、探索結果が質問や情報ニーズを十分に満たすかどうかの判断が不安定になるのは当然である。さらに、上述のように、主題概念によって情報ニーズをディマンドとして表現すること自体が、情報ニーズを明確にできない状態を意味するとすれば、主題探索において適合性や適切性の判定が不安定になることは言うまでもない。

　以上、本節では、情報探索に関わる諸概念を整理し、情報ニーズの意識化から情報探索行動へと展開する過程が情報ニーズを表明する対象の推移としてとらえられること、特にディマンドが情報探索を開始させ、情報要求者を図書館や情報システムとの社会的関係に導く言語行為として機能していることを指摘した。また、探索対象を主題で示すこと自体が探索対象の非特定性を意味し、必要な情報を明確にできない状態を示唆していることを指摘した。

## 3.3 問題解決と情報探索

3.1節で指摘したように、情報探索は問題解決にあたり不足している知識を入手するための行動であり、解決すべき「問題の主題」をディマンドとして表現し、探索にのぞむのが主題探索である。確かに、問題を解決するうえで、問題の主題に関する情報は重要ではあるが、問題解決のために必要な情報を把握する手がかりはそれだけではない。本節では、問題の解決にどのような情報が必要になるのかを、問題解決の枠組みを通して考察する。そして、情報探索は問題の構成要素の内容を明確にするために必要な情報収集行動としてとらえられることを示し、言語化されるべき情報ニーズの内容を明らかにする。

### 3.3.1 問題解決の枠組み

最初に、「問題」とはどのような事態なのかを考えてみる。問題としてとらえられる状況や事象には二つの特性がある。第一に、達成すべき特定の目標（「目標状態」と呼ぶ）があること、第二に、現状（「初期状態」と呼ぶ）からは、直ちにはその目標を達成できないことである[19]。例えば「自宅から1時間以内で東京駅に行く」という事象の場合、ふだん行かない場所なので、どのような交通手段をとればよいかわからず、東京駅に行くという目標が直ちに達成できないとき、この事象は問題としての要件を備えることになる。ここで初期状態は自宅、目標状態は東京駅であり、二つの状態の違いは場所の違いであるから、ここでの問題解決とは、初期状態から出発して、目標状態との距離を縮めてゆき、ついには目標状態に到達することと定義される。

問題が解決可能な状態にまで至るように問題を定義するには、さらに二つの要素が必要となる。一つは目標状態に到達するための手段で、これは「操作子」と呼ばれる。今の例では、東京駅に行くための交通手段で、徒歩、バス、電車などが操作子になる。操作子を1回適用して直ちに目標状態に到達する場合以外は、操作子を適用するたびごとに到達する中間の状態が存在する。「徒歩」（操作子）で「最寄りのバス停」（状態）に行き、「バス」（操作子）で「最寄り駅」（状態）に行き…といった繰り返しにより、次第に目標状態に近づい

て行くのである。
　もう一つは、問題を解決する際の制約条件である。今回の例では、「1時間以内」というのが制約条件にあたる。
　以上を整理すると、問題が解決可能な状態になるためには、次の四つの要素が明確に定義されることが必要となる。

① 初期状態：問題解決が開始される状態
② 目標状態：到達すべき状態
③ 操作子：一つの状態からもう一つの状態に変化させるための操作
④ 制約：操作子の適用に課せられている制約条件

ここから、問題解決とは、ある制約条件の下で、初期状態からただちに目標状態に到達できないときに、初期状態から出発して、操作子を用いて目標状態に到達することである、と定義される。

### 3.3.2　問題の構造化と情報探索
　問題解決にあたっては、上述した問題の構成要素が明確になっていることが必要となる。数学の問題を考えてみよう。例えば、方程式を解く問題では、初期状態は方程式、目標状態は解、操作子は公理や定理、制約は常に同値であるように式を変形すること、として明確に定義することができる。このように、上記①から④のすべてについて明確に定義できるような問題を「よく構造化された問題（well-structured problem：以下 WSP）」と呼ぶ[20]。
　しかしながら、われわれが現実に出会う問題の多くは、このように明確に定義されたものではなく、問題を構成する四つの要素のいずれかが不明確なものであることがほとんどである。このような問題を「構造化されていない問題 (ill-structured problem：以下 ISP)」と呼ぶ。すなわち、ISP とは、初期状態、目標状態、操作子、制約のいずれかに関する「情報が不足している」問題ということになる。「自宅から1時間以内で東京駅に行く」という先ほどの例では、初期状態が「自宅」、目標状態が「東京駅」であり、いずれも明確である。さらに、制約である「1時間以内で」ということも明確に定義されている。明確

にされていないのは、東京駅に行くための「手段」、すなわち操作子である。徒歩、バス、電車のどの手段をどのように組み合わせてどのルートをとればよいかがわかっていないのである。

　そこで、情報探索は、ISPをWSPにするために必要な情報を収集する行動として位置づけられる。すなわち、目標達成がはばまれているのは、問題を構成する四つの要素に関する知識、情報が不足しているためである。それゆえ、ISPにおいては、四つの要素を明確にするための情報の探索と収集は、その解決にとって重要な行動となる。今の例では、操作子に関する情報を探索、収集し、それに基づいて操作子を決定しなければならない。例えば、バスに乗る、という操作子については、まず自宅の近くから東京駅に行くバスがあるかどうか、つぎに1時間以内で着く距離かどうか、そして道が混んでいないかどうか等についての情報が必要になり、情報探索が行われる。その結果、バスに乗る、という操作子が選択されたとき、操作子は明確になり、この問題はWSPとなり、その解決に向けた行動がとられることになる。

　このように、ISPにおいては、解決者は不足する情報を探索、収集することにより、問題を明確にすることが必要になる。ここで重要なことは、不足している情報は解決者の既有知識、手持ちの知識に相対的であるという点である。換言すれば、同一の問題に対しても、解決者の知識状態により、収集すべき情報の範囲が異なってくる。例えば、先にあげた数学の問題は、公理や定理という操作子の知識をもつ者にとってはよく構造化された問題であるが、その知識がない者には構造化されていない問題となる。その場合、公理や定理に関する知識を得るために情報の探索、収集が必要になる。重要なことは、問題解決には常に情報探索が必要になるわけではなく、既有知識の不足から問題が構造化できない場合に情報探索が必要になるという点である。ただし、われわれが日常的に抱える問題の多くは、それを構成する四つの要素のいずれかが明確でない場合が大部分を占める。そこで、一般に問題解決とは、問題に関して不足している情報を探索、収集し、問題を明確にしたうえで、操作子を適用して初期状態から目標状態に到達することと、定義されることになる。

　よって、情報ニーズの言語化の第二の側面である情報ニーズの内容とは、問題を構成する「初期状態」、「目標状態」、「操作子」、「制約」の四つの要素につ

いて明確に定義し、問題を構造化するために必要な情報、と定義することができよう。

### 3.3.3 意味構成過程としての情報探索と問題解決

このように、問題解決においては、問題を構成する四つの要素について不足している情報を探索、収集、利用し、各要素に関する知識を得ることが必要であり、問題解決の主要な部分はこの問題構造化にあるといってよい。なぜなら、問題が構造化されたならば、初期状態に操作子を適用して目標状態に到達すればよいからである。問題解決がうまくいかず、解決できないケースとは、問題の構造化がうまくいかないケース、すなわち、問題が十分に構造化できなかったり、解決に結びつかないような方向で構造化してしまったケースといってよい。そこで、情報探索行動は構造化されていない問題を構造化するために必要な知識を獲得し、問題の意味を明確に把握する活動といえる。

ダーヴィン（Brenda Dervin）[21]は、情報探索行動とは「意味構成過程（sense-making process）」であると述べているが、この意味構成過程がどのようなことかは、情報探索を以上のようなものとしてとらえるとよく理解できる。ダーヴィンは、問題が生じた文脈を「状況」、その状況と望まれる状況との差異を「ギャップ」、意味構成過程の結果、得られる状況を「成果（outcome）」（あるいは「利用」）、状況と成果とのギャップを埋める手段を「ブリッジ（bridge）」と呼んだ。

この「意味構成モデル（sense-making model）」は先に述べた問題解決の定義に対応することがわかる。すなわち、「状況」が初期状態に、「成果」が目標状態に、「ブリッジ」が操作子にそれぞれ対応する。そこで、初期状態である状況に操作子であるブリッジを使って、目標状態である成果に到達する過程がダーヴィンの意味構成モデルの内容となる。ここで意味構成とは、既有知識の不足によって生じたギャップを埋めるために、情報探索によって得られた情報を利用し、既有知識のなかに新たな知識を組み入れ、知識状態を再編成する過程といえる。この知識状態の再編成により、問題の構造化が可能となり、問題解決に向けた行動がとられることになる。

ここで、意味構成モデルと問題解決の枠組みを使って、3.2.4において取り

上げた「不登校についての文献」探索について、説明してみよう。まず情報探索者がどのような人物で、いかなる問題状況におかれているために、情報が必要になったのかが明らかにされなければならない。ここでは、例えば教育学を専攻する学部のある一年生が、授業において「現在の小学校が抱える教育問題」をテーマとしたレポートの提出を求められ、「不登校について」取り上げることにしたとしよう。この学生は不登校について新聞などで話題になっている程度の知識しかもっていない。そこで、不登校についての文献を集め、不登校に関する知識を得なければならないと判断する。このような問題状況では、授業でレポート課題が出題されたことが「初期状態」であり「状況」にあたる。また「目標状態」あるいは「成果」は、不登校に関するレポートを作成し、提出することである。「制約」は担当教員がレポート課題に求めた条件（字数、提出期日など）である。不登校という課題について不足している知識を得るために利用する「不登校についての文献」は、「操作子」あるいは「ギャップ」としてとらえることができる。

このように、情報探索を問題解決という枠組みのなかで位置づけることにより、情報探索者を支援する役割を担う図書館員やサーチャーは、主題以外の手がかりを使った探索戦略の構築が可能となる。すなわち、情報探索者が学部の一年生であり専門的な知識を有していないこと、レポート作成のためであることなどが手がかりとなる。これらの手がかりから、不登校に関する高度な学術論文は適当ではなく、基本的な文献や解説記事などが適しており、また不登校の現状を示した統計資料なども有効であるなど、「不登校についての文献」という非特定的主題探索の対象を、主題とは別の側面から特定化できるようになる。情報探索者自身にとっても、問題解決という枠組みのなかで自分の情報ニーズを位置づけることにより、情報ニーズを明確にし、探索対象を特定化することが可能となろう。

## 3.4 情報利用と知識状態

前節で考察したように、情報探索は問題の構成要素に関して不足している知識を獲得するための行動である。探索された情報の利用により、不足していた

知識を獲得し、既有の知識状態を変化させ、問題解決可能な知識状態を作りだすことになる。では、知識を獲得することは、どのように考えればよいのだろうか。また、既有知識状態の変化と新たな知識状態の形成はどのようにとらえればよいのだろうか。情報の探索・利用は既有知識状態の変化と新たな知識状態の形成とどのように関わっているととらえられるのだろうか。

情報利用と知識状態との関係については、ベルキンとブルックスが論じている。ベルキンによれば、個人にとってある状況が問題状況となるのは、その状況に関する領域についての既有知識が不足し、「変則的な知識状態（ASK）」にあるからである[22]。では、何に関する知識が変則的なのかといえば、それは、前節の考察から、問題を構成する要素に関する知識ということになる。よって、変則的な知識状態を正則な知識状態にするとは、構造化されていない問題（ISP）を構造化できるような知識状態にすることである。

このベルキンの「変則的な知識状態仮説」は、情報ニーズや情報探索の要因を個人の知識状態に求めた点で大きな意義をもつ。すなわち、利用者の情報探索行動に利用者の認知的特性が大きく関係すること、また仲介者による利用者の情報ニーズ理解にあたっては知識の変則性をもたらした状況理解が重要な手がかりとなることを指摘している点である。ベルキンの仮説はその後の利用者指向の研究、認知科学的アプローチによる情報利用研究の基本的な枠組みを与えたのである。

ところで、ベルキンの仮説は、知識の不足がもたらす変則的な知識状態が情報ニーズを意識させるという指摘にとどまり、知識の獲得や知識状態を厳密に定義しているわけではない。また、どのような知識状態になれば変則的でなくなり、正則な知識状態になるのかについても明らかにしていない。これらの点については、ベルキンの仮説に依拠したその後の情報利用研究においても、探究されてはいない。

さて、情報利用と知識状態との関係について定式化を試みたものとして、3.1節で言及したブルックスの研究がある。この研究はベルキンの仮説とは独立に提出されたもので、これまではその関係が注目されることもなかった。しかし、ブルックスの研究は、情報利用による知識状態の変化を取り上げ、一般化したものであり、ベルキンの仮説と密接に関係するものである。

ブルックスは、3.1節で示したように、情報利用による知識状態の変化を次のように定式化している[23]。

(式2)：$K[S]+\Delta I=K[S+\Delta S]$

この式は、既有の知識状態 $K[S]$ に、情報 $\Delta I$ が利用、受容されることにより、知識状態が $K[S+\Delta S]$ に変化したことを示している。$\Delta S$ は情報受容によって既有の知識状態に及ぼした効果を表すものと説明されている。この式をベルキンの仮説と関連づけてみると、$K[S]$ がベルキンのいう変則的な知識状態（既有の知識状態）を指し、情報受容により変則性が解消された後の正則な知識状態が $K[S+\Delta S]$ を指すことになる。

さて、人間は情報を次々と利用し、知識状態を変化させていく。いま、時点 i で利用する情報を $I_i$、知識状態を $(S)_i$ とすると、情報 $I_1, I_2, \ldots I_n$ を順次利用し、受容することにより、知識状態は $(S)_0$ から $(S)_1$ へ、さらに $(S)_1$ から $(S)_2$ へ、そして最終的に $(S)_n$ へと変化する。この知識状態の遷移をブルックスは次のように定式化している[24]。

(式3)：$I_1+(S)_0 \to (S)_1$
$I_2+(S)_1 \to (S)_2$
$\cdots$
$I_n+(S)_{n-1} \to (S)_n$

よって

(式4)：$\sum_{i=0}^{n} I_i+(S)_0 \to (S)_n$

とまとめることができる。

これらの式では、プラスの記号（＋）が使われていることからもわかるように、受容された情報が加算的に蓄積されるものとして表現されており、知識状態の変化は情報の累積による知識の単なる増大としてとらえられている。しかし、知識状態はこのように加算的に変化するわけではない。また、既有知識と受容された情報から新たな知識状態への変化が、(式2) では等号（＝）で結び付けられているのに対して、(式3)、(式4) では矢印（→）を使って表現されている。これらの記号の違いはどこにあり、そもそも等号や矢印が何を意味するのか明確にされていない。このように、ブルックスの定式化にはいくつかの問題点が指摘できる。

情報利用による個人の「変則的な知識状態」から「正則な知識状態」への変化は、情報ニーズや情報利用研究のための基礎的枠組みを提供するものである。それだけに、知識状態の変化を定式化することは、情報の探索から利用にいたる過程における知識状態とその変化の特徴を明確にするうえで役に立つであろう。ブルックスの定式化のように曖昧な部分をなくすためにも、知識状態の厳密な研究にあたっては、人間の思考、推論を研究対象とする論理による形式化が不可欠である。そこで、本節では知識を対象にした論理（認識論理）[25]を使って、既有知識状態の変化と新たな知識状態の形成、情報利用の理論化を行う。

### 3.4.1 知識獲得の形式化

ここでは、人間が知識をもち、ある知識状態に至ることが認識論理の枠組みでどのように形式化されるのかを示す。

人間がある問題状況におかれ、問題解決のために問題を明確にする必要があると考えたとしよう。すなわち、既有知識では知識不足のために問題を明確にできず、解決ができないと考え、情報源を利用して、不足している知識を獲得しようと考えたとしよう。

そこで、次のような事態を考える。すなわち、$s_1, s_2, s_3$ の三つの情報源があり、いずれにも知識 $p$ が含まれているものとする。太郎は過去のある時点 ($t_1$) で、問題解決のために知識 $p$ が不足していると感じ、その知識 $p$ を必要と考えて、$s_1$ という情報源を利用し、その情報源から $p$ という知識を得たとする。その後 ($t_2$)、$s_2$ という情報源を利用し、同じく知識 $p$ を得たとする。そして、今 ($t_3$)、新たに $s_3$ という情報源を利用し、同じく知識 $p$ を得たとしよう。

以上のことは図3-3のように表すことができる。三つの円は、それぞれ $s_1$、$s_2$、$s_3$ という情報源とそこに含まれている知識を示すと同時に、その情報源を利用した時点をも表すものとする。すなわち、$s_3$ の円から $s_3$ の円への矢印は、現時点 ($t_3$) で情報源 $s_3$ を利用していることを表し、$s_3$ の円から $s_1, s_2$ の各円への矢印は、現時点までに情報源 $s_1$ と $s_2$ を利用してきたことを表すものとする。認識論理では、図3-3に示したような諸条件を定めたものを「モデル」といい、Mで表す。

図3-3 モデル

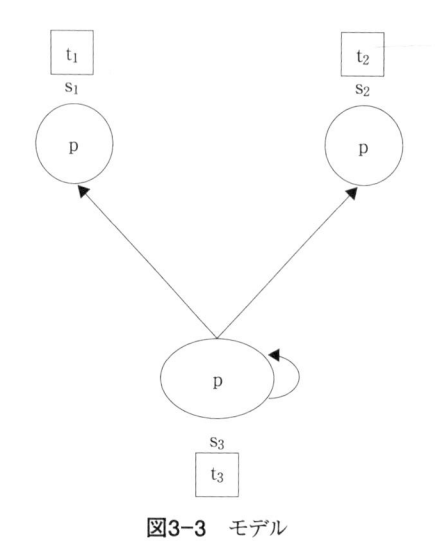

さて、現時点における太郎の知識状態は、現在までに利用したすべての情報源 $s_1, s_2, s_3$ のいずれにおいても、知識 $p$ が含まれているので、太郎は $p$ について確実な知識をもっている状態にある。認識論理では、人間がある知識を獲得し、ある事柄について知るということを、以上のように利用可能な情報源のなかに求める知識があり、それを利用することとしてとらえる。このことを認識論理では次のように形式化する[26]。

（式5）：$(\mathbb{M}, s_3) \models K_{太郎}\, p$

ここで $K$ は「知っている」という状態を表す様相演算子であり、$K_{太郎}$ は「太郎が知っている」ということを表している。そこで、この式はモデル $\mathbb{M}$ と $s_3$ の利用時点において、論理式 $K_{太郎}\, p$ が成り立つ、すなわち、現時点において、太郎は $p$ について知っている、ということを意味する。

### 3.4.2　知識状態の変化

次に、情報源の利用による知識状態の変化を形式化しよう。

まず、三つの情報源（$s_1, s_2, s_3$）を想定する。すなわち、情報源の集合をＳとおき、

（式6）：$S = \{s_1, s_2, s_3\}$

とする。

また、二人の人間（太郎, 花子）を想定する。すなわち、人間の集合をＡとおき、

（式7）：$A = \{太郎, 花子\}$

とする。

そして、いま太郎も花子も、ある問題を抱えており、その解決のために知識 $p, q$ が不足しており、$p, q$ という知識が必要になったとしよう。すなわち、

求める知識の集合をPとおき、

(式8)：$P = \{p, q\}$

とする。

　ここで各情報源に含まれる知識を次のように定める。すなわち、情報源 $s_1$ には知識 $p$ と $q$ が含まれ、情報源 $s_2$ にも同じく知識 $p$ と $q$ が含まれ、情報源 $s_3$ には知識 $p$ と知識 $q$ を否定する $\neg q$ が含まれているものとする。なお、$\neg$ は否定を表す演算子である。

　次に、太郎と花子が利用可能な情報源について定義する。一般に、ある時点において利用可能な情報源には、それ以前の時点で利用した情報源を含めて考えることができる。つまり、過去に利用した情報源から得られた知識は保持されていると考えられる。もちろん、過去に利用できた情報源に、現在は物理的理由により利用できないことはあるが、ここでは情報源への物理的アクセスを問題にしているわけではなく、情報源から得られた知識を問題にしている。よって、各時点において利用可能な情報源には、それ以前に利用した情報源を含めて考える。

　そこで、太郎は、過去のある時点（$t_1$）で $s_1$ を利用し、その後（$t_2$）、$s_2$ を利用し、次の時点（$t_3$）で $s_3$ を利用したとしよう。一方、花子は、過去のある時点（$t_1$）で $s_2$ を利用し、その後（$t_2$）、$s_3$ を利用し、次の時点（$t_3$）で $s_1$ を利用したとしよう。

　以上のことは、図3-4、図3-5のように示すことができる。各円は情報源とそこに含まれている知識を表すと同時に、その情報源を利用した時点をも示すものとする。また、矢印は各時点において利用可能な情報源に向けられている。すなわち、太郎の場合、$s_1$ を利用した時点では現に利用している $s_1$ だけが利用可能であり、$s_2$ を利用した時点では $s_1$ も利用可能となり、$s_3$ を利用する時点では $s_2$ と $s_1$ も利用可能とする。花子についても同様である。

　以上のように太郎と花子の情報源の利用可能性に関する「モデル $\mathbb{M}$」を定義する。太郎と花子の知識状態はこのモデルのもとで形式化されることになる。

　では、太郎の知識状態を見ていこう。太郎は、まず情報源 $s_1$ を利用し、知識 $p$ と $q$ を獲得する。よって、そのときの太郎の知識状態は次のように形式化される。$\wedge$ は論理積を表す演算子である。

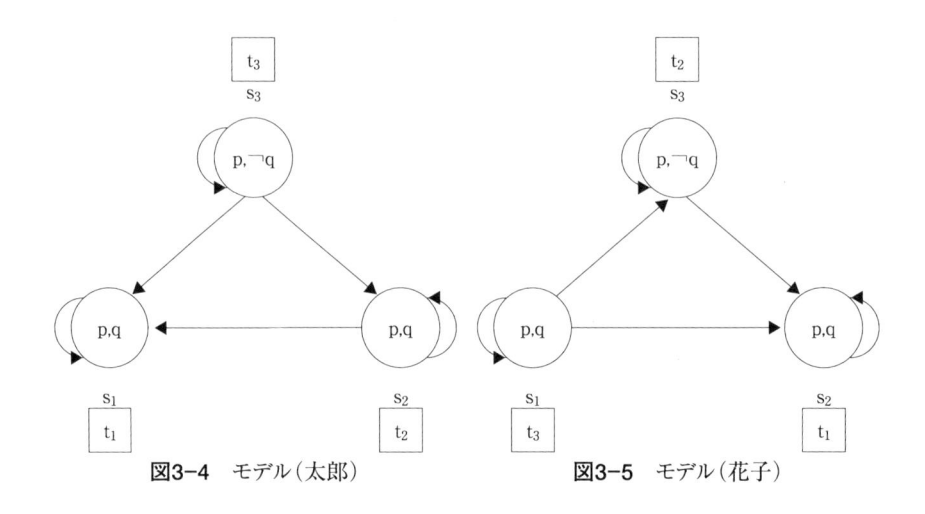

**図3-4** モデル（太郎）　　　**図3-5** モデル（花子）

　　（式9）：$(\mathbb{M}, s_1) \models K_{太郎} p \wedge K_{太郎} q$

この式は、モデル$\mathbb{M}$と$s_1$を利用した時点（$t_1$）において、$K_{太郎} p \wedge K_{太郎} q$が成り立つことを意味している。この式からは、以下のようにして、次の（式10）を導くことができる。

　　（式10）：$(\mathbb{M}, s_1) \models K_{太郎}(p \wedge q)$

すなわち、（式9）により、「$K_{太郎} p$かつ$K_{太郎} q$」である。$K_{太郎} p$により、太郎が利用可能な情報源$s_1$に$p$が含まれ、かつ、$K_{太郎} q$により、太郎が利用可能な情報源$s_1$に$q$が含まれている。よって太郎が利用可能な情報源$s_1$において$p \wedge q$が成り立つから、定義により$K_{太郎}(p \wedge q)$である。

次に、太郎は情報源$s_2$を利用し、その前の時点で利用した$s_1$から得た知識と同じ知識$p$と$q$を獲得する。よって、情報源$s_2$を利用する時点（$t_2$）における太郎の知識状態は次のように形式化できる。

　　（式11）：$(\mathbb{M}, s_2) \models K_{太郎}(p \wedge q)$

次に、太郎は情報源$s_3$を利用するが、すでに利用した$s_2$、$s_1$から得た知識$q$については、$s_3$においてそれを否定する$\neg q$があることを知る。そこで、知識$q$については疑念が生じ、知っているという状態ではなくなる。一方、知識$p$は利用可能なすべての情報源に含まれているので、より一層の確信をもつようになる。よって、情報源$s_3$を利用する時点（$t_3$）における太郎の知識状

態は次のように形式化される。

　　　（式 12）：$(\mathbb{M}, s_3) \models K_{太郎} p \wedge \neg K_{太郎} q$

　ここで注意すべきことは、$\neg K_{太郎} q$ の意味である。次の（式 13）と（式 14）は異なる知識状態を表しているという点に注意する必要がある。

　　　（式 13）：$\neg K_{太郎} q$

　　　（式 14）：$K_{太郎} \neg p$

（式 13）は、太郎は $q$ という知識に確信がもてない状態、すなわち利用可能な情報源のいずれかに $\neg q$ が含まれていることを表している。それに対して、（式 14）は、$q$ ではないという知識をもっている状態を表しており、これは利用可能なすべての情報源において、$\neg q$ という知識が含まれていることを意味する。図 3-4 に示されているように、$s_2$ には $q$ が含まれ、$s_3$ には $\neg q$ が含まれているので、太郎の知識状態は（式 13）のように形式化されることになる。

　$\neg K_{太郎} q$ として形式化される知識状態は次のような例に対応している。すなわち、東京駅に行く用事があり、東京駅行のバスの時刻を知る必要が出てきた。そこで、情報源として時刻表を調べたところ、ある時刻表には午後 1 時発のバスが示されているが、別の時刻表には午後 1 時発のバスが示されていないようなケースである。この場合、太郎は午後 1 時発のバスがあるという知識に確信がもてなくなり、午後 1 時発のバスがあるかどうかわからない知識状態におかれることになる。

　次に、花子の知識状態について見ていく。花子は、まず情報源 $s_2$ にアクセスし、知識 $p$ と $q$ を得る。すなわち、その時点（$t_1$）における花子の知識状態は次のように形式化される。

　　　（式 15）：$(\mathbb{M}, s_2) \models K_{花子} (p \wedge q)$

花子は次に情報源 $s_2$ を利用し、知識 $q$ についてはそれを否定する知識 $\neg q$ を得ることになる。よって、利用可能な情報源のなかに $q$ を否定する知識が含まれているので、$q$ についての知識に疑念を生じ、知っているという状態ではなくなる。したがって、この時点（$t_2$）における花子の知識状態は次のように形式化される。

　　　（式 16）：$(\mathbb{M}, s_3) \models K_{花子} p \wedge \neg K_{花子} q$

　次いで、花子は情報源 $s_1$ を利用し、$p$ と $q$ という知識を得る。知識 $p$ につ

いては、すでに利用した $s_2, s_3$ に加えて $s_1$ にも含まれていることから、より一層確信をもつようになる。一方、知識 $q$ については、$s_1$ にも含まれているので、前の時点（$t_2$）に比べてその疑念は少なくなるが、すでに利用した $s_3$ に $q$ を否定する知識が含まれているため、依然として $q$ という知識に確信がもてない状態にある。よって、この時点（$t_3$）における知識状態は、前の時点と変わりなく、次のように形式化される。

（式 17）：$(\mathbb{M}, s_1) \models K_{花子} p \land \neg K_{花子} q$

　情報源からの知識獲得による知識状態の変化は、以上のように形式化することができる。本節の冒頭で見たように、ブルックスは知識の獲得を既有知識への加算としてとらえ、知識状態の変化を（式 2）、（式 3）、（式 4）のように表現していた。しかし、利用する情報源の拡大による新たな知識の獲得は加算的に増加するわけではない。太郎の場合には（式 10）から（式 12）、花子の場合であれば（式 15）から（式 17）が示すように、異なる情報源から同じ知識を得ることで既有知識への確信を高めたり、逆に否定するような知識を得ることにより、既有知識への確信を低下させるなど、知識状態は動的に変化するのである。

### 3.4.3　情報源の利用可能関係と知識状態

　前項で述べたように、過去に利用した情報源から得られた知識は一般に保持され、現在の知識状態を形成する。このとき、情報源の利用可能関係は、図 3-4 と図 3-5 に示すように、「反射的（reflective）」かつ「推移的（transitive）」という特徴的な関係になることがわかる。ここで、「反射的」と「推移的」を定義すると、ある空でない集合 S があり、$R$ が S の元のあいだの二項関係であるとするとき、任意の $x, y, z \in$ S に対して、$xRx$ となるような $R$ を「反射的」といい、$xRy$ かつ $yRz$ ならば $xRz$ を満たすような $R$ を「推移的」という。

　ここで、図 3-4 に示した情報源の利用可能関係を $R$ とおくと、$R$ がこの二つの関係を満たすことがわかる。

　まず反射的関係について見ていく。$s_1$ を利用する時点では $s_1$ が利用可能であることは自明であるから、$s_1 R s_1$ となる。同様にして、$s_2 R s_2, s_3 R s_3$ となり、

反射的関係が成り立つ。

　次に推移的関係について見ていく。図 3-4 が示すように、情報源 $s_3$ を利用する時点では $s_2$ も利用可能であるから、$s_3 R s_2$ となる。情報源 $s_2$ を利用する時点では $s_1$ も利用可能であるから、$s_2 R s_1$ となる。ところで、$s_3$ を利用する時点では $s_1$ も利用可能であるから、$s_3 R s_1$ となる。よって、$s_3 R s_2$ かつ $s_2 R s_1$ が成り立つとき、$s_3 R s_1$ が成り立つので、情報源の利用可能関係は推移的関係を満たすことがわかる。

　このように、これまで利用してきた情報源から得た知識が保持され、現在の知識状態を形成するとき、利用してきた情報源の間の利用可能関係には推移的関係が成り立つのである。

　情報源の利用可能関係が推移的であるとき、次式が成り立つことを見ていきたい。

　　（式 18）：$(\mathbb{M}, s_3) \models Kp \rightarrow K(Kp)$

ここで→は、「ならば」を意味する論理演算子である。この式は、$s_3$ を利用する時点において、「太郎が $p$ について知っている（すなわち、$Kp$）ならば、太郎は $p$ について知っている（すなわち $Kp$）ということを認識している（すなわち $K(Kp)$）ということを意味している。

　ここで、$K(Kp)$ の意味について考えてみよう。3.4.2 で述べたように、認識論理では、論理式 $Kp$ は $p$ について知っていることを表し、それは、利用可能な情報源から $p$ が得られることを意味する。したがって、$K(Kp)$ は次のことを意味する。

① $K(Kp)$ とは
　　ある時点（ここでは、$s_3$ を利用する時点）において利用可能なすべての情報源（ここでは、$s_3$、$s_2$、$s_1$）から $Kp$ が得られることを意味する。では、その $s_3$、$s_2$、$s_1$ から $Kp$ が得られるとはどのような意味かといえば、次のとおりである。

② $Kp$ とは
　　$s_3$ の利用時点で利用可能な情報源（ここでは、$s_3$、$s_2$、$s_1$）から $p$ が得られ、$s_2$ の利用時点で利用可能な情報源（ここでは、$s_2$、$s_1$）から $p$ が

得られ、また $s_1$ の利用時点で利用可能な情報源（ここでは、$s_1$）から $p$ が得られることを意味する。

　図3-4から明らかなように、情報源 $s_3$、$s_2$、$s_1$ からそれぞれ $p$ が得られる。よって、$s_3$、$s_2$、$s_1$ の各利用時点において、$Kp$ が得られるから、上記②の $Kp$ が成り立つ。上記②の $Kp$ が成り立つことから、上記①の $K(Kp)$ が成り立つことになる。よって、$Kp$ を認識している、すなわち $K(Kp)$ という論理式が成り立つことがわかる。

　このように、$K(Kp)$ は、これまでに利用してきた情報源から $p$ という知識を得たこと、すなわち $p$ についての認識史を太郎自身が認識していることを意味する論理式となる。

　では、$K(Kp)$ の理解をふまえて、（式18）を証明しよう。すなわち $Kp$ を仮定すると、$K(Kp)$ が得られることを証明する。

① $K(Kp)$ が成り立つとは
　　上述の説明から、情報源 $s_3$ の利用時点で利用可能なすべての情報源 $\Gamma$（∋ $s_3, s_2, s_1$）、すなわち $s_3 R \Gamma$ となる $\Gamma$ において、$Kp$ が成り立つことである。
② $Kp$ が成り立つとは
　　その $\Gamma$ から利用可能なすべての情報源 $\Lambda$（∋ $s_3, s_2, s_1$）、すなわち $\Gamma R \Lambda$ となる $\Lambda$ において、$p$ が得られることである。

　さて、情報源の利用可能関係は推移的であるから、$s_3 R \Gamma$ であり、かつ $\Gamma R \Lambda$ であれば、$s_3 R \Lambda$ となる。つまり、$s_3$ の利用時点で、$\Lambda$ が利用可能ということである。ところで、（式18）では、$Kp$ を仮定しているのだから、$s_3$ の利用時点で利用可能な情報源 $\Lambda$ から $p$ が得られることになり、上記②の $Kp$ が成り立つ。上記②の $Kp$ が成り立つことから、上記①の $K(Kp)$ が成り立つ。よって、$Kp$ を仮定すると、$K(Kp)$ が導かれるので、（式18）は証明された。この（式18）の型の論理式は、認識論理における公理型4として知られており、知識状態の基本的な特性を示すものである[27][28]。

(式18) が意味することは、利用した情報源の間の利用可能関係に推移的関係が成り立つとき、人間は単に情報源から得た知識を保持するだけでなく、その知識を得たという知識をも保持するということである。人間は、単に知識を獲得するだけでなく、その知識を獲得したことも認識していることを、この (式18) は示しているのである。

### 3.4.4 変則的な知識状態とその解消

ここでは、ベルキンが提示した変則的な知識状態仮説の形式化を試みる。ブルックスが提示した式は、情報受容による知識状態の変化を示し、変則的な知識状態が解消され、正則な知識状態に至る過程を形式化した試みの一つではあるが、厳密さを欠き、曖昧な部分が残されていることは本節の冒頭で指摘したとおりである。

そこで、ある具体的な問題状況を取り上げ、認識論理を使って変則的な知識状態が知識獲得によって正則な状態になる過程を形式化する。

いま、太郎はある映画を見に行きたいと考えているとしよう。これを実現するには、その映画が上映されている映画館とその上映時間、映画館に行くまでの交通手段など、いくつかの事柄について知らなければならない。そこで、太郎は、ある雑誌を調べ、見たい映画が上映されている映画館とその上映時間について知ることができたとしよう。そこで、次に映画館の場所と上映時間から判断して、もし自宅近くの駅から映画館行きの午後1時発のバスに乗れれば、その映画を見ることができるとわかったとしよう。すなわち、「午後1時発のバスがある」ということを $p$、「映画を見に行くことができる」ということを $q$ とすると、太郎のこの時点の知識状態は $p \to q$、すなわち「午後1時発のバスがあれば、映画を見にいくことができる」ということになる。このときの知識状態は次のように形式化される。

(式19)：$K_{太郎}(p \to q)$

ところで、太郎は「午後1時発のバスがある」、すなわち、$p$ という知識が不足しているために、「映画を見に行くことができる」という知識状態 $q$ に達していない。つまり、映画を見に行くという目標状態が、バスの発車時刻に関する知識がない、すなわち変則的な知識状態のために、達成できないのである。

もし、$p$についての知識が情報源から得られたならば、目標達成が可能となる。そこで、太郎は時刻表という情報源を調べ、午後１時発のバスがあることを知る。この時点での太郎の知識状態は次のようになる。

　　　（式20）：$K_{太郎}\, p \wedge K_{太郎}(p \rightarrow q)$

この式から、次式が得られる。

　　　（式21）：$(K_{太郎}\, p \wedge K_{太郎}(p \rightarrow q)) \rightarrow K_{太郎}\, q$

（式21）は次のように証明される。

すなわち、「$K_{太郎}\, p$かつ$K_{太郎}(p \rightarrow q)$であれば、$K_{太郎}\, q$である」ことを示せばよい。そこで、$K_{太郎}\, p$と$K_{太郎}(p \rightarrow q)$を仮定する。これは、太郎が利用可能な情報源において、$p$であり、かつ$p \rightarrow q$であるということである。よって三段論法により、$q$が得られる。したがって、$K_{太郎}\, p \wedge K_{太郎}(p \rightarrow q)$を仮定すれば$K_{太郎}\, q$が得られる。よって、（式20）と（式21）から$K_{太郎}\, q$が帰結される。

こうして、太郎は$q$という知識状態、すなわち映画を見に行くことができるという知識状態になり、映画を見に行くための行動がとられるようになる。

このように、変則的な知識状態とは、ある目標状態の達成のために必要な知識が不足している状態であり、それは（式19）のように形式化されることになり、（式20）で示される知識状態を形成することにより、求める知識状態が得られ、変則的な知識状態は解消されるのである。

以上の例は、変則的な知識状態とその解消に関する単純な例ではあるが、われわれが日常的に抱える典型的な問題状況である。変則的な知識状態に関するこうした形式化の試みは、その内容が必ずしも明確ではなかったこの仮説を厳密に論じる基盤を提供するものとなろう。

以上、本節では、認識論理をもとに知識状態に関する形式化を試みた。本節の論考の意義は次の点にある。

第一に、情報源の利用と人間の知識獲得との関係について、一般的な原理を示した点である。すなわち、人間が情報源を利用して知識を獲得するということを形式化した点があげられる。このような試みとしては、ブルックスによる定式化があげられるが、ブルックスの定式化には不明確な部分が見られることはすでに指摘した通りである。

第二に、情報源の利用可能関係によって、人間の知識状態の形成が説明されることを示した点である。すなわち、情報源を利用して得られた知識を人間が保持・蓄積するという事象は、情報源の利用可能関係の推移性となって現れるという点である。このことは、人間は単に知識をもつだけでなく、その知識を獲得している状態をも認識していることを意味するのであった。

　第三に、ベルキンによって提示された変則的な知識状態について、その基本的な特性を示した点である。すなわち、変則的な知識状態がどのように形式化され、さらに、その変則性の解消がいかに形式化されるのかについて、一般的な原理を示したことである。

　情報と知識との関係については、情報は人間の知識状態を変化させるものとして定義されることがある。このような定義が意味をもつためには、そもそも知識状態をどのように規定するのか、また情報利用による知識獲得をどのようにとらえるのかを明確に規定しておかなければならない。その点の規定を欠く定義からは、情報利用によって知識状態がどのように変化するのかという、最も重要な問いに対して、何らの解答も得られない。本節で示した認識論理による形式化は、現実世界を抽象化したモデルのもとで、その種の問いへの解答の試みの一つとして位置づけられものである。

## 3.5　おわりに

　本章では、情報探索と情報利用を考察するための枠組みを論じてきた。情報探索については、特に情報ニーズの言語化に関わる二つの側面を取り上げた。第一に、情報ニーズが誰に対して、あるいはどのような対象に向けて表明されるのかという側面であり、第二に、情報ニーズの内容に関わる側面である。第一の側面に関しては、特にディマンドの段階が、個人内にとどまっていた情報ニーズが外部に対して表明され、情報探索行動に移る分岐点となることを示した。この段階が重要なのは、図書館等の情報システムにディマンドとして情報ニーズを提示しない限り、情報探索行動をとることはできず、情報サービスの提供も受けられないからである。その意味で、情報ニーズがどのように推移し、ディマンドとして表明されるようになるのかをさらに探究することは、利用者

の情報探索行動を理解し、効果的な情報サービスを提供するためにも、必要であり、今後の重要な研究課題である。

　ディマンドに関しては、特に主題概念によって情報ニーズをディマンドとして表現した場合、そのディマンドが指示する探索対象が非特定的であるという基本的な性質があることを指摘した。ディマンドの多くが主題概念によって表現されることを考えるならば、主題探索対象の非特定性の解明は情報利用研究にとってきわめて重要な課題である。

　情報ニーズの言語化の第二の側面、すなわち情報ニーズの内容については、情報探索が問題解決のための行動であるという観点から考察した。すなわち、3.3節で指摘したように、情報探索は問題解決のための行動であり、問題の構造化に必要な情報を入手するための行動である。そして、情報ニーズの内容とは、問題の構成要素（初期状態、目標状態、操作子、制約）について不明確な部分を明確にするために必要な情報であることを示した。

　それゆえ、情報探索の目的は、入手した情報を利用して問題の構造化が可能な知識状態にすることにある。そこで、3.4節では、情報利用によって人間の知識状態がどのように変化し、問題解決が可能な知識状態になるのかについて、認識論理による考察を試み、形式化を行った。情報利用と人間の知識状態との関係については、その人間の無知の状態、あるいはその人間が知っていることの全てをどのようにとらえればよいかなど、解明すべき重要な課題がある。

　人間による情報探索や情報利用が、その人間の変則的な知識状態によってもたらされるとするならば、知識状態に関する厳密な議論を展開し、その基本原理を明らかにすることなしに、情報探索や情報利用の特性を把握することはできない。

　注
1 ) Taylor, R. S. "Question-negotiation and information seeking in libraries." *College and Research Libraries.* Vol.29, No.3, p.178-194, 1968.
2 ) Wersig, G. "The problematic situation as a basic concept of information science in the framework of the social sciences." *Theoretical Problems of Informatics.* Moscow, VINITI, 1979, p.48-57. (FID 568)
3 ) Kuhlthau, C. C. *Seeking Meaning: A Process Approach to Library and*

*Information Services.* Norwood, N J, Ablex, 1993, 199 p.
4 ) Vakkari, P. "Task complexity, problem structure and information actions: integrating studies on information seeking and retrieval." *Information Processing and Management.* Vol.35, No.6, p.819-837, 1999.
5 ) Belkin, N.J. et al. "ASK for information retrieval I: background and theory." *Journal of Documentation.* Vol.38, No.2, p.61-71, 1982.
6 ) Brookes, B. C. "The foundations of information science, part I. Philosophical aspects." *Journal of Information Science.* Vol.2, No.3/4, p.125-133, 1980. ("情報学の基礎 －その1－ 哲学的側面."岡沢和世ほか訳『ドクメンテーション研究』 Vol.32, No.1, p.12-33, 1982.)
7 ) Todd, R.J. "Back to our beginnings : information utilization, Bertram Brookes and the fundamental equation of information science." *Information Processing and Management.* Vol.35, No.6, p.851-870, 1999.
8 ) Wilson, T.D. "Models in information behaviour research." *Journal of Documentation.* Vol.55, No.3, p.249-270, 1999.
　　ウィルソンの図には、「失敗」の部分から先の経路が示されていない。しかし、探索に失敗したとき、そこで情報行動が終わるのではなく、ニーズに遡って再検討し、あるいは情報探索をやり直す行動をとる場合もあろう。したがって、図3-1には、「失敗」から「ニーズ」と「情報探索行動」に向かう経路を加筆した。
9 ) Wilson, T.D. "On user studies and information needs." *Journal of Documentation.* Vol.37, No.1, p.3-15, 1981.
10) Line, M. B. "Draft definitions : information and library needs, wants, demands and uses." *Aslib Proceedings.* Vol.26, No.2, p.87, 1974.
11) Belkin et al. 前掲.
12) Taylor 前掲.
13) Kuhlthau 前掲.
14) Searle, J.R. *Speech Acts: An Essay in the Philosophy of Language.* Cambridge, Cambridge University Press, 1969, 203 p. (『言語行為：言語哲学への一試論』 坂本百大ほか訳　勁草書房, 1986, 358 p.)
15) Cohen, P. R. ; Perrault, C. R. "Elements of a plan-based theory of speech acts." *Cognitive Science.* Vol.3, No.3, p.172-212, 1979.
16) Perrault, C. R. ; Allen, J. F. "A plan-based analysis of indirect speech act." *American Journal of Computational Linguistics.* Vol.6, No.3/4, p.167-182, 1980.
17) Cohen; Perrault 前掲.
18) 白井賢一郎『形式意味論入門 : 言語・論理・認知の世界』 産業図書, 1985, 342 p.

19) Kahney, H. *Problem Solving: A Cognitive Approach*. Milton Keynes, Open University Press, 1986, 155 p.（『問題解決』 認知科学研究会訳 海文堂, 1989, 167 p.）
20) 同上.
21) Dervin, B. An Overview of Sense-Making: Concepts, Methods, and Results to Date. Seattle, School of Communication, University of Washington, 1983, 72 p.
22) Belkin et al. 前掲.
23) Brookes 前掲.
24) Brookes, B. C. "Robert Fairthorne and the scope of information science." *Journal of Documentation*. Vol.30, No.2, p.139-152, 1974.
25) Meyer, J.-J. ; Hoek, W. van der. *Epistemic Logic for AI and Computer Science*. Cambridge, Cambridge University Press, 1995, 354 p.
26) 同上.
27) 同上.
28) 小野寛晰『情報科学における論理』 日本評論社, 1994, p.146-198.

# 第4章 情報利用の社会的意義

## 田村　俊作

　情報通信技術が発達し、社会のさまざまな部分に導入されるようになり、また、職業の選択など、私たちの生活に大きな影響を及ぼすようになってくるとともに、そうした社会の変化から取り残されているひとびとの存在が、大きな社会問題としてクローズアップされてきた。いわゆる「情報貧困層（information poor）」の問題である。社会的な情報流通の不均衡という意味では、「情報格差（information gap）」という語もほぼ同じ事象に対して使われてきたし、最近は、コンピュータとインターネットに焦点を絞った「デジタル・デバイド（digital divide）」ということばも聞かれるようになった。
「情報貧困層」は一般に「何らかの事情によって情報を活用することができず、そのために不利益をこうむっている人々」とでも定義できるだろう。しかし、その意味するところは人や分野により微妙に異なっているように思われる。現在の議論の中心が、コンピュータをはじめとする情報通信技術の活用にあるのは確かだろうが、マスコミュニケーション研究者の間では、これまではおもにテレビや新聞などのマスメディアが念頭におかれていたし、図書館・情報学では障害者や高齢者が話題になることが多かった。「情報格差」という語を用いる場合には、地域格差の一種とみなす議論もわが国ではさかんである。また、後で整理してみるように、社会経済的要因を重視する立場や状況を重視する立場などの理論的立場によって、現象の捉え方、すなわち、「情報利用の格差」をどのような現象として捉えるのかも異なっている。
　ことばもさまざまである。例えば、これまでコミュニケーション研究分野で

この問題を主導してきた「知識ギャップ（knowledge gap）」仮説に関するレビューの中では、「情報貧困層」「情報格差」のほかに、「情報を持たざるもの（information have-nots）」「情報の不均等（information inequity）」「コミュニケーション・ギャップ」「情報の再配分（information redistribution）」など、実にさまざまな用語が用いられていることが、繰り返し指摘されている[1]。

　しかし、もちろん、このようなばらつきがあるからといって、情報貧困層の問題が情報を活用することに関わっており、問題とされているのはその不平等である、という認識までも一致していないというわけではない。そして、この情報利用の不平等の是正こそ、公共図書館を中心とする図書館情報サービスの重要な目標の一つであり、図書館・情報学の重要なテーマとなってきたものである。

　そこで、本章では、情報貧困層の問題を取りあげて、おもにコミュニケーション研究の分野と図書館・情報学におけるこれまでの議論を整理してみることにより、「情報を利用することに関わる不平等」がこれまでどのようにとらえられてきたのかということを、そしてそこからさらに、情報貧困層に関する議論においては、情報利用の社会的意義がどのようなものとして理解されてきたのかを、簡単にまとめてみたい。さらに、情報利用を促進する方策のあり方に関しても、これまでの議論を整理して、第5章への導入としたい。

　はじめにお断りしておくが、本章では、情報貧困層やデジタル・デバイドの問題に関する網羅的なレビューは意図していない。単なる議論を超えて、政策や社会運動にまで関わるこのようなテーマを鳥瞰するのは、筆者の能力を超える。図書館・情報学を中心に、情報利用の社会的意義に関わる部分に焦点を絞って、議論を整理することが、筆者の狙いである。

## 4.1　情報格差をとらえる視点

　情報貧困層をめぐっては、さまざまな立場があると最初に書いたが、具体的にはどのような立場があるのかを検討してみると、この語に関わる問題領域が見えてくる。

　情報貧困層に関しては、まず、社会的課題として解決をめざすという実践的

な立場と、その実態や背景の理論的な解明をめざす理論的な立場とが考えられる。実践的な立場といっても、国際的なレベルで国家間の情報の不平等の解決をめざすものから、市民を対象としたパソコン教室のようなコミュニティのレベルまで、さまざまなレベルがありうるだろう。その中には、米国などがユネスコを脱退するきっかけとなった新国際情報秩序や、米国政府によるデジタル・デバイドの解消に向けた諸方策などのような著名なものから、障害者に対して図書館で行われる対面朗読や点字出版物の貸出しのような日常的に行われている活動までが含まれる。こうした政策や日常活動を支えている理念とはどのようなものなのだろうか。

　理論的な研究は、こうした政策理念・活動理念そのものを問うというよりは、現状とその背景を理解するための手がかりを提供することにおもに貢献してきた。中心となって研究を進めてきたのは、コミュニケーション研究の分野で、特にコミュニケーションの効果に関する研究分野と、知識やアイデアの普及過程に関する研究分野などで、さかんに研究が行われてきた。新聞やテレビなどのマスメディアが人々に与える効果には、個人や集団の特性によってどんな違いがあるのか、なぜ違いが生ずるのか、あるいは、新しい知識やアイデアは、集団の中にどのように浸透してゆくのか、すぐに受け入れる人と、どうしても受け入れようとしない人にはどんな違いがあるのか。大まかに言うと、こういったことが情報格差に関連してコミュニケーション研究が課題としてきた研究テーマである。

　一方、それほど活発というわけではないが、図書館・情報学分野でも研究が行われてきた。図書館情報サービスという実践に密接にかかわっているという分野の性質を反映して、おもに案内紹介サービス (information and referral service: I&R) や障害者サービスなどのサービスを計画する際や評価する際に、対象とする利用者に対する理解を深めることを目的として、情報利用研究の分野で研究が行われてきた。コミュニケーション研究の分野と比べて、理論の構築自体よりは、サービスに密着した研究の多いのが特徴であろう。また、序章などでも触れたように、構築主義に立脚した研究の多い点も特徴的である。

　デジタル・デバイドに関する議論は、こうした従来の議論とはかなり異質の側面をもっている。対象がコンピュータやインターネットというデジタル技術

に限定されていることもその一つである。「情報」といった漠然としたものから、目下問題となっているものに焦点が絞られているのである。さらに、議論の背景が従来とは異なっている。その一つは、政治的なものが大きく関わっていることである。デジタル・デバイドが取りあげられるようになったのは、米国のクリントン政権がデジタル技術に関する格差の解消を、情報通信に関する政策目標の一つとして掲げてからである。「デジタル・デバイド」ということば自体は、元来政策とは無関係なところからはじまったようだが、一般に広まったのは、クリントン政権がこの語をキャッチフレーズとして使い始めてからである[2]。そのため、普及してから日が浅いということもあり、この語は研究の対象として論じられるというよりも、国ないし国際的な情報通信政策と密接に関わったかたちで用いられる傾向にある。そのためか、コミュニケーション研究や図書館・情報学分野の情報利用研究を念頭においてデジタル・デバイドの議論を眺めると、かつて行われた議論を蒸し返しているような点も目につく。しかし、もう一つ、これまでの議論と決定的に異なる点は、デジタル・デバイドは社会や産業の情報化を背景にして論じられている点である。コミュニケーション研究や情報利用研究においても、もちろん、情報格差を生み出す社会のしくみの解明は、大きなテーマではあったが、そこで論じられる社会とは、一般的な近代産業社会のことであって、コンピュータやインターネットを使わないことが不利益となるような社会のことではなかった。つまり、デジタル・デバイドに関する議論の最大の特徴は、情報社会における、デジタル技術に関連した情報格差の問題を取りあげている点にある。したがって、デジタル・デバイドに関する議論を整理してみることにより、いままさに姿を現しつつある（と多くの人が信じている）情報社会における、デジタル技術に関わる情報格差の問題を理解する糸口を得ることができるだろう。

　そこで、本章では以下、まず、コミュニケーション研究および図書館・情報学分野における情報貧困層に関する議論を整理して、その骨格を把握する。次に、こうして得られた理論的側面についての知見をもとに、情報貧困層の解消をめざす実践のあり方を検討する。私自身の知識と関心から、公共図書館に関わる実践をおもに取りあげる。最後に、デジタル・デバイドに関する議論を整理し、情報貧困層の解消に関する理論と実践についての前段までの議論をもと

に、情報社会における情報格差の問題を検討してみたい。

## 4.2 コミュニケーション研究における議論の歩み

情報貧困層に関する理論的な検討については、ダーヴィン（Brenda Dervin）、ロジャーズ（Everett M. Rogers）、チャットマン（Elfreda A. Chatman）とペンドルトン（Victoria E. M. Pendleton）、ヴィスワナス（K. Viswanath）とフィネガン（John R. Finnegan, Jr.）[3]などが、それぞれ異なる理論的立場から議論を整理している。彼らにしたがって、情報貧困層をめぐる議論をたどってみよう。

### 4.2.1 初期の研究

情報格差の問題をこれまでおもに取り上げてきたのは、コミュニケーション研究の分野で、特にマスコミュニケーションの効果に関する研究においてである。ラジオや新聞などのマスメディアがひとびとに与える影響に差があるという現象は、早くからコミュニケーション研究者の注意を引いており、さまざまな説明が試みられてきた。

コミュニケーションの効果に関する最初期の理論は一般に「弾丸理論」とか「皮下注射理論」と呼ばれる。ナチス・ドイツによるマスメディアを使った政治宣伝の成功などに触発されて1930年代に登場した理論で、マスメディアは受け手に直接影響を及ぼすとするものである。この理論に従えば、マスメディアと接する機会が多ければ多いほど、人はより多くの情報を得ることになる。あるいは、もっと一般化して言うと、図書館とかインターネットのような情報源にアクセスする機会が多ければ多いほど、得られる情報量もまた多い、ということである。

しかし、ことはそう単純でない。同じ情報に接しても、そこから人がなにを受けとり、どんな影響を受けるかは、さまざまだろう。コミュニケーション研究は、どのような人がどのように情報を受けとり、その結果どのようなことが起こるのか、人々による受けとり方の違いを説明できなければならないのである。そこで、1940年代から、マスコミュニケーションの効果に対するより良

い説明を求めて、さまざまな研究が登場することになった。

　このあたりの事情は、コミュニケーション研究の動向を扱った本に記載されている[4]ので、ごくかいつまんで紹介すると、皮下注射理論以降の最初の大きな成果は、カッツ（Elihu Katz）やラザースフェルド（Paul F. Lazarsfeld）らにより1940年代にはじめられた「コミュニケーションの流れ」の研究だとされている。これは投票行動など、人々の行動における意思決定に際して、マスコミュニケーションが及ぼす効果と、それに影響する要因を探ったもので、受け手があらかじめもっている傾向とマスメディア利用との関係、効果にもいろいろな種類があることなどを明らかにしたほか、マスコミュニケーションは人々に直接影響を及ぼすというよりは、マスメディアに積極的に接触する「オピニオン・リーダー」と呼ばれる人との個人的な接触を通じて間接的に影響を及ぼしているのであって、マスコミュニケーションの影響は個人的な影響より小さいとする「コミュニケーションの2段階の流れ」の仮説を提出して、その後の研究に大きな刺激を与えた。

　この研究から、ロジャーズらによるイノベーションの普及過程に関する研究領域が生まれた。これは、イノベーションの普及過程を、個人がイノベーションを採用する過程と、その集積としてイノベーションが社会に伝播してゆく過程とから説明しようとするもので、後に見るように、人々の間の情報格差を説明しようとするときにも適用されている。情報格差は普及過程の途中で生ずる現象である、と考えるのである。

　この時代には、このほかにベレルソン（Bernard Berelson）らによる「利用と満足（uses and gratifications）」に関する研究や、ホブランド（Carl I. Hovland）らによる説得的コミュニケーションの研究などがある。このうち利用と満足の研究は、人々のマスメディアの利用のしかたとそこから得る満足とを調べるもので、ベレルソンが図書館・情報学の出身（彼はシカゴ大学図書館学大学院（Graduate Library School: GLS）主任教授も務めている）だったということもあり、読書に対する利用と満足の研究など、図書館・情報学とはとりわけ縁が深い。一方、説得的コミュニケーションの研究は、受け手に対して効果を与えるコミュニケーションの条件を明らかにしようとするものであった。

### 4.2.2 「知識ギャップ」仮説[5]

情報貧困層に関する議論に最も関わりが深いのは、1970年にティチナーらが提出した知識ギャップ仮説と呼ばれる次のような仮説である。

> マスメディアによる社会システムへの情報の提供が増加するとともに、より高い社会経済的地位にいる人々のほうが、低い地位にいる人々よりも速く情報を獲得する傾向にあるため、両者の間の知識ギャップは縮小するのではなく、拡大する傾向にある[6]。

つまり、社会経済的地位の高い人は、低い人より多くの情報を入手する傾向にあり、しかも、マスメディアはその傾向を抑制するよりも助長するというのがこの仮説である。ティチナーたちは社会経済的地位を示す指標として教育程度を採用している。また、この仮説はおもに科学情報や公共性のある情報に関するもので、株式やスポーツといった特定の人々に向けられた情報にはあてはまらないし、また、テレビはひょっとすると逆の働きをするかもしれないなど、仮説の提出にあたっては慎重な姿勢を見せている。

ティチナーらは知識ギャップが生ずる理由として、次のような要因を指摘している。

① コミュニケーション技能：教育程度の高い人は知識を獲得するのに必要な高度の読解力を備えている。
② 蓄積された情報の量：マスメディアや学校教育を通じて獲得した既有知識は、新しい知識を理解するのに貢献する。
③ 知識の獲得に関連する社会的接触：教育程度の高い人は、概して行動範囲が広く、より多くの集団に所属し、社会的接触の数も多い。当然、他人と情報を交換する機会も多い。
④ 情報への自発的接触・受容・保持：教育程度の高い人は自発的に情報を獲得・保持する傾向をもつ。
⑤ マスメディアの性格：科学情報や公共的情報は印刷メディアを通じて伝えられることが多い。印刷メディアは社会経済的地位の高い人に好まれ

るメディアである。また、報道様式も社会経済的地位の低い人向けでない。

　知識ギャップ仮説は、社会的・経済的に恵まれた人が、情報入手の面でも恵まれた立場にいること、したがって、何らかの是正策が講じられない限り、情報化が進むにつれて、知識ギャップは拡大する危険性があることを示している。情報はしばしば権力や富と結びつくから、この仮説が示唆しているのは、富めるものは自らの有利な立場を利用してより多くの情報を集め、それを活用してますます富む、という一種の循環構造である[7]。

### 4.2.3　知識ギャップ仮説への修正と批判

　通常の条件のもとでは、マスメディアは情報格差を助長する方向に働くとする知識ギャップ仮説は、かつての皮下注射理論などとは正反対の結論を示唆しているようにも思える。例えば、この仮説を現実の政策に生かす場合などを考えると、これが妥当な仮説かどうか、仮に妥当だとして、どのような条件のもとで有効かについては、慎重な検討が必要であろう。前項で触れたように、ティチナーたち自身、この仮説の適用範囲については慎重であった。以下では、この仮説が提案されて以来の25年間の議論を振り返ったヴィスワナスとフィネガンの論文[8]を手がかりに、仮説に対する批判や修正意見などを整理してみよう。それを通じて、知識ギャップ仮説がもつ意義を明確にすることができるだろう。

　(1)　仮説の修正

　知識ギャップ仮説が提案された後、仮説にあてはまる事例やあてはまらない事例など、数多くの事例が報告された。あてはまるにしても、非常によくあてはまり、知識ギャップの大きい事例や、当初はギャップがあるものの、時の経過とともに差が小さくなってくるものなど、さまざまなケースがあることもわかってきた。ヴィスワナスとフィネガンはそうしたケースを次のように整理している。

　①　公共的情報以外の情報にも知識ギャップは存在する。情報の主題分野は

重要ではあるが、以下のような他の要因も無視できない。

② コミュニティ（この場合は地域的なものだけではない）にとって重要な情報ほど、知識ギャップは少ない。つまり、共通の利害ないし関心のある情報については、ギャップが少ない。

③ 高度な理解力を必要とするこみいった情報については知識ギャップが大きい。②が利害・関心に関わるものだとすれば、③は教育に関わるギャップである。

④ 長期にわたる宣伝などにより、情報の内容が共通の関心事になったときは、知識ギャップは減少する。ただし、同一のことがらについても新たな情報は次々に発生するから、総体としてみたとき、知識ギャップが減少するかどうかは疑わしい。

⑤ メディアとの関係では、まず、印刷メディアは知識ギャップを拡大する。印刷メディアは中産階層に特に好まれるメディアであること、また、特にこみいった知識を伝達するのに適していることなどがその理由として推測される。一方、テレビについては、教育程度の低い人々に好まれるメディアではあるが、情報伝達よりは娯楽機能が強調されているので、知識ギャップを緩和する機能は弱い。対人コミュニケーションの影響はいまひとつ明確でないが、すでに述べた「コミュニケーションの2段階の流れ」の仮説などを考えると、マスメディアを通じて伝えられる情報を普及させ、ギャップを弱める効果があるものと思われる。

知識ギャップに関わる事例をこのように整理したのち、ヴィスワナスとフィネガンは、こうした事例を説明しようとするさまざまな試みを、個人レベルと構造レベルとに分けて、その妥当性を検討している。ここで個人レベルというのは、動機・関心・認知スキーマといった個人に属する要因に基づいて、仮説を説明しようとするものをさす。例えば、住宅を買おうと思っている人は、そうでない人に比べて、住宅価格の動向や住宅関係の税の動向に関する情報に関心をもち、よく知っているだろう。一方、構造レベルというのは、企業組織や情報流通機構などの社会・経済のしくみに関わる要因に基づいて説明しようとするもののことである。例えば、自治体が住民に対して実施する健康診断に関

する情報は、仮に同じ人数規模だったとしても、小さな村なら関係者全員に伝わるかもしれないが、大都市のマンションでは、全員に伝えることは難しいだろう。

　個人レベルと構造レベルという区分は、ミクロレベルとマクロレベルとも呼ばれ、社会科学で事象をわけるときの普通のやり方である。むしろ注目すべきなのは、知識ギャップに関わる事象はこの二つのレベルの両者に関わっているので、両者を結びつける働きをする要因（ヴィスワナスとフィネガンは「状況的（situational）」および「状況横断的（trans-situational）」と呼んでいる）こそが重要であるとヴィスワナスとフィネガンが主張している点である。確かに、知識ギャップのような、ときとところによってさまざまな現れ方をする事象の場合、すべての事象に共通する要因は考えにくいところであり、むしろ、関係するさまざまな要因を洗い出したうえで、どのような場合にどの要因がどのように結びついて（状況的・状況横断的な要因というのは、この結びつき方のことを言っている）知識ギャップを生み出しているのかを考えた方が、理解のしかたとしては適切なように思われる。

　個人の意向・能力・資質などから知識ギャップの問題をとらえようとする方向と、社会関係などからとらえようとする方向、および、両者のかかわり方の中に問題の所在を見ようとする方向という三つの方向は、情報貧困層について考えるときの基本的な方向として、繰り返しでてくる。あとで検討する図書館・情報学やデジタル・デバイドに関する議論の中で、このことは確かめられるだろう。

(2)　普及研究と知識ギャップ仮説

　知識ギャップ仮説とは異なる理論的立場からの仮説に対する批判がいくつか存在する。その一つはロジャーズたちの普及研究からのもので、批判というよりは、仮説を異なった立場からとらえていると言ったほうが適切であろう。すでに述べたように、普及研究では、イノベーション、すなわち、新しい機器や革新的なアイデアが人々の間に普及する過程を、個々人によるイノベーションの採用過程と、その集積として集団全体にイノベーションが普及してゆく過程とからとらえている。例えば、新しい機械が農村に導入されると、まず最初はごく少数の進取の気性に富んだ人が機械を試してみることからはじまって、こ

のひとびとにより従来の機械より新しい機械の方が優れていることが示されると、徐々にほかの人に広がってゆくだろう。普及のどの段階でどんな特性を持った人がイノベーションを採用するのか、その結果、普及の過程は一般にどのようなものとなるのか、どんな場合が例外となり、またそれはなぜか、普及を促進したり阻害したりする要因は何か——こうしたことが普及研究の課題となる。これを情報が普及する過程に適用してみると、知識ギャップの問題も、情報の普及過程で生ずる問題としてとらえなおすことが可能になる。例えば、知識ギャップは普及の初期に起こる現象で、時間の経過とともにおおぜいの人に広まるから、ギャップは減少する、という仮説を立てることができる。これについては、すでにいくつもの研究がなされ、あてはまる場合とあてはまらない場合のあることが報告されている。また、社会階層や集団によって普及率に差が見られるかもしれない。この場合には普及過程のモデルのバリエーションとして、その要因を探ることが課題となるだろう。

(3) ダーヴィンによる知識ギャップ仮説批判

　知識ギャップ仮説に対する批判でもっとも厳しいものは、本書ですでに何度も登場しているダーヴィンによるものである[9]。彼女は知識ギャップ仮説に表れた伝統的なコミュニケーション・モデルの人間観を厳しく批判する。すなわち、知識ギャップ仮説を奉ずる人々は、ギャップが存在すると主張し、さらに、それは受け手となるべき人々に情報を受けとる能力や意欲のないことに起因していると言うが、果たしてこのような主張は妥当なのだろうか、とダーヴィンは問いかける。そして、仮説にうまくあてはまらない事例がこれまでに多数報告されていることを指摘して、そのようなことが生ずるのは、そもそも知識ギャップが存在するという前提自体が間違っているからであり、こうした間違いが生ずるのは、基盤とする伝統的なコミュニケーション・モデルが間違っているからであるとしている。ここでダーヴィンが伝統的なコミュニケーション・モデルと呼んでいるのは、送り手がある意図をもってメッセージを受け手に送り、受け手がそれを理解することによって完結する、というモデルのことである。

　ダーヴィンは、この伝統的なモデルに対しては、二つの立場からの批判があると述べている。一つはおもに第三世界の研究者からのもので、問題とされる

べきは受け手の側でなく、送り手と伝達システムの側である、とする。先進国に属する送り手は、自らが不適切と判断する情報を伝達システムからふるい落とし、適切と判断する情報だけを送って、それを受け手が受けとらないといって問題視するが、問題はむしろ逆で、第三世界にとっては必ずしも役立たない、ときには有害でさえある情報を一方的に送る送り手と伝達システムの側にこそ問題があるのではないか、というわけである。

　第一の立場をこのように要約した後に、ダーヴィンはこれは真に革新的なモデルではないという。なぜなら、これは問題の所在を受け手から送り手と伝達システムに変えただけで、ギャップの存在そのものを否定しているわけではないからである。こうしてダーヴィンは、伝統的なモデルに対するより根底的な批判となる第二の立場に進んでゆく。

　第二の立場では、情報や情報利用の本質が問い直される。これについてはすでに序章で触れているので繰り返しは避けるが、情報は受け手を離れて存在するのではなく、受け手が状況の中で構成するものであるとする構築主義的な立場から、知識ギャップの存在を否定する。すなわち、知識ギャップは、①伝えるべき情報があり、受け手はそれを正確に受容することを求められている（ダーヴィンはこれを「絶対的情報（absolute information）」の仮説と呼んでいる）、②したがって、受け手が正確な受容に失敗したとすれば、それは受け手の何らかの欠陥による、という情報観、受け手観を前提としてはじめて成り立つ概念であり、一見知識ギャップを示すと思われる事例でも、実際は受け手の状況に応じた多様な情報利用を、研究者が自らの理論的前提に従って一方的に類別したことから生まれた見かけの現象に過ぎない。こうした送り手の側に立ったギャップではなく、むしろ重要なのは、受け手が主観的に経験するギャップ、すなわち、ものごとを意味づけて何かをなしとげようとするが、うまくいかなくなるような事態の方である。このような事態に立ち至ったとき、人はさまざまなものを手がかりに、関連するものごとを再度意味づけなおし、事態を進行させようとする。このときの意味づけの過程が情報利用の過程である[10]。したがって、真に研究すべきなのは、こうした意味での受け手にとってのギャップであり、そうしたギャップを経験するときの受け手の状況である。

　このように、ダーヴィンは知識ギャップという現象を、誤った前提に立った

研究者が作り出した幻であるとする。だが、果たしてそうだろうか。

　まず、第一の批判から検討してみよう。先進諸国のマスメディアによる情報発信の独占に対する第三世界の研究者からの批判は確かに存在する。特に、国際コミュニケーションのあり方に関する議論の歴史の中で、1970年代から1980年代にかけては、第三世界の側からのそのような批判が噴出した時期であった。メディアを通じた第三世界の文化への先進工業国文化の浸透は「文化帝国主義（cultural imperialism）」と呼ばれ、研究者の間で議論されただけでなく、ユネスコなどの場を通じて激しい論議を呼び起こした。ユネスコ「マクブライド委員会」報告[11]などにその一端をうかがうことができる。この委員会はユネスコが新国際情報秩序の実現に向けて、国際コミュニケーションの現状と問題点を調査するために1976年に設置したもので、1980年に報告書を提出した。そこでは、情報の自由な流れを保障することの重要性がうたわれる一方で、情報の流れにおける不均衡と不等性の除去が何よりも考慮されるべきだとしている。さらに、ジャーナリストによる情報源への自由なアクセスを国家が規制すべきでないとする一方、商業的なコミュニケーション・システムよりは非商業的なコミュニケーション・システムを優先させるべきだと勧告している。情報の自由な流通を優先すべきだとする欧米先進国と、不均衡の是正のために、国家による取材の規制や、商業メディアの活動の制限などを認めるべきであるとする第三世界諸国との争いはその後も続き、結局1985年に米国や英国はユネスコを脱退することとなった。

　しかし、その後の事態の推移を見ると、ユネスコにおけるこのような努力はあまり実を結ばなかったし、また、現状を「文化帝国主義」と見るような認識も変化してきているようである。1990年代を通じて、吸収・合併による欧米先進国のマスメディアや情報通信企業の多国籍化、巨大化はいっそう進行した。一方、それがただちに欧米資本による文化の支配につながるかというと、必ずしもそのような方向で事態が進行しているというようには考えられていない。元来先進工業国のメディアの一方的な流入を文化帝国主義とする見方は、より多くの情報提供はより大きな影響を意味するという、皮下注射理論と同様の単純な理論的前提に立っている。しかし、最近では、ダーヴィンが主張するような構築主義的な立場、あるいは、メディアへの利用者の能動的な関わりを重視

する立場から、欧米で作成されたテレビ番組が第三世界の文化の中でまったく異なった意味を与えられて受容される事例や、地元制作の番組の方が人気を博し、海外にも輸出される事例などが報告されるようになった。スレバーニ=モハマディはこのような最近の考え方を「文化多元主義（cultural pluralism）」と呼んでいる[12]。つまり、欧米先進国の文化や価値観を前提とした情報格差論や開発論と、それに対抗する文化帝国主義批判が対立する、といった状況から、さまざまな要因の交錯と対立のうちに国際的な情報の流通を見ようとする多元主義へと、国際コミュニケーションのとらえ方も変化したのである。こうしてみると、ダーヴィンが指摘した第一の立場による批判は、少なくとも議論のうえでは過去のものとなりつつある、と言えそうである。

　では、第二の立場による批判についてはどうであろうか。これに対しては、すでに本節で取りあげたヴィスワナスとフィネガンの論文が、最後の数ページを特にダーヴィンの批判にあてて、それへの反論をおこなっている。彼らの反論は全部で三点あるが、ここではそのうちの最初の二点、すなわち、知識ギャップ仮説の前提および帰結は、マスコミュニケーションの限定効果論や普及理論と共通するとダーヴィンが論じていることに反論している点について触れることにする。

　ここでマスコミュニケーションの限定効果論というのは、前出のカッツとラザースフェルド、あるいはホブランドらの研究などで提示されたもののことで、それまでの皮下注射理論に対して、マスコミュニケーションの効果は思ったほど強力なものではなく、さまざまな条件に左右される限定的なものである、とする説である[13]。ダーヴィンはこうした限定効果論や普及理論と一まとめにして、知識ギャップ仮説を批判しているが、ヴィスワナスとフィネガンによれば、これはいかにも乱暴な議論である。知識ギャップ仮説の眼目は、貧困などの社会経済構造における問題が知識ギャップという新たな問題を生み出し、それがさらに社会経済構造の問題を再生産するという負の循環を指摘している点にあるのであって、この点を無視して、理論的前提の異なる限定効果論や普及理論と一緒に論ずるのは不当としか言いようがない。

　ヴィスワナスとフィネガンはダーヴィンの批判を「イデオロギー的である」と評している。ダーヴィンが問題にしているのは知識ギャップに関する理論と

いうよりは、理論が前提する情報観であり、確かにその点では知識ギャップ仮説も限定効果論も普及理論も同一である。さらに言えば、同一の情報観に立つ研究はすべて批判の対象となるであろうから、情報格差や不平等に関する研究をことさらに取りあげて論ずる理由がわからなくなってくる。また、知識ギャップ仮説やその他の情報格差に関する議論が誤った前提の上で幻を追いかけているに過ぎないと批判するならば、ダーヴィン流の情報観では貧困と情報利用との関係はどのようにとらえられるのかが問われなければならない。なぜならば、デジタル・デバイドの議論に典型的に表れているように、情報格差に関する議論は現実の政策と結びついているのであり、情報格差の存在を前提とした施策が現実に実施されていることを考えるならば、前提を否定する議論を展開する場合には、少なくとも現在の施策の代替案の方向を示唆するようなところまで論じきる必要があると思うからである。要するに、ダーヴィンの批判は、情報格差に関するこれまでのさまざまな議論自体に対する批判としては不十分ではないのだろうか。

　情報格差の解消は、図書館情報サービスの大きな課題の一つであり、その理論と実践をめぐって、図書館・情報学分野では長い期間にわたって議論が重ねられてきている。また、序章で述べたように、ダーヴィンの情報観は図書館・情報学に大きな影響を与えており、情報格差についても、ダーヴィンの議論を継承し、発展させようとする試みが存在する。そこで、次節では図書館・情報学に焦点をあてて、米国における議論と実践の跡をたどってみることにしよう。特に、図書館利用をめぐる理念と実態との乖離に関する議論をおもに取りあげる。さらに、ダーヴィンのような構築主義的な考え方に基づいて、貧困層の情報利用を分析したり、そのような人々を援助する方策について論じたものを取りあげて、情報格差についてダーヴィンの議論が取りうる方向性を考えてみることにする。

## 4.3　図書館・情報学における議論と実践

### 4.3.1　「すべての人に」——米国公共図書館と情報貧困層——

　いまさら説明するまでもないのかもしれないが、近代の図書館というのは、

資料を共同で利用するための社会的なしくみである。皆が快適に利用し、資料を使って各自の目的を達することができるように、さまざまなきまりが定められ、コレクションやその検索のしくみが工夫されてきた。

　税金によって維持される公共図書館の場合には、自治体の構成員全体が共同で利用することになるために、他の種類の図書館と違った特別な配慮が要請される。公共図書館が対象とするのは、一つの地域に住んだり通勤したりしているという点を同じくするだけで、乳幼児から老人までのあらゆる年齢層に渡り、児童・生徒などの学生や社会人、健康な人や病気の人など、およそありとあらゆる種類のひとびとである。また、公共図書館が関係する人々の活動も、資料の利用が関わっている点が共通するだけで、学習や勤労だけでなく、暮らし、旅行、スポーツ、趣味、それこそ結婚式の司会や式辞まで、生活のあらゆる領域に渡っている。したがって、それぞれの公共図書館がどのようなコレクションを持ち、どのようなサービスをするかは、地域の住民によって変わってくるし、また、時とともに変化するのである。

　このように、良いサービスをしている公共図書館というものは、それぞれの地元にあったユニークな顔を持っているものであり、どれ一つとして同じものはないといってよいのだが、しかし、その存立の理念は共通である。なかでも重要な理念は、誰に対しても資料利用の機会を提供するというものである。近代の公共図書館は、各人が会費を払って利用する会員制図書館に対して、そうした金を支払うことのできない貧しい人々も含め、誰でも利用できるように、税で維持し、無料で誰に対しても開かれた施設として誕生した。19世紀の後半に、英米両国で誕生して以来の公共図書館の歴史は、一面では、この「すべての人にサービスを提供する」という理念を実現するための努力の歴史としてとらえることも可能である。例えば、視覚障害者に対するサービスは、19世紀の後半にすでに英米両国で始まっている。図書館から離れたところに住んでいて、来館が難しい人に対して、移動図書館のサービスがあることは、よく知られているだろうが、それ以外にも、病院や刑務所などの施設に対するサービスや、寝たきりの人に対する訪問サービスなど、何らかの事情で図書館に来ることが困難な人に対して、図書館の方から出向いていって届けるようなサービスも、今日ではごく普通に行われている。

第 4 章　情報利用の社会的意義

　「すべての人にサービスを提供する」ことを基本理念とする図書館にとって、理念に背馳するような提案がいかに受け入れがたいものであるかを示す好個の事例がある。1950 年頃にベレルソンが行った提言と、それに対する図書館員の反応である。

　ベレルソンはもともと図書館・情報学の出身であり、シカゴ大学図書館学大学院で博士号を取得している。その後、当時のコミュニケーション研究の中心地だったコロンビア大学応用社会調査所（Bureau of Applied Social Research）でラザースフェルドらと数々の調査研究を行い、前節でも触れているように、利用と満足に関する研究など、コミュニケーション研究の分野でも大きな業績を残している。

　再び GLS に学部長として戻った後の 1949 年、ベレルソンは『図書館の公衆（The Library's Public）』[14]を出版した。この本は、第二次大戦後の公共図書館のあり方についての有効な指針を得るべく、米国図書館協会（American Library Association）が社会科学研究会議（Social Science Research Council）に委嘱して、1947 年から 2 年にわたって実施した「公共図書館調査（Public Library Inquiry）」の報告書の一つである。同書において、ベレルソンは地域に存在するさまざまなメディアの中に公共図書館を位置づけることを試みている。そして、ラジオ、新聞、雑誌、映画（テレビ普及以前の話である）といったメディアがほぼすべての階層に満遍なく普及しているのに対し、図書館の利用は、地域の他の情報源にも関心を寄せるコミュニケーション・エリートとも呼ぶべき少数の人に集中していることを見出した。公共図書館は限られた人にしか利用されていない、という実態が明らかにされたわけだが、だからといって、ベレルソンはそれを問題視していない。むしろ逆に、利用しない人からも公共図書館は誇るべき公共機関であるとされ、支持されているのであり、また、前節で述べた「コミュニケーションの 2 段階の流れ」の仮説とも共通するが、公共図書館の利用者はまた、地域の他の人々に強い影響力を持つ人々なのだから、公共図書館は地域のすべての人々にサービスを提供しようとするよりは、この少数者に充実した質の高いサービスを提供する方が、結局は地域社会における存在意義を主張できることになると結論づけたのである。

　ベレルソンのこの結論が米国の公共図書館界にどのような反応を呼び起こし

たのかについては、ウィリアムズ（Patrick Williams）が書き記している[15]。それを一言で言うならば、「当惑と無視」であった。すなわち、期待していた調査の意外な結論に、人々は驚き、そして、自らの信念に反する勧告を無視しようとしたのである。

　その後も、公共図書館を対象とした利用者調査が幾度も実施され、いつもベレルソンとほぼ同じような結論を出している。すなわち、利用者の多くは比較的教育程度の高い、中流の、若い白人女性で、彼らは公共図書館を利用するだけでなく、他の社会活動にも積極的に関わる人々である[16]。前節で述べたように、中産階層に特に好まれるメディアである、といった印刷メディアの特性を考えるならば、公共図書館の主要提供メディアが変わらない限り、このような結論に達するのは当然であろう。ベレルソンは印刷メディアのもう一つの特性、すなわち、こみいった知識の伝達に適している、という点を取りあげて、質の高い情報を提供することによって、独自の役割を果たす可能性を指摘したのだが、「すべての人に」を基本理念とする公共図書館界には、これは到底受け入れられる提案ではなかった。その結果、公共図書館は深刻なジレンマを抱えることになる。すなわち、中産階層に限定される現実の利用者層と、「すべての人にサービスを」という理念との間の乖離である。

　ウィリアムズも述べているように、現在では、さまざまな利用者層に対してそれぞれに適したメディアやサービスをバランスよく提供することによって、米国の公共図書館はこのジレンマをうまく回避する方策を見つけ出したように見える。しかし、その途次では、新たなサービスの導入によってより多くの利用者にサービスしようとする無数の試行錯誤が行われたのであり、現在でも、インターネットの導入に見られるように、その試みは継続している。案内紹介サービスの導入、および、それに伴う日常生活に関わる情報利用研究は、そのような試みの一つである。

### 4.3.2　案内紹介サービスと情報利用研究

(1)　図書館利用に関わる弱者と案内紹介サービス

　図書館利用に障害のある人々に対して、利用を可能とするような支援策を講じ、その利用を促進することは、すべての人にサービスを提供することを使命

とする公共図書館にとっては、無視することの許されない使命として認識されてきた。図書館サービスの拡大の歴史とは、一面では、図書館利用に障害のある人々の「発見」と、そうした人への支援プログラムの開発の歴史と見ることができる。

清水は図書館に関わる弱者として身体的・空間的弱者、非識字者、経済的弱者をあげ、また、①弱者であるところの原因は、その人の図書館利用を直接妨げているか、②図書館は彼らを「発見」し、何らかの特別なサービス体制をとるべき対象として認識しているか（さらに、実際にサービスが行われているか）という視点から、弱者を表4-1のように整理した。表で「身体的弱者」とは障害者や高齢者のことを指し、「空間的弱者」とは、入院患者や刑務所被収容者などのことを言う。彼らが通常の図書館サービスを利用するのが困難であることは説明するまでもないだろう。そのことは図書館界でも十分に認識されており、彼らに対するサービスは、障害者サービスや病院図書館サービスなど、わが国でも不十分ながら行われている。ちなみに、清水は触れていないが、身体障害者だけでなく、発達遅滞児などの精神障害者に対するサービスも、図書館が行うべきことである。

次に、非識字者は、そのままでは印刷メディア主体の図書館サービスを利用するのは困難であろうが、わが国では、識字学級などは現に存在するものの、非識字自体がほとんど問題とされていないため、サービスとして取りあげられることはない。一方、さまざまな言語を背景にもつ人々で構成され、したがって英語の読み書きのできない成人をおおぜい抱えた国である米国では、識字教育は公共図書館の重要な役割とされている。公共図書館は識字学級を開講し、

表4-1 図書館に関わる弱者の種類

|  | 弱者である原因は、図書館利用を直接妨げているか | 図書館は彼らを「発見」しているか |
|---|---|---|
| 身体的・空間的弱者 | YES | YES |
| 非識字者 | YES | NO |
| 経済的弱者 | NO | NO |

清水悦子 "第5章 電子情報環境下における図書館と「情報弱者」." 『「社会資本」としての図書館：電子情報環境下における図書館サービス』 国立国会図書館図書館研究所、1997, p.81. (ILIS Report, No.10) による

また、初学者向けの資料をそろえて学習の便を図っている。『アイリスへの手紙（*Stanley and Iris*）』（1989年）という映画の中で、アイリスは公共図書館を利用してスタンレーに字を教えているが、それは決して例外的なケースではないのである。

　非識字と密接に関連した問題として、日本語を母語としない人々に対するサービスがある。これについては、非識字と同様、日本語を学ぶ機会を提供するものと、彼らの母語資料を提供するものとがある。前者は識字教育プログラムと同一であり、したがってわが国の公共図書館には例がないが、後者については、各自の文化伝統を尊重し、異なる文化の共存を図る、という理念の下で、いわゆる「多文化サービス」として、中国語・韓国語・ポルトガル語などの資料をそろえて提供する例がわが国でも少しずつ見られるようになってきた。もちろん、多数の言語的マイノリティを抱える英国・米国・カナダなどでは、各言語に堪能な図書館員を抱えて積極的にサービスを展開している。

　最後に、経済的弱者であるが、このグループが知識ギャップ仮説などでもっぱら問題とされた人々であることは言うまでもない。このグループは、障害者や非識字者のように、何か明確な理由で図書館の利用が妨げられているわけではないが、現実に図書館の利用者としては少数グループに属すること、そしてそれが米国公共図書館界には一種のジレンマとして認識されてきたことについては、すでに前項で述べた。ちなみに、わが国の公共図書館でも、教育程度の高い人や専門職などが利用者になる傾向にあることが報告されたりしている[17]が、そのことと「すべての人にサービスを」という公共図書館の理念との間の食い違いが問題視されることはなかったように思う。また、わが国の公共図書館で、経済的弱者を対象とした特別なプログラムが提供されたこともなかったはずである。一方、米国では、経済的弱者をおもな対象とした読書普及事業や教育玩具の貸出しなど、さまざまなプログラムの実施されたことが報告されている[18]。案内紹介サービスも、経済的弱者をおもな対象としたサービスの一つである。

　案内紹介サービスとは、保健衛生、求人・職業訓練、消費者問題、法律相談、住宅問題、生涯学習といった日常生活上の問題を抱えた住民に対して、地域の適切な行政機関・ボランティア団体・専門家などを紹介することによって、住

民の問題解決を支援しようとするサービスで、元来は社会福祉の分野で第二次大戦のころから始められたものである。米国の公共図書館界には 1960 年代末ころから導入が始まった [19]。時の大統領ジョンソンが「偉大な社会」の建設のために、貧困や失業と戦うことを宣言した時代であった。案内紹介サービスはこうした時代の要請に公共図書館なりに応えようとして始められたものと見ることができる。さらにそれは、伝統的な印刷メディア主体のサービスに加えて、コミュニティの情報源を基盤とするサービスを提供することにより、貧困層など、従来はあまり図書館を利用してこなかった集団に働きかけようとするもので、ベレルソンが指摘した利用者層の狭い枠を広げることを狙いとしたサービスであった。

　案内紹介サービスは、それを支える理念の点では、「すべての人に図書館サービスを」という障害者サービスなどを支える理念と同じ基盤に立っているとみなすことができ、したがって、従来の図書館サービスの延長上に位置づけることが可能である。しかし、サービス内容の面では、印刷メディアに依存しない、あるいは、印刷メディアを前提としない点で、従来の図書館サービスとは大きく異なっている。障害者サービスなどが印刷メディアを前提としていることは、点字・拡大写本・対面朗読といったサービスのいくつかを思い浮かべれば、容易に理解することができよう。案内紹介サービスは、印刷メディアから離れることにより、ベレルソンや知識ギャップ仮説が指摘する印刷メディアの限界を越えて利用者層を拡大する可能性を持つものであったが、同時にまた、公共図書館が提供すべき適正なサービスの範囲に関する論争を引き起こすことになったのも、当然と言えば当然であった。

(2) 日常生活に関する情報利用研究

　案内紹介サービスやその他の非伝統的なサービスは、公共図書館が行うべきことかどうかをめぐる議論を抱えながら今日に至っている [20]。一方、こうしたサービスの開発と並行して、それらのサービス立案の基盤となるべく、図書館サービスや印刷メディアといった枠にとらわれずに、貧困層のような恒常的に問題を抱えた人々の情報利用や、あるいはもっと一般的に、人々の日常生活に関わる情報利用に関する研究が行われるようになった。ブース（Henry Voos）は都市住民の情報ニーズに関する 1960 年代後半までの研究をレビュー

し、情報が求められることの多い生活上の問題の種類と、主要な情報源を整理するとともに、従来の研究が持つ方法上の問題点を指摘している[21]。

　1975年には、チルダース（Thomas Childers）が「恵まれない人々の知識／情報ニーズ（Knowledge/information needs of the disadvantaged）」という研究プロジェクトの報告書として『アメリカにおける情報貧困層（*The Information-Poor in America*）』[22]を出版した。同書中でチルダースは網羅的な文献調査をもとに、貧困、高齢、身体障害、低学歴、人種といった点で恵まれない立場にいる人々について、健康・家族・住宅といった社会生活の領域ごとに、情報利用の実態を整理し、また、集団ごとの情報利用面のプロフィールを描いている。同書の後半部分は、725点に及ぶ関連文献をリストアップした書誌である。

　ブースやチルダースを見ると、こうした分野での研究の大多数は1960年代の後半以降に発表されていることがわかる。まだ十分な議論の枠組みも設定されていなかったため、ブースもチルダースも共に、収録範囲、概念の定義、構成といった枠組みの設定に関わることからの検討に非常に苦労したと書いている。つまり、日常生活に関連した情報利用の研究は、ことに図書館・情報学の研究は、1960年代から実質的に始まったといってよいように思う。

　1970年代に入ると、ボルチモアやシアトルなどにおいて、日常生活上の問題解決と、そのときに利用する情報源に関する大規模な調査が行われるようになった。この一連の調査に参加する中で、「意味構成アプローチ（sense-making approach）」と呼ばれる自らの理論を発展させていったのがダーヴィンである。博士論文[23]においてすでに貧困層のコミュニケーションの問題を取りあげていたダーヴィンが、引き続いて、特に貧困層に深刻である日常生活上の問題に関わる情報利用の研究に向かったのは、当然と言えば当然であったろう。

　ボルチモアでの調査をもとに、ダーヴィンは1976年の論文で、日常生活上の問題解決を支援する情報システムについて考察するための枠組みとして、市民・その情報ニーズ・情報源・ニーズの解決策を構成要素とする理論的枠組みを提示している。また、情報ニーズのカテゴリーとして、表4-2のようなリストを示した上で、研究枠組みに照らして、ニーズの充足のために、構成要素相互をいかに結びつけるべきかを検討している[24]。提供されているメディアやサービスが解決策として適切なものであるかどうかを検討している点など、マ

表 4-2 日常生活に関わる情報ニーズのカテゴリー

| 主要カテゴリー | 説 明 | 主要カテゴリー | 説 明 |
| --- | --- | --- | --- |
| 近隣 | 子ども・犬など隣人に関わるトラブル、騒音、空家など | 家計 | 税、ローン、年金、資産の運用など |
| 消費 | 商品やサービスの質・価格・入手先など | 生活保護・社会保障 | 失業手当、食料切符、老齢者医療保障制度 |
| 住宅 | 住宅探し、ローン、売却など | 差別・人種間の関係 | 人種・性等による差別 |
| ハウスキーピング | ガス・水道・電気、家の修繕など | 子ども・家族関係 | デイケアの機会と費用、子どもの行動など |
| 雇用 | 就職、転職、職業訓練など | 産児制限 | 家族計画・産児制限 |
| 教育 | 教育費、教師との関係、成人教育 | 犯罪と安全 | 薬物による犯罪など |
| 健康 | 健康保険、精神衛生など | 移民・移住 | 移民や移住に伴う手続き、市民権など |
| 交通 | バスの便、自動車保険、救急サービスなど | 兵役 | 兵役、退役軍人の恩典など |
| 文化・レクリエーション | レクリエーションの機会・費用、遊園地での監督者など | 政治・行政その他 | 行政機関の所在地やその他の行政情報、旅行、宗教、ニュースなど |

Dervin, B. "The everyday information needs of the average citizen: a taxonomy for analysis." *Information for the Community*. M. Kochen; J. C. Donohue, eds. Chicago, American Library Association, 1976, p.24-25. による

スコミュニケーション研究における「利用と満足」研究と共通する部分もある（ダーヴィンがコミュニケーション研究者であることを考えれば当然であろう）が、案内紹介サービスなど、日常生活における問題解決を援助するような情報サービスのあり方という、実践的な課題のもとで議論を展開していることが特徴的である。

　この論文の中では、意味構成アプローチはまだそれほど明瞭なかたちをとっていないが、例えば、情報を実体としてではなく、プロセスとしてとらえるべきである、とする主張の中に萌芽を見てとることができる。ここで注目したいのは、意味構成アプローチの原型とみなされるアイデアが、社会問題に対する実践的関心とともに提出されている点で、序章で触れたように、後年ダーヴィンの影響のもとに行われた構築主義的な研究のほとんどが、個人の意味構成過程に焦点を当て、情報利用の社会的な側面を重視していないことと比べると、

後年の研究がかなり限定された範囲に集中して展開してきていることを証しているように思われる。

　構築主義の立場に立って、かつダーヴィンの当初の関心に最も近いところで研究を進めているのが、チャットマンである。彼女の場合も、ダーヴィン同様、博士論文 [25] において、雇用促進法のもとで臨時職員として働いている（つまり、低賃金で不安定な雇用状態にある）女性を取りあげて以来、一貫して恵まれない人々の情報探索・利用行動を研究対象として取りあげている。その方法上の特色については序論で述べたように、既存の理論を手がかりに考察を進めてゆくというものであった。これについて、チャットマン自身は、成熟した概念基盤のないところで理論形成をはかるために、既存の理論を借りて、研究の方向性を定めたかったと述べている [26]。このことの結果として、一連の論文では、既存の理論に隠れてチャットマンの真意が汲み取りにくいものとなる傾向が見られることとなった。

　チャットマンが自らの考えをはじめて体系的に整理して提示したのは、1996年の論文「アウトサイダーの貧困な生活世界」[27] においてである。論文の核となるのは「インサイダー／アウトサイダー」の区別である。インサイダーというのは典型的には同じ集団に属する人々のことで、価値や規範を共有しており、したがって当然のことながら情報も共有する関係にある。一方、アウトサイダーは集団の外にいる人々である。彼らは価値や規範を共有する関係にないので、彼らとの情報共有は慎重にすべきだとされる。不注意な情報の漏洩は、しばしば集団を危険にさらすことになるからである。そのため、彼らとの関係では、しばしば情報は秘密にされたり、ときには嘘をつく、すなわち、虚偽の情報を流すことすらある。この「危険にさらす（risk‐taking）」「秘密（secrecy）」「嘘（deception）」がアウトサイダーとの間の情報のやり取りに関するキーワードになる。

　このような概念装置を用いて、チャットマンは、情報貧困層について、自らをアウトサイダーとみなしているような存在、他の集団の周縁にいる存在と規定する。他の集団との情報の共有が難しい存在、しかも、自らを「インサイダー」として規定したときには、情報を共有すべき仲間が見当たらなかったり、あるいは、決定的に重要な情報については、集団内の他人とは互いにアウトサ

イダーであるかのような関係に立ってしまうといった、情報共有に関して一種の機能不全状態にある存在である。例えば、失業者を取りあげてみよう。彼らは職を持っている人たちに対しては、一種のアウトサイダーとして自らを位置づけるだろう。一方、失業者が所属する、独自の価値や規範を持つ「失業者の集団」は通常存在しないだろうし、仮に存在したとしても、最も重要な情報、すなわち、就職情報について互いに競合する関係にあるのだから、核心的な部分で失業者の集団は機能不全状態にあるといえる。つまり、失業者は情報入手に関しては厳しい状況にいるのである。

　情報利用は、人々が構成する日常世界の一部であるとチャットマンは主張する。ここでの日常世界とは、他人と共に住み、他人と関係することによって成り立っているような世界である。他人との関係は、規範や慣習によって律せられている。そうした規範や慣習に照らしたときに、情報の入手・利用が自らの価値を低めるようなもの、自らを危険にさらすようなものであるとするならば、人は情報ニーズを持っていることや、情報を利用したことを他人に隠そうとするであろう。情報貧困層の世界とは、規範や慣習に照らしてみたときに、情報の探索・利用が絶えず危険にさらされていると感じられるため、適切と思われる情報源が身近にある場合でも、利用が難しいような世界なのである。例えば、チャットマンが調査した老人ホーム場合、入居者にとって、他の入居者や家族の重荷にならないことがホームで生活を続けるための暗黙の条件になっているため、自分自身の健康状態に切実な不安をいだいているにもかかわらず、他の入居者や家族の前ではことさらに元気そうに振舞い、自分の健康について愚痴をこぼしたり、不安を訴えたりすることのない人々の存在が報告されている。健康情報の入手が、もっとも身近な入手先である人々との関係を壊してしまう危険を意味するために、危険をおかしてまであえて情報を求めるようなことにはならないのである。

　チャットマンは自らの成果を「情報貧困の理論」として表4-3のように整理している。しかし、正直言って、理論と呼べるほどに整理されたものとは言いがたい。理論とするためには、①日常世界はどのように構成されているのか、②日常世界において情報利用はどのように位置づけられるのか、③情報利用の機能不全状態はどのようにして生まれるのか、といったことについてもっと明

**表 4-3　情報貧困の理論**

1. 情報貧困層とされる人々は、自分たちを助けてくれるような情報源がまわりにないと感じている。
2. 情報の貧困は階層差と結びついている。すなわち、情報貧困の「条件」は、他の階層に所属するアウトサイダーの存在によって影響される。アウトサイダーは、情報へのアクセスの妨げとなる。
3. 情報の貧困は、社会規範に応じてとられる（情報の利用にともなう危険をあえて犯そうとしない）自己保身的な行動によって生み出される。
4. 他人が自分にとって有益な情報を提供する能力を持っているかどうか、あるいは、情報提供に関してどんな利害を持っているか、ということに関わる不信感から、秘密と嘘という自己保身的な行動がとられる。
5. 悪い結果の方が利益よりも大きいと予測されるときには、自分の真の問題を他人に明らかにする、という危険をあえて冒さないことのほうが多い。
6. 情報貧困層の情報世界には、新しい知識は選択的に導入される。導入するかどうかを決める一つの条件は、その情報が日常の問題や関心事に関わっているかどうかである。

Chatman, E. A. "The impoverished life-world of outsiders." *Journal of the American Society for Information Science*. Vol.47, No.3, p.197-198, 1996.による。なお、かなり意訳している

確にすることが必要だろう。しかし、私がチャットマンを高く評価するのは、他人とのかかわりの中で日常生活を作りあげてゆく活動の中に情報利用が組み込まれていること、情報を利用する・しない戦略は日常生活を生き抜く戦略の一部であることを明確に示しているからである。例えば、学校をドロップアウトしつつある生徒にとって、図書館に行くことは、学校的な価値観を受け入れること、「いい子であること」を意味するものであるため、絶対に受け入れられないかもしれない。ダーヴィンの意味構成アプローチなどでは、このような情報を利用しないことの積極的な意味はとらえられていない。チャットマンが描く情報貧困層は、ゴフマン（Erving Goffman）の本に登場してくるような、自己に関わる情報をコントロールしつつ人間関係を生き抜いてゆく存在である。情報の探索・利用も、こうした情報をコントロールする戦略の一環としてとらえられている。

　さらにまた、こうした人々の情報利用戦略が、結局は現在の人間関係を維持・強化する働きをもつことも明らかである。以前述べた社会経済上の「構造的要因」とは、社会関係の集積に他ならないから、チャットマンが描く情報貧困層の情報戦略は、差別や貧困などの社会構造上の問題を再生産する機構と関わっている。こうした点で、チャットマンの議論は大きな可能性を持っている

第 4 章　情報利用の社会的意義

表 4-4　情報・援助を求める際の原則

| |
|---|
| 1. 情報や援助に対するニーズはそれぞれ固有の状況の中から生まれており、一般的なニーズといったものは存在しない。警察が介入するのが適切なものもあれば、住居・金銭・カウンセリングなどが適切なものなど、実に多様である。 |
| 2. 援助を求めるか求めないかを決める要因も多様である。 |
| 3. 女性たちはもっとも入手しやすい情報を求める傾向にある。必ずしも最善のものを求めるわけではない。 |
| 4. 女性たちはまず、他の人々、特に同じような境遇にいる人々から情報・援助を求めようとする。 |
| 5. 女性たちはまず情緒面での支援を期待している。 |
| 6. 情報を求める際には、習慣的な行動パターンに従う。 |

Harris, R. ; Dewdney, P. *Barriers to Information: How Formal Help Systems Fail Battered Women*. Westport, CT, Greenwood, 1994, p.122-130. による

と見ることができよう。知識ギャップ仮説に関連して、チャットマンは貧困が直接知識ギャップに関わるわけではないと述べている[28]。貧しい人々が日常世界を構成するそのしかたの中にこそ、両者は関係づけられるべきである、と言いたいのであろう。

### 4.3.3　図書館・情報学における議論と実践の特徴

　図書館・情報学では、理論は実践と結びつくことが求められる。実践と容易に結びつかない理論は軽視されがちである、という意味で、これは図書館・情報学の現実的な限界となってきたし、他方、理論と実践との関係をどのように考えるかという大変難しい問題を図書館・情報学に提出するものでもあった。この両者の関係については、ベレルソンのように、理論が基本方針に関わるような処方箋を書くこともあるが、もっと具体的なサービスの改善の方向性に関する提言をすることのほうが多い。例えば、ハリス（Roma M. Harris）とデュウドニィ（Patricia Dewdney）は、夫による虐待を受けている妻が援助や情報を求めたときに、どのような困難に直面するかを調べ、その結果を表 4-4 のような一連の「原則（principles）」に整理している。「原則」としているのは、明らかに、公共図書館などの案内紹介サービスが、実際にサービスを提供するときに守るべき、あるいは少なくとも念頭においておくべきことがらだと考えられているからである。さらに、ニーズが状況に固有のもので、特定のタイプ

の女性に特有のニーズといったものは存在しないこと、したがって、サービスをするときには、その場の状況に応じたもっとも適切なサービスが必要であること、他人が見て最善のサービスが女性たちによって選ばれるサービスとは限らないこと、また、情緒面での支援が何より必要であり、情報提供と援助とは分かちがたく結びついていることなど、「原則」は全体として構築主義的な色彩が非常に濃い。

　サービスのあり方に関する理論としてみると、ハリスとデュウドニィの研究は、いかにも図書館・情報学にふさわしい理論である。4.2.3において、ヴィスワナスとフィネガンを引いて、情報格差に関する議論には個人レベルと構造レベル、および、両者を結びつけるレベル（仮にここで状況レベルと呼んでおこう）の三レベルがあることを指摘した。この区分にしたがうと、個人と周辺の人々とのかかわりの中で虐待の問題とその解決策とを検討するハリスとデュウドニィの理論は、典型的な状況レベルの理論とみなすことができよう。すでに述べたように、公共図書館などでは、すべての人にサービスをすること、情報への自由なアクセスを保障することを理念としている以上、現実のサービスにおいてはこうした理念は前提されても、理念自体の妥当性を問うことはない。つまり、構造レベルで理念の妥当性を問うものよりは、実際の利用者のニーズにより適合したサービスの指針を与える理論、状況レベルの理論の方が、現実のサービスに対する効用がある、ということになるのである。このような意味で、個別の状況の中で自らの社会的世界を構築する過程を重視する構築主義的な理論は、実践に関わる理論を重視する図書館・情報学に似つかわしいと言えるかもしれない。もちろん、ベレルソンの提言をめぐる米国公共図書館の動向や、案内紹介サービスをめぐる議論のように、理念および実践に関わる激しい対立はしばしば存在したし、こうした対立こそが公共図書館の歴史の一面をかたち作ってきたことも確かである。対立の中にこそ理念があらわになるからである。

　しかし、そもそも公共図書館の活動理念を吟味するような構造レベルの議論は、情報貧困層に関する議論にはないのだろうか。次節では、デジタル・デバイドについて、おもにこのような構造レベルでの議論を見てみる。

## 4.4 デジタル・デバイド

### 4.4.1 デジタル・デバイドの実態

　1995年7月に、米国商務省通信情報庁（National Telecommunications and Information Administration: NTIA）は『ネットからこぼれ落ちる：農村部および都市部における「持たざるもの」についての調査（Falling through the Net: A Survey of the "Have Nots" in Rural and Urban America）』と題する調査報告書を公表した[29]。これは、クリントン政権が全米情報基盤（National Information Infrastructure）の整備を最重点の政策課題としてかかげる中で、米国統計局の協力の下に、世帯における電話、パソコン、モデムの保有状況や電子メール・オンラインサービスなどの利用状況を調べるものであった。すなわち、パソコンを用いた通信ネットワークが、従来の電話に加えて、これからは誰でもが安価に利用できる通信サービスとなるべきだとして、その普及状況を調べたのである。調査は1994年に実施され、収集されたデータは地域（都市中心部、都市、農村）、人種、性、年齢、所得、教育程度などによって分析され、その結果、低所得層、マイノリティ、都市中心部、農村部の高齢者などでパソコンやモデムの所有率が低かった。報告書では、こうして見出された「情報面で恵まれない人々（information disadvantaged）」に対して何らかの支援策が必要であることを指摘している。

　同様の調査報告書は1998年と1999年にも刊行された。1998年の報告書では、『ネットからこぼれ落ちるII：デジタル・デバイドに関する新しいデータ（Falling through the Net II: New Data on the Digital Divide）』と、「デジタル・デバイド」という語が使われているが、内容的には1995年の報告書を継承している。報告書は、1997年に実施した調査結果を1994年の調査結果と比べて、パソコンおよびモデムの保有は飛躍的に増加したが、増加は特定の所得層、人種、地域などに偏っていて、格差は依然として存在しており、むしろ拡大する傾向にある、と結論づけている[30]。

　1999年の報告書のデータは1998年に収集されたもので、インターネットへの接続とその利用を中心に、世帯に対する従来からの調査事項だけでなく、個

人のさまざまなインターネット利用に関する事項を加えて、従来よりもはるかに詳細なものとなっている。調査結果から、パソコンの保有およびインターネットへの接続は急速に普及し、40％を超える世帯がパソコンを所有し、4分の1の世帯がインターネットに接続するに至った一方で、格差もまた拡大しており、例えば、7万5,000ドル以上の年収を持つ都市部の世帯と、5,000ドル未満の農村部の世帯とでは、インターネットへの接続率で20倍の開きがあると、デジタル・デバイドが依然深刻であることが示されている。また、コンピュータやインターネットを利用しない理由として、費用の問題が大きいことも指摘している[31]。

　1999年の報告書は、最後に政策上の課題を述べている。通信は米国の経済活動や人々の暮らしを支える必須の要素である、という認識のもとに、米国政府は国内のどんな地域でも低廉な料金で利用できる「ユニバーサル・サービス」として電話をとらえ、必要な施策をとってきた[32]。報告書では、コンピュータとインターネットが人々の労働、コミュニケーション、購買、情報収集のための不可欠の要素となるような新しい社会が出現しつつあり、したがって、インターネットは新たなユニバーサル・サービスとなるべきであるとして、①競争の促進による価格の抑制、②学校や図書館といったコミュニティ・アクセス・センターの整備による、誰でもインターネットを利用できる環境の実現、③啓蒙普及活動、といった政策の推進を提言している。

　このうち②については、①によってもなおインターネット利用の費用負担に耐えられない人々にアクセスの機会を提供するもので、情報リテラシー教育講座などのプログラムに補助金を支給するほか、学校と公共図書館には低廉な料金でインターネットに接続できるよう、特別な料金体系を設定するなどして、インターネットの普及をはかっている。公共図書館については、インターネットの最初のよりどころ（first resort）として、新しい情報技術の紹介、活用法の提示、使い方の研修、インターネットを活用した共同作業の推進などを行う拠点であると同時に、最後のよりどころ（last resort）として、あらゆる種類の情報への平等なアクセスを保障するセイフティ・ネットとなるべきである、というマクリュア（Charles R. McClure）の主張[33]に端的に示されるように、インターネットに積極的に関わろうとする姿勢は明確であったし、また、政府

や地域社会もそのような姿勢を支持してきたように思われる。やや古いデータだが、マクリュアたちが1998年6月現在での公共図書館におけるインターネットの利用状況を調査した結果では、米国全体で83.6％のサービス拠点（中央館、地域館、分館など）がインターネットに接続しており、73.3％が利用者にインターネット接続サービスを提供していた[34]。普及の速度の速さを考慮すると、今日ではほとんどの公共図書館でインターネットを利用することができるようになっているように思われる。クリントン大統領が演説の中で、デジタル・デバイドの解消に向けた米国図書館協会の情報リテラシー教育プログラムを名指して賞賛している[35]ことなどからも、米国の図書館界がインターネットの普及に積極的に関わっていることが見てとれる。

### 4.4.2 デジタル・デバイドに関する議論

　前項で明らかなように、デジタル・デバイドに関するデータを提供し、議論をリードしてきたのは、商務省を中心とするクリントン政権下の米国連邦政府であった。政策と密接に結びついたその論理は、1999年の報告書にあるように、①コンピュータとインターネットの急速な普及により、経済活動や個人の生活など社会のあらゆる領域が変化しつつある、②したがって、コンピュータやインターネットを活用できない人は、社会変化に対応できず、大きな不利益を被る恐れがある、③そこで、政府はコンピュータやインターネットをユニバーサル・サービスとして、社会のあらゆる階層に普及させる努力をすべきである、というものであった。また、このような議論は世界全体にも拡張され、2000年の九州・沖縄サミットでは、「グローバルな情報社会に関する沖縄憲章（IT憲章）」中で国内・国家間のデジタル・デバイドの解消に向けて各国が協調すべきことをうたっている[36]。

　ここまでの議論の展開のしかたは、先ほど見た知識ギャップ仮説に関わる議論とよく似ている。あるいは、知識ギャップ仮説をめぐる議論の中で、こうしたことは一度は論じられたものである。強いて異なる点をあげるとすれば、知識ギャップ仮説は情報の活用によって富めるものがますます富むことを示唆しているといいながら、①の構造レベルの議論がほとんど論じられていないことくらいであろう。

だが、まさにこの①と②とのつながりを木村は問題視する。①と②について、木村は個人レベルでの情報行動、消費行動の問題（②）と企業・組織・社会レベルでの産業経済活動の問題（①）という明確に異なる二種類の問題が接ぎ木されているだけで、デジタル・デバイド論というのは、いわば異なる二つの問題を二枚舌のように使い分ける議論である、という興味深い指摘をした上で、なぜ二枚舌が米国あるいは現代社会において説得力を持つのかを、おおよそ次のように説明する。

　木村によれば、現代米国社会は大量生産・大量消費の時代から、基本的需要が満たされた状態で多彩な商品・サービスの開発によりさらに購買欲を喚起する高度消費の時代を経て、ネットワークにより多彩な商品・サービスを低価格で提供するネットワーク原理による生産・流通の時代へと入った。この間の変化については、消費の側面から説明されることが多いが、むしろ生産・流通の側面から解明することが重要であると木村は言う。生産・流通の面から見ると、この間の変化はより低コストで生産性を上げるという工業化モデルが徹底する過程であった。高度消費の時代においては、技術革新の採用と、生産ラインの徹底的な合理化によって、多彩な商品を低価格で生産し、基本的需要が満たされた後の多様化する消費者のニーズに応えようとした。一方、ネットワーク原理による生産・流通の時代においては、生産・流通機構の合理化が極限まで進められた結果、既存の組織は事務組織も含めて機動的かつ効率的な小組織に分割されたり、場合によってはアウトソーシングされることによって解体し、新たに事業に応じてそれらの小組織やアウトソース先を柔軟に結びつけることによって、多様な商品やサービスを高い生産性のもとで低価格で提供するネットワーク型組織が登場してきた。組織の柔軟性を活かすことにより、需要が飽和した状態で気ままに推移する消費動向に柔軟に対処することが可能になる。さらに、効率化は事務部門も含めた組織全体に及ぶため、製造業だけでなく、サービス産業の再編も進むこととなった。こうした組織においては、情報技術を駆使してネットワーク型組織を維持する基幹人材や、高い専門知識や斬新なアイデアで多くの企業に顧客を獲得する専門的人材が新たな社会における富を享受する一方、組織の柔軟性を維持するために、パートタイムなどの不安定雇用が増加し、また、低コストを実現するために、従業員を解雇してより低賃金の

遠隔地に事務部門などを移転したりすることが起こるので、低賃金・不安定雇用・失業といったことが増加し、結果として「持てるもの」と「持たざるもの」との格差が拡大する[37]。このようにして、木村は情報通信技術の活用によって成立した新たな経済が、「持てるもの」と「持たざるもの」という階層分化をうながし、しかもそのときの「持てるもの」は情報通信技術を活用する「情報富裕層」であり、「持たざるもの」は情報通信技術を活用する機会を持ちえない「情報貧困層」であるという、デジタル・デバイド論における構造レベルと個人レベルとの関係を解き明かす。

　木村の議論は、情報格差に関する従来の議論の欠落を補うという点でも、また、情報社会論としても、魅力のあるものである。情報社会論としては、情報社会を高度産業社会と見る見方[38]や、ヘイウッド（Trevor Haywood）[39]のように、情報化による経済の変化と情報格差との関係を論じ、類似の議論を展開しているものもある。しかし、ヘイウッドをはじめとする従来の議論では、情報通信産業の分析に比重が置かれていて、一国の産業構造全体の変化を総括的にとらえるという視点は弱かったように思う。その意味で、木村の議論は意義があるし、また、従来の議論に照らし合わせてみることによって、個人のレベルおよび状況レベルでどのように再解釈されるか検討すること、いわば個人の側から木村の議論を眺めなおしてみることも有効だと思われる。

## 4.5　まとめ

　本章の議論をもう一度振り返ってみよう。まず最初に、コミュニケーション研究の分野を取りあげた。知識ギャップ仮説や普及理論など、情報格差をどのようなものとしてとらえるかについては、さまざまな立場があり、極端な場合には、情報格差という現象の存在自体を否定するような立場すらあることが示された。ただし、そうは言っても、情報格差をめぐる議論がまったく混沌としているわけではなく、いくつかの立場に整理して現象にアプローチすることが試みられていた。そのうちで最も重要なのは、現象を個人の能力や心理状態といった個人レベル、個人を超えた社会における情報の不均衡を問題にする構造レベル、および、個人レベルと構造レベルを具体的な状況のもとでとらえよう

とする状況レベルの三つのレベルに分けてとらえようとするもので、特に状況レベルの重要性が指摘されていた。

次に、図書館・情報学分野での議論と実践を検討した。「すべての人に」という理念に基づいて、公共図書館はその歴史を通じ、情報格差の解消を重要な課題としてきた。情報へのアクセスが困難だと想定されるさまざまなグループに対するサービスが企画・実施されるとともに、計画・評価のための研究が行われ、現在では一定の蓄積をみている。個々の利用者を個別的に援助する、というサービス実施上の要請から、情報貧困層に対する研究においても、焦点は個人レベルおよび状況レベルに当てられ、個人の情報世界を描き、その問題点を指摘することが重視されており、構造レベルに関する議論は弱いことが指摘された。

これに対し、デジタル・デバイドに関する議論では、個人レベルと構造レベルとがうまくかみ合わないままに議論が展開されていた。コンピュータとインターネットの普及が社会に大きなインパクトを与えていることを前提にして、コンピュータを利用せず、また、インターネットへのアクセス機会を持たない人々のことを問題として、その問題への対処策を論ずる、という政策論議がその中心となっている。一方、木村の議論は構造レベルに焦点を絞って、コンピュータとインターネットを核とする現在の産業構造が、情報貧困層を生み出すメカニズムを説明していた。ただし、個人の側から見たコンピュータやインターネットの利用と社会の変化との関係はそれほど明確になっているわけではなかった。

このように、情報貧困層に関するいくつかの分野の議論を並べてみると、互いの違いばかりが目につく。例えば、「情報の利用」という現象にしても、コミュニケーション研究でおもに考えられているのはマスメディアの利用であり、図書館・情報学では利用者の問題解決に役立つことであり、デジタル・デバイドではコンピュータとインターネットであった。こんなにあいまいなものを本章のように横並びにして論ずることには、単なるカタログ作り、といった以上の意義は無いようにも思える。しかし、果たしてそうだろうか。過度の同一視は禁物であろうが、類似の事象に関する議論を注意深く比べることにより、事象間の類似性や違い、また双方の分野における事象の扱い方の類似性や違いに

第 4 章　情報利用の社会的意義

ついて、興味深い知見が得られるはずである。例えば、知識ギャップ仮説で問題となっているのは、マスメディアを通じてどんなことを知ったかということであるのに対し、デジタル・デバイドに関する議論では、問題とされているのはもっぱら機器の利用や操作能力であって、そうしたことを通じて何を知るのかといったことは（建前はともかく現実には）問題とされない。しかし、両者とも記号の操作に関するスキルに関わっており、その利用はある程度の教育や収入と強く関連していると見ている点は共通である。また、情報貧困層に関わる議論は両者とも構造レベル・状況レベル・個人レベルというレベルに分けて整理していた（木村の場合は整理した結果の不整合を指摘していたが）。図書館・情報学ではこのような整理のしかたは一般的でないが、あえて適用してみた結果、図書館・情報学における情報貧困層論の特色が浮き彫りになったことは、見てきたとおりである。

　理論面におけるこのような比較法を実践面にも適用すると、情報利用（内実はさまざまであるが）を促進する方策を、構造レベル・状況レベル・個人レベルに分けて整理することができるだろう。実践面においては、そもそも利用が可能となるように、コンピュータ、マスメディア、図書館といった利用環境を整備することも考えなければならない。すなわち、アクセス環境の整備が基盤整備として必要なのである。デジタル・デバイドを例にとれば、前提条件として、コンピュータおよびインターネットを誰でも利用できる環境を整備することが必要である。その上で、個人レベルではコンピュータ・リテラシーの習得、状況レベルでは生活上でのコンピュータやインターネット活用の人的支援が考えられる。しかし、これだけでは不十分であり、もしデジタル・デバイドの解消が真剣な政策目標であるなら、コンピュータやインターネットを使いこなせる人々への就業機会の提供や、新産業の振興による新たな雇用の創出などといった構造レベルでの改革が重要な施策課題となるだろう。

　持てるものと持たざるものとの対立は、過去に何度も戦争や革命の原因となった深刻な問題である。情報利用に関わる「貧富」の差を克服しようとする情報リテラシー教育のような試みは、一方の側から対立を告発するというよりは、対立を融和する試みとしてとらえることができ、その社会的意義は決して小さくないと言うべきであろう。

注
1） 例えば、Dervin, B. "Communication gaps and inequities: moving toward a reconceptualization." *Progress in Communication Sciences.* Vol.2, p.74, 1980.; Chatman, E. A.; Pendleton, V. E. M. "Knowledge gap, information-seeking and the poor." *The Reference Librarian.* No.49/50, p.140, 1995.; Viswanath, K.; Finnegan, J. R., Jr. "The knowledge gap hypothesis: twenty-five years later." *Communication Yearbook.* Vol.19, p.187-227, 1996. なお、「gap」という英単語に対しては、日本語で「ギャップ」と「格差」の二つが混在しているが、慣用に従い、特に統一はしていない。また、「information poor」の訳語も、「情報弱者」「情報貧者」「情報プア」などがあるが、ここでは原義により近いことと、後述するチャットマンの議論との整合性を考慮して、「情報貧困層」の語を用いる。「情報弱者」の方が新聞などでもよく使われているように思うが、この語に「保護を必要とする」といったパターナリスティックなニュアンスを感じたことも、「情報弱者」を避けて「情報貧困層」を採用した理由の一つである。

2） デジタル・デバイドの解消に向けて、各種の支援活動をおこなっているベントン財団が運用するメーリングリスト（digitaldivide@list.benton.org）上で、「デジタル・デバイド」の語源について意見が交わされたことがあった（2001年1月）。そこでのやり取りを信ずるとすれば、1995年ころ誰か（『ロサンゼルス・タイムズ』紙という推定もある）が言い出したのを、連邦政府でこの問題を所管する米国商務省が借用して一般に広めた、ということらしい。いずれにせよ、このことばが広く用いられるようになったのは、商務省が1999年に発表した調査報告書 Falling through the Net: Defining the Digital Divide. A Report on the Telecommunications and Information Technology Gap in America. Washington, D. C., U. S. Department of Commerce, 1999, 108p.以来のことである。この報告書については、清水悦子 "「デジタル断絶」の実態：公共図書館におけるインターネットアクセスの背景と意義." 『カレントアウェアネス』 No.249, p.2-3, 2000. および木村忠正『デジタルデバイドとは何か』 岩波書店, 2001, p.44-51. を参照。

3） Dervin 前掲; Rogers, E. M. "Chapter 5 Social impacts of communication tecnologies." *M. Communication Technology: The New Media in Society.* New York, Free Press, 1986, p.150-193. ("第5章 コミュニケーション技術の社会的影響." 『コミュニケーションの科学：マルチメディア社会の基礎理論』安田寿明訳 共立出版, 1992, p.159-203.); Chatman; Pendleton 前掲.; Viswanath; Finnegan 前掲.

4） Rogers 前掲. など。特に次の本は効果研究をもっぱら扱っており、参考になった。田崎篤郎；児島和人編著『マス・コミュニケーション効果研究の展開』 北樹出版, 1992, 133 p.

第4章 情報利用の社会的意義

5）ティチナーたちによる知識ギャップ仮説、および、ダーヴィンによるその批判に関しては、杉山あかし"第3章第4節「知識ギャップ」仮説." 同上 p.76-89. が詳しく紹介しており、非常に参考になった。
6）Tichenor, P. J. et al. "Mass media flow and differential growth in knowledge." *Public Opinion Quarterly*. Vol.34, No.2, p.159-160, 1970.
7）新約聖書の故事に基づいて、このような「富めるものがますます富む」効果を「マタイ効果」と言うことがある。
8）Viswanath ; Finnegan 前掲.
9）Dervin 前掲. その概要の紹介は、杉山 前掲.
10）本書序章参照。また、糸賀雅児"情報利用における「意味」と「理解」：「意味付与」概念にもとづく情報ニーズの再検討." *Library and Information Science*. No.29, p.1-19, 1991.；松林麻実子"Brenda Dervin による「意味付与アプローチ」の意義とその応用." *Library and Information Science*. No. 34, p.1-15, 1995.
11）International Commission for the Study of Communication Problems. *Many Voices, One World : Communication and Society, Today and Tomorrow : Towards a New More Just and More Efficient World Information and Communication Order*. Paris, UNESCO, 1980, 312 p. (『多くの声、一つの世界』 日本新聞協会「国際的な情報交流の自由に関する研究会」訳 日本放送出版協会, 1980, 522 p.)
12）Sreberny-Mohammadi, A. "The global and the local in international communications." *Mass Media and Society*. Ed. by J. Curran ; M. Gurevitch. London, Edward Arnold, 1991, p.118-138. ("国際コミュニケーションにおける「グローバル」と「ローカル」."『マスメディアと社会：新たな理論的潮流』 勁草書房, 1995, p.189-223.)
13）もっとも、ヴィスワナスとフィネガンは、カッツとラザースフェルドやホブランドの研究をこのようにとらえること自体誤解であると述べている。ヴィスワナスとフィネガンによれば、彼らは「マスコミュニケーションは限定的な効果しかもたない」と論じたのではなく、「マスコミュニケーションが効果をもつための制約条件」を明確にしようとしたのである。Viswanath ; Finnegan 前掲 p.215-216.
14）Berelson, B. *The Library's Public*. New York, Columbia University Press, 1949, 174 p. なお、次の文献にこの本のかなり詳しい要約がある。吉田右子"Bernard Berelson の公共図書館利用者論：*The Library's Public* を中心に."『日本図書館情報学会誌』 Vol.45, No.4, p.155-167, 2000.
15）Williams, P. "5. Public Library Inquiry 1948-1950." *The American Public Library and the Problem of Purpose*. New York, Greenwood, 1988, p.65-83. ("5 公共図書館調査 1948-1950."原田勝訳 勁草書房, 1991, p.

91-117.)

16) Pungitore, V. L. "8. Clienteles of public libraries." *Public Librarianship*. New York, Greenwood, 1989, p.103-114.（"第 8 章　公共図書館の利用者."『公共図書館の運営原理』　根本彰ほか訳　勁草書房, 1993, p.113-126.）
17) 例えば、田村俊作；上田修一 "公共図書館の利用者像." *Library and Information Science*. No.18, p.123-40, 1980.
18) Venturella, K. M., ed. *Poor People and Library Services*. Jefferson, N C, McFarland, 1998, 190 p. などを参照。
19) 永田治樹 "案内紹介サービス."『図書館情報学ハンドブック　第 2 版』　丸善, 1999, p.690-692.
20) Williams, P. "7. Information for the people 1965-1980." 前掲 p.99-126.（"7　民衆のための情報　1965-1980." 前掲 p.139-180.）; Pungitore, V. L. "9. Counseling in public libraries." 前掲 p.115-132.（"第 9 章　公共図書館におけるカウンセリング." 前掲 p.127-146.）
21) Voos, H. *Information Needs in Urban Areas: A Summary of Research in Methodology*. New Brunswick, Rutgers University Press, 1969, 90 p.
22) Childers, T. *The Information-Poor in America*. Metuchen, N J, Scarecrow, 1975, 182 p.
23) Dervin, B. Communication Behaviors as Related to Information Control Behaviors of Black Low-Income Adults. Ph. D. thesis, Michigan State University, 1971, 244 p. ただし、私は *Dissertation Abstracts International*（32/12 A p.7021）による抄録しか見ていない。
24) Dervin, B. "The everyday information needs of the average citizen: a taxonomy for analysis." *Information for the Community*. M. Kochen; J. C. Donohue, eds. Chicago, American Library Association, 1976, p.19-38.
25) Chatman, E. A. Diffusion of Information among the Working Poor. Ph. D. thesis, University of California, Berkeley, 1983, 279 p. ただし、私は *Dissertation Abstracts International*（44/08 A p.2279）による抄録しか見ていない。
26) Chatman, E. A. "The impoverished life-world of outsiders." *Journal of the American Society for Information Science*. Vol.47, No.3, p.193-194, 1996.
27) 同上 p.193-206.
28) 同上 p.205.
29) U. S. Department of Commerce. Falling through the Net: A Survey of the "Have Nots" in Rural and Urban America. 1995 〈http://www.ntia.doc.gov/ntiahome/fallingthru.html〉（last access 7/7/2000）
30) U. S. Department of Commerce. Falling through the Net II: New Data on the Digital Divide. 1998 〈http://www.ntia.doc.gov/ntiahome/net 2/

falling.html〉（last access 7/7/2000）　清水悦子 "情報社会におけるユニバーサル・サービスは可能か？：情報をもつ者・もたざる者のギャップが拡大." 『カレントアウェアネス』 No.234, p.2-3, 1999. も参照。
31) Falling through the Net: Defining Digital Divide. 前掲。
32) ユニバーサル・サービスとインターネットについては、名和小太郎『デジタル・ミレニアムの到来』 丸善, 1999, p.1-25. 参照。
33) McClure, C. R. "Public access to the information superhighway through the nation's libraries." *Public Libraries*. Vol.34, No.2, p.80, 1995.
34) Bertot, J. C. ; McClure, C. R. "U. S. public library outlet Internet connectivity: progress issues and strategies." *Library and Information Science Research*. Vol.21, No.3, p.281-298, 1999.
35) "Clinton, in 'digital divide' speech, cites ALA efforts on information literacy." *American Libraries*. Vol.31, No.5, p.8, 2000.
36) グローバルな情報社会に関する沖縄憲章（骨子）〈http://www.g8kyushu-okinawa.go.jp/j/documents/it2.html〉（last access 1/30/2001）
37) 木村　前掲. 特に第3章。
38) 代表的なものに次のものがある。佐藤俊樹『ノイマンの夢・近代の欲望：情報化社会を解体する』 講談社, 1996, 262 p.; Webster, F. *Theories of the Information Society*. London, Routledge, 1995, 257 p.
39) Haywood, T. *Info-Rich - Info-Poor: Access and Exchange in the Global Information Society*. London, Bowker-Saur, 1995, 274 p.

# 第5章　情報リテラシー

## 野末俊比古

　前章までの議論において、特に第2章や第4章において、情報を効果的に利用するための仕組みづくりや、そうしたことがうまく行われないことによる不利益に関する議論のなかで出てきたのが、情報を効果的に利用するための技能（スキル）であった。本章で扱うのは、そうした情報の探索・利用に関わる技能や知識である。

　情報を探索・利用するためには、いろいろな技能や知識が必要となる。例えば、単にテレビ番組を見るというときでも、新聞の番組欄を見ればどんな番組が放送されるかがわかることを知識として持ち、リモコンのスイッチを押してテレビの電源を入れ、希望のチャンネルを選ぶ技能を習得していることが必要とされる。

　テレビに限らず、われわれはふだんの生活のなかで、必要な情報を探したり、情報を整理したり、情報を発信したり、といった活動に際して、実にさまざまな知識や技能を使っている。知識・技能が不足しているために、必要な情報が手に入らなかったり、うまく相手に伝わらなかったりすることもある。

　コンピュータやインターネットに象徴される情報通信技術（information and communication technology: ICT）の発達、普及が進む現代社会では、そうした知識・技能は、かつてより高度化・多様化しているように見える。ニュースを知るということ一つをとってみても、インターネットという新しい手段以外にも、上で例に挙げたテレビを見るという方法や、新聞・雑誌を読む、他人に話を聞く、などという旧来からの方法もたくさんある。

こうしたことから考えても、一般論として情報利用のための知識・技能の必要性を言うことはできても、具体的にどのような知識・技能が現代社会において必要とされるのかということは必ずしも明確ではなかろう。果たして現代社会における「情報を利用するための知識・技能」とはどのようなものと考えればよいのであろうか。

そうした知識や技能は、一般に「情報リテラシー（information literacy）」と呼ばれている。近年よく耳にする言葉であるが、どういう意味で使われているか、試みにいくつかのホームページを眺めてみれば、意外なほど多様な、率直に言えば雑多なとらえ方をされていることがわかる。また、情報リテラシーという用語ないし概念について言及している文献は少なくないが、その定義、あるいは意味するところについて、一致した見解はないように見受けられる。情報リテラシーに対しては、言及する立場や視点、用いる文脈などによって、実にさまざまな意味が与えられているのである。

このような状況は、「情報」という言葉の持つ多義性・曖昧性に起因している面も大きい[1]が、それ以外にも「リテラシー」という言葉の持つ性質に依る部分も少なくないと思われる。本章では、そうした要因が何なのかを探りつつ、情報リテラシーの定義、その背景・条件、ならびに情報リテラシーの現代的な意義について述べていく。すなわち、「情報リテラシー」そのものを取りあげ、しばしば自明かつ周知のように語られている「情報リテラシーとは何か」という問いに対して、改めて解答を導き出すことを試みる。そのことを通じて、情報の利用に関して人々が習得すべき技能とはどのようなもので、また、どうして習得すべきものとされるのかについて考えてみたい。

## 5.1 「教育するもの」としての情報リテラシー

「情報リテラシー」という言葉、あるいはそれに類する言葉を最もよく目にするのは「教育」という文脈においてであろう。すなわち、情報リテラシーに関わる議論の中心をなしているのは、「情報社会」において「情報」に関わる知識や技能は「われわれが等しく身につけなければならないもの（リテラシー）」として存在しているので、これを社会的に「育成」していく必要がある、とす

る立場からの発言である。

　実際、まもなく実施される新しい学習指導要領においては、「情報」に関わる内容が大きな柱の一つとして非常に重視されている。大学では、理科系はもちろんのこと、文科系学部においても、「情報」関連科目を必修にしているところが増えている。情報を冠した学部や学科の新設が続き、情報を軸に理科系と文科系を融合させて学際性を売り物にした学部・学科を開設しているところさえある。

　「学校」以外における教育、すなわち広義の社会教育においても、公民館や生涯学習センターなどで「情報」関連の講座が実施されるなど、対応が進みつつある。現在実施されている、いわゆる「IT講習」も話題になっているところである。また、企業では、研修など企業内教育において、あるいは採用者が習得しておくべき素養として、「情報」に関わる技能が重視されていることについては、いまさら言うまでもなかろう。

　このように「教育」という文脈において、いまや情報に関わる知識・技能は最も重要なテーマの一つとなっている。そこで、本節では、わが国の「教育」を「初等中等教育」「高等教育」「社会教育」という三つに区分し、それぞれにおいて情報リテラシーがどのようにとらえられ、またその育成に対してどのような取り組みがなされているのかについて、特に教育行政上の動向に注目しながら概観していく。なお、それぞれ「小・中学校・高校」「大学」「公民館・生涯学習センターなどの社会教育・生涯学習機関」を主な対象とする。また、ここでいう「教育」とは、集合・集団型の形式に限定するものではなく、個人の学習を支援する種々の営みを含む、広い意味で用いている。

### 5.1.1　初等中等教育と情報リテラシー

　初等中等教育では「情報リテラシー」に相当する概念として「情報活用能力」を用いている。教育分野の文献を見ても、両者は区別せずに使われていることが多い。

　初等中等教育は、特にその内容をめぐっては、学習指導要領および検定教科書などを通して、行政主導で進められている面が大きい。そこで、初等中等教育において「情報活用能力」という概念がどのようなものだと考えられている

かを知るための手がかりとして、政府・文部科学省関係の各種答申・報告類や学習指導要領などを取りあげてみたい。

まず、答申・報告類に表れた「情報活用能力」の定義を拾いあげてみよう。「情報活用能力」という用語の初出である臨時教育審議会『教育改革に関する第二次答申』(1986年) では、「情報および情報手段を主体的に選択し活用していくための個人の基本的な資質」と定義されている。この答申では、社会的な情報化の進展への対応、具体的には学校教育におけるコンピュータ等の新しい情報手段の活用を推進することが提唱されてはいるが、具体的な知識・技能をどう育成し、教育課程（カリキュラム）にどう取り込んでいくかについては、後の議論を待つかたちになっている。

1991年には、「情報化社会に対応する初等中等教育の在り方に関する調査研究協力者会議」の議論をもとに、文部省（当時）が『情報教育に関する手引き』を出版した。そこでは、初等中等教育における「情報教育」は「高度情報化社会」に適切に対応できる情報活用能力の育成であるべきだとして、情報活用能力を次のように定義している[2]。

①情報の判断、選択、整理、処理能力及び新たな情報の創造、伝達能力
②情報化社会の特質、情報化の社会や人間に対する影響の理解
③情報の重要性の認識、情報に対する責任感
④情報科学の基礎及び情報手段（特にコンピュータ）の特徴の理解、基本的な操作能力の習得

これら一つ一つの要素についてはさらに解説がなされているものの、四つの要素に分ける裏づけとなった視点、あるいは相互の関係性は十分には明らかにはされていない。

『情報教育に関する手引き』は情報教育に関する基礎的な資料の一つとされ、その後も版を重ねて刊行されている。これ以降、学校教育の世界では、この定義を一つの軸としながら議論や実践が展開されてきたといえる。

その後、中央教育審議会第一次答申『21世紀を展望した我が国の教育の在り方について』(1996年) などを受けるかたちで議論が進められた、「情報化の

進展に対応した初等中等教育における情報教育の推進等に関する調査研究協力者会議」による第一次報告『体系的な情報教育の実施に向けて』(1997年)では、上記の定義にかわる新たなとらえ方が打ち出された。すなわち、情報活用能力を次の三つに再構成して定義している[3]。

①情報活用の実践力：課題や目標に応じて情報手段を適切に活用することを含めて、必要な情報を主体的に収集・判断・表現・処理・創造し、受け手の状況などを踏まえて発信・伝達できる能力
②情報の科学的な理解：情報活用の基礎となる情報手段の特性の理解と、情報を適切に扱ったり、自らの情報活用を評価・改善するための基礎的な理論や方法の理解
③情報社会に参画する態度：社会生活の中で情報や情報技術が果たしている役割や及ぼしている影響を理解し、情報モラルの必要性や情報に対する責任について考え、望ましい情報社会の創造に参画しようとする態度

「①情報活用の実践力」は、情報通信機器の操作に代表される「技能」を重視する側面が強く、いわば「狭義の情報活用能力」とでもいえるものである。「②情報の科学的な理解」は、情報科学の基礎的な内容とも言われ、理論的な側面に重きがある。「③情報社会に参画する態度」は、インターネットを中心とするネットワーク環境の急速な普及とともに新たに問題となってきた、情報社会における新たな社会的規範、いわゆる情報倫理・モラルなどと呼ばれるものが意識されている。

この報告において、次期学習指導要領に向けての提言がなされている。つまり、次期学習指導要領は情報活用能力に対する上記①～③のようなとらえ方を基に作成されているのである[4]。

次期学習指導要領は、小・中学校は1998年、高校は1999年に公表され、小・中学校は2002年度から全面的に、高校は2003年度から順次適用されることとなっている[5]。「生きる力」の育成が一つの「目玉」としてうたわれており、その一環として「情報活用能力」の習得や活用も重視されている。具体的には、中学校「技術・家庭」では「情報とコンピュータ」分野が必須となり、

高校では普通教科「情報」が必修として新設される[6]。このため、すべての中学生と高校生（普通科）が「情報」について学ぶこととなる。また、新設の「総合的な学習の時間」で扱うテーマの例として、「環境」「国際」などと並び「情報」も挙げられているほか、「数学」「理科」など既存の教科においても「コンピュータや情報通信ネットワーク［主にインターネット］の活用」が言われるなど、「情報」に関わる扱いは大きくなっている。

　では、このように重視されるようになった「情報活用能力」は、学習内容・目標としては、具体的にどのようなことを意味しているのだろうか。ここでは、高校の必修教科（普通教科）である「情報」の内容から、それを把握することにしよう。教科「情報」は、「情報A」「情報B」「情報C」の三つの科目から構成されており、このうち1科目以上が必修となる。学習指導要領に挙げられたそれぞれの学習内容は次のとおりである[7]。

　　情報A　①情報を活用するための工夫と情報機器
　　　　　　②情報の収集・発信と情報機器の活用
　　　　　　③情報の統合的な処理とコンピュータの活用
　　　　　　④情報機器の発達と生活の変化
　　情報B　①問題解決とコンピュータの活用
　　　　　　②コンピュータの仕組みと働き
　　　　　　③問題のモデル化とコンピュータを活用した解決
　　　　　　④情報社会を支える情報技術
　　情報C　①情報のディジタル化
　　　　　　②情報通信ネットワークとコミュニケーション
　　　　　　③情報の収集・発信と個人の責任
　　　　　　④情報化の進展と社会への影響

　情報活用能力の三つの要素のうちの「情報活用の実践力」に重点を置いて構成されるという「情報A」では、授業時間の二分の一以上が実習に当てられることをあわせて考えると、コンピュータ（パソコン）を軸とする情報機器の使い方を教えることが授業の中心になるものと予想される。三つの要素のうち

第5章　情報リテラシー

「情報の科学的理解」の比重が大きいとされる「情報B」では、一見してわかるように、コンピュータが学習の中心となっている。「情報C」は、「情報社会に参画する態度」を重視しているといわれているが、ここでもコンピュータの利用、とりわけネットワーク（インターネット）の利用が中心的なものとなっている。なお、「情報B」「情報C」では授業時間の三分の一以上が実習に当てられることとなっている。

　すなわち、三つの要素として再定義された情報活用能力について、教科「情報」から伺い知ることができるのは、コンピュータに関わる知識や技能が中核として考えられているということである[8]。少なくとも学習指導要領において記述されている「内容の取り扱い」、および教科書づくりの基盤となる学習指導要領の解説[9]を見る限り、インターネットの利用を含む、コンピュータに大きな比重があると見なしてよかろう。

　一方、教育現場で実際に情報活用能力の育成がなされてきたなかで、それがどのようなものだと考えられてきたかについては、多くの実践報告や関連研究などから知ることができる。そうした「情報教育」の実践は、やはり多くがコンピュータに関わる部分を中心に形成されてきた[10]。というのも、教育の世界では、コンピュータの導入によって、教育および教育の抱えるさまざまな課題や問題を新しい方向へ導こう、教育内容・方法や教育に対する意識や考え方を変えてゆこう、という意向が少なからず働いてきた。この「情報教育」の流れは、教科教育におけるコンピュータの利用や、それに必要なコンピュータの利用能力などを中心としながら、現在も続いていると考えられる。次期学習指導要領は、その成立のプロセスを考えれば、すべてではないにしろ、こうした教育界の意向を反映したものとなっているといえよう。さらに付言すれば、政府により進められているミレニアム・プロジェクト「教育の情報化」によって、「すべての教室（授業）」にコンピュータとインターネットが整備され、利用されるようになれば、コンピュータおよびインターネットの相対的な比重は大きくなることが予想される。

　ただし、学習指導要領においても、コンピュータによらない部分、すなわちコンピュータ以外のメディアを用いた情報の入手や加工などに関わることがらも盛り込まれていること、あるいは教育界の実践でもコンピュータがすべてと

235

いうわけではなく、また、研究者の間にもコンピュータ偏重を嫌う意見があることは確認しておかねばならない。しかし、それらはしばしば「理念」や「課題」の提言にとどまっており、全体として見れば、意識されているにしろいないにしろ、「情報」の収集、加工、発信などを行う場合にはコンピュータを用いることが当然であるかのようにみなされている場合がめだつ。コンピュータを使用するしないにかかわらず、「情報」とはそもそも何か、それを探索・利用するとはどういうことか、といったことがらまで問われること、あるいは意識されることはそれほど多くなく、コンピュータを用いる方法に限定されない「情報」の探索や利用について視野に入れて論じられることは、割合でみればわずかしかない。

　もちろん、こうした状況はさまざまな経緯があってもたらされているのであって、そのこと自体の是非をここで問うているわけではない。ここでは単に、初等中等教育における情報活用能力（情報リテラシー）とは、理念としては必ずしもコンピュータには限っていないものの、実質としてはコンピュータ、そして近年ではインターネットの利用技能を大きな要素として成立している、という点を指摘しておきたい。

### 5.1.2　高等教育と情報リテラシー

　高等教育においては、早くから「情報教育」への対応が言われていた。すでに 1970 年代から「情報教育」に関わる文献や事例研究・報告は多いが、目に見えて増加したのは 1990 年代に入ってからである。それらの「情報教育」もまた、多くの場合「情報処理教育」と表現されていたことからもわかるように、やはりコンピュータを軸に展開されてきた[11]。

　コンピュータ自体が研究・教育の対象となる情報工学や電気・電子工学、データ解析などにコンピュータを取り入れた物理学や統計学など、特に理工系分野から大学へのコンピュータの導入は進んでいった。最初の頃の情報教育は、汎用機を使い、必要な処理プログラムを作る、いわゆるプログラミング教育が中心であった。

　その後、理工系の諸分野から経済学や医学などへと適用分野を広げつつ、大学における情報教育は、やがて教養課程を含む、すべての学部の学生へと対象

が広げられてゆくなかで、いわば「作り手」の視点といえるプログラミングを中心としたものから、1990年代前半はワープロや統計処理、後半に至っては電子メールやWWWなど、既存のプログラムの利用を中心とする、いわば「使い手」の視点へと、内容の重心を移行させてきた。もちろん、その背景には、コンピュータの高性能化・低価格化による、ワークステーションやパーソナルコンピュータなどの発達・普及と、グラフィカルなユーザインタフェース（GUI）の開発、実装がある。また、ここ数年は、インターネットの急激な普及に対応した、ネットワークツール重視の傾向がはっきりと見て取れる。

　大学教育においては、コンピュータを中心とした情報教育は、作り手の視点から使い手の視点へと内容を変えつつ、情報工学などの専門学科に属する一部の学生だけでなくすべての学生を対象としたものへとシフトしてきたことになる。「リテラシー」という言葉が「すべての人が身につけるべきもの」という意味を背景に持つとすれば、一部の学生を対象とした「情報処理教育」が、すべての学生を対象に拡大していくなかで、「情報リテラシー教育」と呼ばれるものへと展開してきた、ということができよう。もちろん、「一部の学生」を対象とした、より高度な内容の教育も実施されている。「情報教育」を山にたとえるならば、裾野を広げつつ、しかし一方で頂上がより高くなってきた、とでも表現できるだろう。

　さて、上記のような状況を受け、実際に「情報リテラシー」あるいは「情報」を冠した授業科目を設置する大学は増えている。だが、多くの場合、そうした科目のシラバスなどを見ると、内容はワープロや表計算などの「アプリケーション」を中心とする「コンピュータ」の使い方がほとんどである。「情報リテラシー」というタイトルの市販のテキスト類の中身を見ても、極端にいえば、コンピュータの電源の入れ方から始まり、電子メールの使い方やホームページの閲覧・作成のしかたに至るものまで、コンピュータを中心に据えたものがめだつ。

　すなわち、大学における「情報リテラシー」の教育は、かつてのプログラミングからアプリケーションの利用へと内容が移っているものの、現在でも「コンピュータ」を中心にとらえられている。多くの場合、「情報リテラシーとはコンピュータが使えること」と言って差し支えないようなものなのである。な

お、ここにおいては「コンピュータ・リテラシー（computer literacy）」と呼ばれる能力と情報リテラシーとの関わりが問題となるが、これについては、5.4.2 で触れる。

　もちろん、コンピュータ以外の紙メディアなどによるものも含めた「情報」を扱う「情報リテラシー」に関する授業も展開されている。例えば、駿河台大学で行われている授業の例などを挙げることができる[12]。このように、研究・学習を進めるうえで必要となる、「情報」を探索し、入手し、整理・加工していくための知識や技能を体系的に指導していこうという動きは、最近になって広がりを見せている。

　高等教育における「情報リテラシー」については、学習指導要領などの「共通基盤」を持つ初等中等教育とは異なり、全体的な傾向を述べるのは難しい。文部省は 1972 年に『情報処理教育振興の基本構想』を発表しており、その後も、既述した臨時教育審議会の答申で高等教育における情報活用能力の育成を訴えるなど、答申・報告等を通じて、その必要性を提唱してきているが、特に大学設置基準の「大綱化」以降は、行政が主導的・指導的立場を担ってきたわけではない。だが、「情報（リテラシー）」という名の下で実施されている授業から知ることができる限りにおいては、総体的にみるならば、図書や雑誌などの紙メディアまで視野に入れた、情報の探索・利用のための技能・知識も含めて考えられ始めているものの[13]、歴史的な経緯もあり、ここでもやはりコンピュータを中心とした技能が中核となっていると言うことができよう。

### 5.1.3　社会教育と情報リテラシー

　社会教育における情報リテラシーへの対応は、学校教育に比べると、一歩あるいは二歩以上遅れた状態にある。これについて、予算不足によるハード面での整備の遅れや、人員不足による指導者の不在などに起因するものだと指摘することは容易であろう。さらに、学習指導要領で教育内容が規定されている小・中学校、高校や、大綱化されているものの大学設置基準を持ち、カリキュラムを計画的に制定・改訂している大学などと比べれば、そうした「基準」を持たない公民館や生涯学習センターなどにおいて対応が進んでいないのは、一面ではしかたのないこととともいえよう。

## 第5章 情報リテラシー

　しかし、そもそも社会教育は、そうした一定の「基準」のうえに成り立っている学校教育ではカバーしないところ、すなわち、放課後や休日などで学校を離れた児童・生徒を含む、「学校」以外の実社会で生活している人々を対象とし、そうした人々の、そのときどきのニーズに応えるかたちで教育活動を行う点に特色がある。もとより、学習者が一定期間、同一機関に所属していることを前提とする学校教育とは異なる、そうした活動こそが社会教育の意義でもあろう。してみると、社会教育がその対象である「(地域)住民」のニーズを反映していくものであるとするならば、住民の間にニーズがそれほどなかった(あるいはニーズを反映するようなシステムが整っていなかった)、ということを対応の遅れの要因として挙げることも可能かもしれない。いずれにせよ、公民館や生涯学習センターなどにおける情報化への対応の「遅れ」は、必ずしも否定的にのみとらえられるべきものではなかろう。

　社会教育は現在、例えば「社会教育施設情報化・活性化推進事業」や「エル・ネット」などといった事業を通して情報化への対応を進めつつあり[14]、その流れのなかで情報リテラシーの育成対策も進められている。また、こうした文部科学省を中心とする国の行政の流れを受けるかたちで、あるいは独自の判断や方針によって、個別の自治体・社会教育機関においては、情報化に対応した各種の講座などを企画、実施するところが増えている[15]。特に、政府が2000年度の補正予算で実施を決め、2000〜2001年度に全国で行われている「IT講習」は注目を集めているが、講習の終わった2002年度以降の動向には目を向ける必要があろう。

　学校教育行政では早くから答申・報告類で情報化への対応、情報リテラシーの育成が課題として挙げられていたのに対し、社会教育行政においては、最近の生涯学習審議会でやっと中心的なテーマとして議論がなされ、方向性が示された段階である。学習機会の充実のための施設や職員などの整備の方策は述べられているものの、情報リテラシー自体の定義が検討された形跡は薄い。理念としては「単に情報機器の操作など技術的なコンピュータ活用能力だけではなく、主体的に情報を収集・選択し、活用する能力、さらには情報を生み出し発信する能力、情報社会における規範や自己責任能力、危機管理能力、社会の中での実体験とのバランスの取り方など基礎的な能力や態度を身につけること」

が示されている一方で、具体的方策の部分からは、コンピュータやインターネットを中心に据える傾向が見てとれる[16]。

すなわち、社会教育においては、総体的に見れば、情報リテラシーの育成を重視する方向を指向し始め、実践例も現れてはいるものの、ハード面での整備を含めて、具体的な取り組みは、今後の展開を待つ段階にあるといえよう。したがって、社会教育において情報リテラシーがどのようなものだととらえられているか、ということについては、答申・報告類では初等中等教育の「情報活用能力」の概念を用いている場合もあるなど、十分な検討がなされているとはいえない状況にある。そのため、全体的な傾向を述べることは難しい。ただし、例えば、5.2.4で述べるように、公共図書館など一つの機関に焦点を合わせるなどすれば、さらに検討を加えることは可能である。

## 5.2　情報リテラシーと図書館の教育的機能

図書館は、図書や雑誌を中心とする「資料」を介して「情報」を体系的、組織的に収集、整理、保存、提供してきた社会的なメカニズムである。では、情報を扱う社会的システムとして、図書館はいったい情報リテラシーとどのような関わりを持っているのだろうか、あるいは持とうとしているのだろうか。また、そのとき、情報リテラシーはどのようなものとしてとらえられているのだろうか。

図書館と情報リテラシーとの関わりかたの一つは、利用者が情報リテラシーを発揮する場としての役割を図書館が果たすことであろう。すなわち、利用者が情報リテラシーという知識と技能を使って情報を探索・利用するための環境を図書館が提供することである。図書館はすでに、資料の提供やそれに付随・関連するサービスの提供を通して、そうした環境を作り出してきていることは確かである。しかし、図書館が利用者のニーズに対応してゆく機関であるならば、利用者の情報リテラシーの高まりに応じて、施設・設備の整備や資料・情報の収集・提供などの展開のしかたを変えてゆくことも、検討されなければならない。

図書館と情報リテラシーとのもう一つの関わりかたは、図書館が情報リテラ

シーの育成機関、すなわち情報リテラシーを習得・向上する場としての役割を果たすことである。教育機関に属する学校図書館や大学図書館はもちろんのこと、公共図書館もまた、少なくとも法的には「社会教育施設」として位置づけられ、教育的機能を持つ。情報リテラシーの習得・向上を支援することも、そうした図書館の教育的機能の一部として期待されるところとなりえよう。

情報リテラシーの育成との関わりという点では、さらに別の側面からの指摘が可能である。すなわち、かなり複雑なしくみを持つ情報源の一つとして、図書館の利用法自体が、情報リテラシーを構成する知識・技能の一部と考えうる、という点である。情報リテラシーという概念が提唱、認知される以前から、図書館では、利用者に対して、図書館およびその資料・情報を効果的に利用することを支援するさまざまな活動を展開してきた。これは一般に「利用者教育 (user education/instruction)」と呼ばれている[17]。この場合、情報リテラシー教育は利用者教育の延長上に、その拡張形態として構想される。実際、図書館・情報学分野における情報リテラシーをめぐる議論の中心は、利用者教育およびその発展的なものとしての情報リテラシー教育に関するものである。

そこで、本節では、特に図書館の教育機関としての側面に着目し、利用者教育という観点から、図書館と情報リテラシーの関わりについて検討する。なお、必要に応じ、米国の状況にも触れることにする。

### 5.2.1 利用者教育と情報リテラシー

情報リテラシーと図書館ならびに利用者教育との関わりを論じた文献は、特に1990年代に入ってから増加の一途を辿っている。そうした文献のなかには、情報リテラシーと図書館との関わりがあたかも自明であるかのように論じているものもあるが、図書館における情報リテラシーの位置づけ、利用者教育と情報リテラシーの関係については、その程度や範囲などをめぐって、図書館界で必ずしも同意が得られているとはいえない。むしろ、両者の関係のしかた、およびその前提について、改めて整理・考察してみる必要がある。それにあたっては、まず、図書館の利用者教育とは何かということについて検討しておかねばならないだろう。

利用者教育は、一般に「図書館が持つ固有の領域の専門知識や技術の中で一

般の人々に必要な部分を伝えること」と考えられる[18]。では、ここでいう「図書館が持つ固有の領域の専門知識や技術の中で一般の人々に必要な部分」とは何だろうか。この問いに対する答えは、「図書館が持つ固有の領域の専門知識や技術」にはどのようなものがあるかという点と、「一般の人々に必要な部分」をどのようなものと見なすかという点に分けて考えることができる。

　利用者教育の内容については例えば次のように整理・分類することができる[19]。

　　①図書館オリエンテーション（library orientation）
　　②図書館利用指導（library instruction）
　　③文献利用指導（bibliographic instruction）
　　④情報管理教育（information management education）

他にも整理、分類した試みはいくつかあるが、概ね、この例に相似させてとらえることができる。この4分類は、図書館に関する知識について、①が図書館を「知る」レベル、②が（特定の）図書館を「使う」レベル、③が図書館の枠を越えて「文献」（情報）を使うレベル、④が情報の「探索」だけでなく情報の利用・管理の側面まで踏み込んだレベルと、知識・技能が操作の対象とするものに基づいてレベルを想定したものであるととらえられる。①は、図書館がどのような資料・情報や施設・設備を備えているか、どのようなサービスを実施しているかを利用者に周知するものであり、具体的な活動としては、図書館ツアーが代表的である。②は図書館の「使い方」を伝達するものである。所蔵資料を利用するために、蔵書構成や配置、蔵書目録の利用法などを指導する講習などが具体例となる。②が個別、特定の図書館の利用を主眼としているのに対し、③はより広く、図書館が一般に対象としている資料・情報一般の利用を想定している。目録や索引などのレファレンスツールの利用法に代表されるように、必要な文献を収集し、利用する知識・技能の習得をめざすものであり、図書館員による講習として、また、学校や大学では授業の一環としても展開される。④は文献に限らず、「情報」一般をも視野に入れつつ、情報を扱ってゆくプロセス全体を扱うものである。内容・方法は多岐にわたることとなり、必

ずしも「図書館」が関わらない部分も増えてくる。今日では、④を指して「情報リテラシー教育」と呼ぶ場合が多いと考えられる。なお、各レベルは相互に排他的な関係にあるのではなく、数字の若い項目が古い項目の下地となるような関係にあるといえよう。

　利用者が情報の利用に関して持つべき知識・技能にレベルを設定している点で、この分類は「一般の人々に必要な部分」に関する一つのとらえ方を提示していると見ることができよう。「利用者教育」の分類である以上、ここに掲げられている事項が「図書館が持つ固有の領域の専門知識や技術」に含まれる、ということは前提とされていると考えられるが、本当にすべてが「図書館に固有の領域」に含まれるかどうかは検討の余地があろう。例えば、図書館で調べたことをどのように活用してゆくか、といった情報の管理・加工・伝達などに関わる知識・技能は、可能性としては含まれるとしても、現実の図書館の諸業務に関わる知識・技能には通常含まれてはおらず、まして図書館に「固有なもの」とみなされてはいるとはいえないだろう。「図書館が伝える（教える）べきこと」かどうかも合意を得ているわけでない。

　このように、従来の利用者教育に関する議論では、伝えるべき知識・技能の妥当性が不明確であることが少なくない。個々の図書館に目を向ければ、それぞれの置かれた環境や方針などはさまざまであり、一概には論じられないことは確かであるが、しかし、そうした個別性を排除したうえで、あるいは個別性を成立させている条件を考慮したうえで、普遍的な存在としての「図書館」が持つ、あるいは持ちうる「固有の領域の専門知識や技術」について整理・検討した例は、多くは見あたらない。

　ここでは、小田らが提示している枠組み[20]を借りて、利用者教育とは何かについて整理しておきたい。その枠組みは、公共図書館における「ガイダンス」を対象としたものであるが、用いられている概念を必要に応じて適切に読み替えることによって、他の館種、あるいは館種を超えて図書館全般に適用することが可能であると考えられる。

　小田らは、「位置づけの軸」と「目的の軸」という二つの軸により分析することを提案しているが、そのうち「位置づけの軸」は「図書館内部の文脈」と「社会的な文脈」とを両極とする軸である。先の分類をこの軸にそって整理す

れば、①②③④の順で、「図書館内部の文脈」から「社会的な文脈」に向かっていくように並べることができよう。このとき、「図書館内部の文脈」に視点を置いて利用者教育を見れば、それは図書館の内発的な問題、すなわち図書館にとって利用者に「身につけてほしい」知識・技能を育成する活動としてとらえることができる。旧来の利用者教育の議論は、こちらの視点の「図書館から見た主張」がめだっていた。

　一方、「社会的な文脈」に視点を置いてみるとき、図書館は数ある情報源のうちの一つとしてとらえることができ、利用者が「身につけたい」知識・技能を習得する機会として位置づけられる。こちらは、情報リテラシー教育の視点、あるいは情報リテラシーとの関わりで論じられている利用者教育の視点と言い換えることができよう。図書館における利用者教育は、もともとは情報リテラシーとは別に図書館の内部的な文脈から展開してきたものであり、その発展経緯のなかで社会的な文脈までが考えられるようになったのである。そして、これを社会的な文脈の側からみて位置づけようとするのが、図書館の情報リテラシー教育との関わりの本質であるといってよいだろう（5.3節で見る米国の状況も参照のこと）。

　したがって、図書館において情報リテラシーを論じるには、図書館を社会的な文脈のなかでとらえ、相対化することが必要となる。そうした試みとしては、例えば、ナール＝ジャコボヴィッツ（D. Nahl-Jakobovits）らの研究[21]のように、利用者教育の目標としての情報探索能力のモデル化などを挙げることができよう。そこでは、これまでの利用者教育のように、図書館が想定するものとして、つまり図書館内部の文脈からみて目標を設定するのではなく、利用者の視点に立って、つまり図書館外部（この場合は、社会的な存在としての利用者）に視点を置いた目標設定が提案されている。

　以下では、学校図書館、大学図書館、公共図書館の三つの館種について、情報リテラシーとの関わりについて見ていく。その際、5.1節で述べた学校教育や社会教育という枠組みも意識しておくことにしたい。

### 5.2.2　学校図書館と情報リテラシー

　学校図書館は、その大きな役割の一つとして、授業（教科・科目）のための

資料・メディアセンターとなることが期待されている。図書館が授業で活用されるように利用者教育を実施することは、学校図書館の重要なサービスと位置づけられており、そのための先駆的な取り組みも少なくない。ただし、わが国においては、司書教諭や学校司書の配置が進んでいないなど、学校図書館自体の整備の遅れもあり、全体としてみれば、利用者教育が十分に普及している段階にはない[22]。

　初等中等教育は、学習指導要領によって教育内容が定められており、学校図書館もそれに貢献することが大きな目的の一つとなっているため、利用者教育の意義や目標も比較的明確にしやすい。したがって、学校図書館における情報リテラシー教育は、①目標となる情報リテラシーの到達点・達成点を設定しやすい、②対象者である児童・生徒の能力や経験などがある程度一律に想定できる、③図書館員（司書教諭・学校司書）の教育的役割が期待され、また発揮しやすい、という条件を基盤に、利用者教育の目標を情報リテラシー教育の中に位置づけてゆくというかたちで展開されている。

　全国学校図書館協議会（全国SLA）は1992年に「『資料・情報を活用する学び方の指導』体系表」を策定している（表5-1）[23]。「情報リテラシー」あるいは「情報活用能力」という用語自体は用いられていないものの、作成にあたっての考え方において、「『情報』という概念で一貫させ」、情報を「検索・評価・選択・活用」し、「創造・発信する能力」を意図していると述べられていることなどから、概念としての「情報リテラシー」の育成を体系的に展開するために作成されたものと受け取ることができる。「図書館」の視点から、「資料・情報」を活用するのに必要な知識・技能を育成内容としており、情報リテラシーについて、とりわけ授業（教科・科目）への適用を考慮した範囲でとらえられていることがわかる。

　なお、情報教育において体系表を用いることの意義については、体系的な教育の実施という観点からみれば、少なくないと思われるが、既述したように、図書館員が配置されているところが少ないこともあり、実際にこの体系表を活用した事例が豊富にあるわけではない。今後の司書教諭必置化や学校教育全体での情報教育の重視という流れのなかで、実践とその評価による、実効性の検証などが待たれる。

表5-1 「資料・情報を活用する学び方の指導」体系表（抄）

| | I 情報と図書館 | II 情報源のさがし方 | III 情報源の使い方 | IV 情報のまとめ方 |
|---|---|---|---|---|
| 小学校低学年 | ・学校図書館の利用<br>・学級文庫の利用<br>・図書の扱い方 | ・低学年用図書の探し方<br>・図書の配架 | ・図鑑の利用<br>・目次・索引の利用 | ・調査のまとめ |
| 小学校中学年 | ・情報と私たちの生活<br>・公共図書館の利用 | ・図書の分類<br>・請求記号と配架<br>・書名目録の利用 | ・国語辞典の利用<br>・地図の利用<br>・視聴覚資料の利用 | ・資料の要約<br>・表や図へのまとめ方<br>・資料リストの作成<br>・ノートの作成 |
| 小学校高学年 | ・各種文化施設の利用 | ・著者目録の利用<br>・件名目録の利用<br>・コンピュータ目録の利用<br>・目的にあった情報源の選択 | ・漢字辞典の利用<br>・百科事典の利用<br>・年鑑の利用<br>・新聞・雑誌の利用<br>・ファイル資料の利用<br>・電子メディアの利用 | ・記録カードの作成<br>・調査研究結果の発表<br>・資料の自作と整理 |
| 中学校 | ・情報社会と私たち<br>・中学校生活と図書館 | ・資料の分類と配架<br>・目録の利用 | ・参考図書の利用<br>・新聞・雑誌の利用<br>・ファイル資料の利用<br>・視聴覚資料・電子メディアの利用 | ・資料リストの作成<br>・調査研究の記録<br>・調査研究結果の発表<br>・資料の自作と整理 |
| 高等学校 | ・現代社会と情報<br>・高校生活と図書館 | ・目録の利用<br>・書誌・目録・索引の利用<br>・目的に応じた情報源の選択 | ・参考図書の利用<br>・新聞・雑誌の利用<br>・視聴覚資料の利用<br>・電子メディア・データベースの利用 | ・調査研究のすすめ方<br>・調査研究結果の発表と整理 |

注23)の文献 (p.12-13) から第一項目のみ抜粋したもの

1998年には日本図書館協会から利用者教育のガイドラインが発表された。ガイドラインでは、図書館の外側の文脈を含む情報教育を考慮した利用者教育の姿を描いている。すなわち、利用者教育を「学校図書館が関わる情報教育」と位置づけ、「すべての利用者が、情報をより効率的に活用できる自立した情報利用者へと成長することを支援する体系的・組織的な教育」であると定義している[24]。ガイドラインでは、情報リテラシーの範囲について、「図書館」や「資料」に関わらないところまでを含め、広くとらえている。その意味では、5.1.1でみた学習指導要領など教育施策における「情報リテラシー」と理念を共有しているといえるかもしれない。ただし、その内容については、指導要領などでは、既述のように「コンピュータ」に大きな割合が割かれているのに対

し、ガイドラインでは「図書館」のためのガイドラインなので当然のことではあるが、図書館およびその提供する資料・情報に比重が置かれている。

ところで、米国では、学校・学年に対応する児童・生徒の発達段階に応じた指導のしかたなどが議論され、理論的な裏づけや実施体制がある程度、確立している[25]。早くから学校図書館基準が定められ、一定の水準で利用者教育の実践がなされてきた蓄積があり、わが国にとっては、制度などの差違を踏まえなければならないものの、参考になる点が多い。

最も新しい基準である1998年に出された『インフォメーション・パワー』の改訂版のなかで、「児童・生徒の学習のための情報リテラシー基準（Information Literacy Standards for Student Learning）」が示されている（表5-2）[26]。九つの基準は三つの部分に分かれており、基準1～3は情報リテラシーの要素として、情報へのアクセス（探索）、評価、利用という三つを挙げたものであ

表5-2　児童・生徒の学習のための情報リテラシー基準

| |
|---|
| 情報リテラシー<br>　基準1：情報リテラシーを身につけている児童・生徒は、効率的かつ効果的に情報にアクセスする。<br>　基準2：情報リテラシーを身につけている児童・生徒は、批判的かつ適切に情報を評価することができる。<br>　基準3：情報リテラシーを身につけている児童・生徒は、正確かつ創造的に情報を利用することができる。<br>自主学習<br>　基準4：自主学習者である児童・生徒は、情報リテラシーを身につけており、個人的興味に関連のある情報を求める。<br>　基準5：自主学習者である児童・生徒は、情報リテラシーを身につけており、文学などの情報の創造的な表現を鑑賞することができる。<br>　基準6：自主学習者である児童・生徒は、情報リテラシーを身につけており、情報探索と知識の生成に優れようと努力する。<br>社会的責任<br>　基準7：学習コミュニティや社会に積極的に寄与する児童・生徒は、情報リテラシーを身につけており、民主主義社会にとっての情報の重要性を認識する。<br>　基準8：学習コミュニティや社会に積極的に寄与する児童・生徒は、情報リテラシーを身につけており、情報と情報技術に関して倫理的な行動をとる。<br>　基準9：学習コミュニティや社会に積極的に寄与する児童・生徒は、情報リテラシーを身につけており、グループへの効率的な参加を通して、情報を探究し、生成する。 |

『インフォメーション・パワー：学習のためのパートナーシップの構築』渡辺信一監訳. 京都, 同志社大学, 2000, p.11-12. による

る。基準4〜6は情報リテラシーを自立的・自主的な学習の条件ととらえたもので、関心に応じた情報の探索や情報源の評価などを挙げている。基準7〜9は情報リテラシーを社会的な関わりの観点からとらえたもので、いわゆる情報倫理・モラルなどに相当する。

　米国では、「情報リテラシー」は学校図書館における利用者教育を支える核となる概念として定着しているといってよい。わが国と比較すると、図書館・図書館員と教員とがより密接な連携をとりながら、その教育を推し進めている、という点も強調しておきたい。

### 5.2.3　大学図書館と情報リテラシー

　5.1.2で述べたように、大学における情報リテラシー教育は現在、全体的にはコンピュータを中心として展開されている。それは多くの場合、大学図書館とは切り離されたところで行われている。一方、コンピュータに必ずしも依存しない部分、例えば、印刷メディアを含む目録・索引などのツールを用いた図書や雑誌の探し方などについての指導は、一部の授業で取りあげられることもある[27]が、多くが大学図書館による利用者教育で扱われている。

　もっとも、図書館において実施されている、図書館および図書館資料の使い方を扱う利用者教育は、必ずしも「情報リテラシー教育」の一翼を担うものとして意図されているわけではない。現状を見る限り、大学図書館では従来の利用者教育の範囲を超えて情報リテラシー教育を学生等に実施すべきであるとの考え方も広がりつつあるものの、「図書館内部の文脈」にもっぱら依拠した「図書館および図書館資料を使った情報の探し方」が中心であり、授業あるいはコンピュータセンターなどが実施しているコンピュータを中心とした「情報リテラシー教育」と連動・連携したかたちで展開するなど、大学教育全体を視野に入れたものには必ずしもなっていない。要因はいろいろ指摘できようが、図書館の時間的・財政的・人員的な「余力」不足の問題、図書館員の学内での位置づけや地位の問題、指導に関わる図書館員の知識・技能の不足の問題、指導に必要な施設・設備等の環境の問題などを挙げることができよう。

　これに対し、情報リテラシー教育に果たす図書館の役割を前面に押し出している例も登場している。例えば、慶應義塾大学の日吉メディアセンターでは、

## 表5-3 高等教育のための情報リテラシー能力基準

| | |
|---|---|
| 基準1 | 情報リテラシーのある学生は、必要とする情報の性質と範囲を決めることができる。 |
| 基準2 | 情報リテラシーのある学生は、必要とする情報に効果的・効率的にアクセスすることができる。 |
| 基準3 | 情報リテラシーのある学生は、情報と情報源を批判的に評価し、選択した情報を自分の知識ベースと価値体系に組み入れることができる。 |
| 基準4 | 情報リテラシーのある学生は、特定の目的を達成するために、個人として、またはグループの一員として、情報を効果的に利用することができる。 |
| 基準5 | 情報リテラシーのある学生は、情報の利用、アクセスに関する多くの経済的、法律的、社会的な問題を理解し、かつ、倫理的・法律的に情報を利用する。 |

米国大学図書館協会"高等教育のための情報リテラシー能力基準."『Web授業の創造：21世紀の図書館情報学教育と情報環境』 倉橋英逸ほか著 吹田, 関西大学出版部, 2000, p.247-255. による

　図書館が一定のイニシアティブをとって情報リテラシー教育を学部の授業の一部として展開している[28]。京都大学では教員と図書館員が協力し、「情報探索法」の授業を全学科目として開講している[29]。これらの試みのなかでは、情報リテラシーは、大学生、とりわけ新入生がおしなべて身につけておくべき技能として考えられている。

　ただし、授業と図書館とコンピュータセンターなどとの機能分担のありかたも含めて、こうした図書館の利用者教育が大学教育全体における情報リテラシー教育に果たす役割は何なのか、あるいは図書館の活用能力が情報リテラシーとどう関わるのか、といった点については、さらなる検討を待たねばならない[30]。

　米国では、利用者教育をめぐっては、実践の着実な積み重ねのもと、理論化も進められ[31]、5.3節でみるような情報リテラシーに関する議論において、大学図書館が学校図書館と並んで中心的な役割を果たしてきた。最近、大学研究図書館協会（Association of College and Research Libraries: ACRL）が「高等教育のための情報リテラシー能力基準」を発表した（表5-3）[32]。「児童・生徒の学習のための情報リテラシー基準」をもとにしたものとなっており、内容にも共通性・連続性がみられる。

### 5.2.4　公共図書館と情報リテラシー

　わが国の公共図書館では、歴史的経緯などから、「教育」という考え方、あ

るいは表現を避ける傾向も見られた。しかし、「情報リテラシー」あるいは「情報活用能力」という言葉が社会的に認知されるようになった近年、生涯学習の機運の高まりなども背景にしながら、公共図書館を「情報リテラシー」の育成・向上を支援する機関としてとらえ、利用者の学習活動を積極的に支援する学習機会の提供サービスとして情報リテラシー教育をとらえる例も出てきた[33]。

　公共図書館と情報リテラシーとの関わりをめぐる行政の動向については、特に1998年に生涯学習審議会図書館専門委員会が出した報告が注目に値する。この報告は、情報社会における図書館の新しい役割として「地域の情報拠点としての図書館」と「地域住民の情報活用能力の育成支援」という二つを挙げ、住民向けに情報活用能力の育成のための講座等を開設することを提言した[34]。図書館法第18条に基づくものとして検討され、2000年に発表された「公立図書館の設置及び運営上の望ましい基準について（報告）」でも同様に、「住民の情報活用能力の向上を支援するため、講座等学習機会の提供に努めるものとする」として、図書館専門委員会の報告の提言を踏襲している[35]。

　こうした提言には、公共図書館が「社会教育」の機関として情報リテラシー教育に果たす役割への期待が込められていると考えることができる。すなわち、前章で述べた「情報貧困層（information-poor）」に学習機会を提供することによって、「情報格差（information gap）」の是正に貢献することへの期待である。

　伝統的に、公共図書館はすべての人に情報にアクセスする機会を提供する機関であると考えられてきたが、情報格差の是正には、単なるアクセス機会の提供だけでは不十分であろう、という認識がその背後にある。学習機会も提供することによって、人々の能力の不足に起因する情報格差の解消をはかることがそのねらいである。

　もちろん、情報通信基盤（インフラストラクチャ）の整備も公共図書館の重要な役割となる。1999年時点で、インターネットの家庭普及率は2割弱に過ぎず、また、大企業（従業員300人以上の企業）では9割近いものの、中小企業（5人以上の事業所）では3割程度であり[36]、普及率は今後急激に上昇すると予想されているとはいえ、統計上、インターネットは、まだ限られた層の人々によって利用されているものでしかない。学校や大企業などに属さない人々に対

して、図書館がコンピュータの利用、インターネットへのアクセスの提供をすることは、情報貧困層の「機会の不足」への対応として、当面、社会的な要請に応えるものであると考えられる。

このように、公共図書館においても情報リテラシーが論じられるようになってきているが、その際、情報リテラシーとはそもそもどのような知識・技能を指すのかは、必ずしも明確になっていない。図書館界からは、これまでに関連した二つのガイドラインが示されている[37]が、実践や研究が他館種に比べて少ない現状では、それらについての評価も定まっているとはいえず、公共図書館における情報リテラシーについて、十分に整理して論ずることは容易ではない。

### 5.2.5 情報リテラシーの育成をめぐって

学校教育を中心とする「教育」の世界では、「リテラシー」とは「そのコミュニティのすべての構成員が身につけるべきもの」だという価値観によって支えられた概念であると考えられる。コミュニティを国家ととれば、これは「すべての国民が等しく身につけることを社会的なシステムとして推進していくこと」を意味する。そうした制度的、政策的な側面からとらえたとき、「リテラシー」としての「情報活用能力」は、他の「リテラシー」、すなわち読み書き（国語）や算術（算数・数学）をはじめとする「基礎学力」と同じように、国家的なレベルで等しく育成するべきものとみなされる。誰もが持つべき「生きる力」の一つとして情報活用能力が扱われていることはそれを象徴していよう。

リテラシー教育を推進するとき、そこには、漠然とであれ、「育成すべきもの」となるリテラシーの内容について、ある程度の合意が存在するはずである。情報リテラシーにおいても、育成すべきであるとの理念を共有し、内容についてのある程度の合意をえたうえで、「すべての国民が身につけるべき＝教育するべき」情報リテラシーをめぐって、教育の方法などが実践上のテーマとして議論されることになる。しかし、現実には、教育工学などの研究者や教員を中心とする教育界における議論は、情報リテラシーの実践上の議論が先立っており、情報リテラシーの定義や意義、構造などといった、実践の背景や前提となるべき部分に関わる議論は、全体からすればそれほど多く見られるわけではな

い。

　国語や算数・数学などといった、すでに長い蓄積のある教科については、「教育すべき＝すべての国民が身につけるべき」内容に関して、細部で異議は存在するものの、一定の社会的合意が形成されているとみなせる。イデオロギーに関わるような議論は別として、国語や数学の教育を廃止せよ、内容を大幅に差し替えよ、などという意見は社会的に広く認知されるようなかたちでは存在しない。このような背景から、教育実践、教育学研究上のテーマの多くは「どう教えるべきか」という問題に関わるもので、「何を教えるべきか」ということについての議論はあまりなされないと考えられる。

　情報リテラシーについては、教科「情報」が高校（普通科）に新設され、必修科目となるなど、一定の合意ができつつあるとはいえ、「何を教えるべきか」という問題をめぐる議論が十分に収束しているとはいいがたい。ただ、学習指導要領が定められたため、それを批判的に扱う議論もありうるものの、現在は「何を教えるか」という問題よりは、「どう教えるか」という問題に取り組もうとする傾向が強く見受けられる。

　一方、図書館界においては、図書館員および図書館・情報学研究者などによる「何を教えるべきか」という問題に対する言及がめだつ。例えば、「情報教育においては、情報源としての図書館をもっと活用すべきである」といった類の主張が代表例であろう。本節で見てきたように、図書館界では、主に利用者教育との関わりで情報リテラシーが論じられてきた。5.3節でも触れるが、これには、1980年代以降、特に教育機関に属する図書館が、内外における教育改革の流れのなかで、その「教育に果たす役割」を主張するための、一種のプロパガンダとして「情報リテラシー」という概念を用いてきたことも背景にある。いきおい、「何を教えるべきか」というところに議論あるいは主張が集中することとなる。しかし、そのことによって、「どう教えるべきか」という問題に対する検討は不十分なままに置かれてしまっている。「どう教えるべきか」という問題に対して、個別の事例を越えて議論を展開している例がそれほど多くないことについては、どう教えるか、すなわち教育の方法、教材、指導者等について、図書館がそれほど多くの選択肢を持ち合わせていないことも要因の一つとして指摘できるだろう。

また、図書館における「何を教えるべきか」という議論については、次の点に注意しておく必要がある。すなわち、利用者教育が情報リテラシー教育へと拡大する流れのなかで、「図書館を教える」ことから「情報を教える」ことへの拡張、転換がなされ、「図書館が教えるべきこと」が増加・拡大していったが、そうした拡張路線のなかで、「図書館が教えるとは限らないこと」、つまり「他の機関や組織にゆだねるべきこと、ゆだねてもよいこと」が何か、という点については、必ずしも十分な検討が行われていない。これは、言い換えれば、他の組織などとの役割分担の問題である。情報リテラシー教育に果たす図書館の役割を際限なく拡張することは、かえって、図書館にとっての「固有」の領域を曖昧にし、図書館の社会的役割を見えにくくしている面もあることを指摘しておかねばなるまい。

「教育界」と「図書館界」という二つの世界を、仮に別個のものとして想定するならば、上で述べたように、両者の間には、情報リテラシーの育成をめぐるある種の「食い違い」が存在する。誤解を恐れず単純化するならば、図書館界では、コンピュータに限定されない、図書館および図書館資料などをも含めた「情報」に関わる教育を展開すべきだ、との論点が、教育界では、コンピュータを中心とする「情報」の使い方を適切に教育していくべきだ、という論点が中心となっている。学校などでは「コンピュータの使い方を中心とした知識や技能」が情報リテラシーの、少なくとも実質的な内容になっており、その教育の「方法」に注目が集まっている一方で、図書館では「(特に印刷メディアを含めた) 情報の探し方を中心とする知識や技能」が情報リテラシーの、少なくとも現在の目的・目標として掲げられており、その「内容」をどう構成すべきか、という点に意識が向けられているといえるだろう。

## 5.3 情報リテラシー概念の変遷

前節まで、情報リテラシーに対する現在の考え方を、「教育」および「図書館」という場面に着目して検討してきた。では、情報リテラシーという考え方はどのように形成されてきたのか、すなわち、いつ、どこで生まれ、現在までどのような変遷を辿ってきたのだろうか。本節では、情報リテラシー概念の変

遷について歴史的に整理する作業を通して、情報リテラシーに関する現在の混乱や乖離の由来を辿り、情報リテラシーに関する統一的な視点を獲得する手がかりとしたい。

以下、情報リテラシーという概念をめぐる動向について、米国における発生から現在に至る過程を追っていくが、これは、情報リテラシーが米国において初めて提案され、発展してきたものであることによる。ここでは、70年代、80年代、90年代以降の三つに時期区分し、各時期における社会背景、とりわけ情報環境の推移に注目しながら整理していくことにする[38]。

### 5.3.1　1970年代

情報リテラシーという概念が初めて提唱されたのは、1974年、米国情報産業協会（Information Industry Association: IIA）会長であったザコウスキー（Paul C. Zurkowski）が米国図書館情報学委員会（National Commission on Libraries and Information Science）への提言のなかで使用したときであるといわれている。そこでは、情報リテラシーは「職業上の諸問題に対して情報による解決を行う際に、広範な情報ツールならびに基本的な情報源を利用するための手法や技能」とされた[39]。提言では、情報産業の発展にともなう社会的な要請として、国民が情報リテラシーを獲得することが必要だとされ、1980年代のうちに達成することが国としての目標であると述べられている。このように、情報リテラシーは当初、職業上必要な能力として提示されたものであった。提言のなかでも「情報資源を職業上で応用できるよう訓練された人」が「情報リテラシーを身につけた人（information literate）」であるとしている。

1970年代は「情報社会（information society）」という言葉が認識されるようになった時代である。職業の世界においては、いわゆる「OA化」という言葉に象徴されるように、さまざまな「情報機器」が導入された。後にその主役となるコンピュータの導入も進んでいる。世界でもっとも古い商用オンラインデータベースサービスの一つ、DIALOGが公開されたのは1972年であり、産業界においては、コンピュータをはじめとする情報機器が注目され、また、「情報」が産業の発展を大きく左右すること、そして「情報」そのものが「商品（サービス）」として成立することなどが認識されるようになった。そうしたな

第5章　情報リテラシー

かで、産業界からの要請として、情報化にともなう新しい技能、すなわち情報リテラシーの必要性が訴えられたのである。

ザコウスキーの提言以降、主に図書館や図書館・情報学の世界で、情報リテラシーをめぐる議論や提言が見られるようになった。それらを一言で要約すると、1970年代は、情報リテラシーという新しい概念の登場によって、「情報社会において新たな能力が必要となっている」ということが認識されるようになった時代である、とまとめることができる。しかしながら、合意を得た定義が形成されるまでには議論は成熟したとはいえず、情報リテラシーを構成する具体的な技能や知識を同定するには至っていない[40]。

産業界からの要請にはじまったため、情報リテラシーは、当初職業上の活動における問題解決のための能力をもっぱら意味していたが、その後の議論を経ながら、しだいに職業以外の場面での適用をも考慮したものへと展開している。1970年代の最後には、IIAが、「問題解決にあたって情報ツールを利用するための技法や技能」という、職業上の場面に限定しない情報リテラシーの定義を発表している[41]。

なお、一連の議論や提言が、産業界からの要請に対して図書館はどのように対応していくのか、という文脈においてなされていることからわかるように、1970年代は、図書館界においては、情報リテラシーに対する方策・方針を探し始めた時期であった。教育界においても、コンピュータの導入が進んだ高等教育の一部を除いては、必ずしも大きな動向までにはなっていない。

### 5.3.2　1980年代

1980年代に入ると、情報通信技術、とりわけコンピュータの導入がますます進行し、「情報」を「処理」する「機器」としてのコンピュータを核に構築されたさまざまなシステムが社会的に普及していった。図書館の世界でいえば、通信ネットワークやデータベースの普及があげられる。コンピュータを利用する機会が増えるにつれ、コンピュータに関連する新たな能力の必要性が注目を集めていった。

「情報」を扱うものといえばすなわち「コンピュータ」である、と考えられることも多く、5.4節で述べるように、「コンピュータ・リテラシー」という概

念も大きく取りあげられ、情報リテラシーとコンピュータ・リテラシーの関連が議論されるようになった。例えば、情報リテラシーを「必要なデータや文書・文献を同定し、アクセスし、入手するために、コンピュータ技術を利用する技能」であると考える(42)など、コンピュータが情報リテラシーの中心的な部分として考えられることも多かった。

　コンピュータは、企業などだけでなく、学校や家庭にも少しずつ入り始めた。これにともない、職業上だけでなく、学校や日常生活など、より広い場面において、コンピュータを中心とする情報リテラシーの必要性が訴えられるようになった。高校などでも「コンピュータ教育」が開始されるが、当初は、コンピュータ言語によるプログラミングがその中心であった。図書館の世界でも、業務の機械化が進み、また、印刷メディア以外のメディアが導入されたことにより、利用者教育の観点から、そうした変化に対応した技能としての情報リテラシーに注目が集まっていった。

　1980年代前半は、情報リテラシーという概念が、コンピュータ技能に偏りながらも具体的に展開した段階であるといえよう。また、職業的場面だけでなく、教育・学習の場面や日常生活の場面でも同じように、問題解決や意思決定の際に「情報を使う力」が重要だという認識が広がった、と特徴づけることができる。

　ところが、1980年代半ばくらいから、コンピュータを取り巻く状況が変化を見せ始めた。小型で低価格なワークステーションやパーソナルコンピュータ、およびユーザフレンドリなOSやアプリケーションの登場により、コンピュータはさらに一般的なものとなった。企業や学校にとどまらず、一般家庭にもコンピュータが普及していった。

　一方、「情報＝コンピュータ」というイメージを崩すような、メディアや情報源の多様化も進んでいた。すなわち、ファクシミリや携帯電話などの通信機器、ケーブルテレビや衛星放送などのマスメディア、ゲーム機などの娯楽機器などである。コンピュータについても、磁気テープに代わってフロッピーディスクやCD-ROMなどが使われる一方、オンラインによるデータベース・サービスが広まるなど、メディアや情報源の多様化が進んだ。

　こうした状況は「情報洪水」「情報爆発」などと呼ばれ、それを危惧する声

があがった。「情報格差」が社会的な問題として取りあげられるようになり、情報リテラシーの必要性がさまざまな領域で広く認識されるに至った。すなわち大量の情報から重要かつ必要なものを選び取る能力、いわば情報の選択眼が重要だとされ、印刷メディアだけでなく、「多様な『メディア』を読む」ための能力としての情報リテラシーの必要性が訴えられるようになった[43]。

　図書館の世界では、この時期は、利用者教育に関する研究面からの検討やさまざまな実践が盛んになされたときでもある。情報の「探索」を越えて、情報の「分析」や「評価」などまでが含められるべきである、などというように、文献の探索・収集法の教育から、情報の活用法を志向するものへと発展した時期にあたる。これは、学校図書館や大学図書館などを中心に、さまざまな実践活動を通して見出されてきた方向であると同時に、心理学などの成果や方法論を援用した盛んな研究によって理論が発達したことによるところも大きい。

　また、情報リテラシーとその重要性が広く認識されるにともない、情報リテラシーが社会的文脈との関連においてとらえられるようになった。すなわち、5.4節で触れるように、「リテラシー」そのものの意義に立ち返った検討が行われ、情報リテラシーを機能的リテラシーの延長上に位置づけるようになったのがこの時期である[44]。

　教育の世界でも、情報リテラシーが「すべての人が生きていくために不可欠な能力である」という考えのもと、国家的な課題としての取り組みが必要であると考えられた[45]。1980年代の「教育改革」の流れのなかで、生涯学習社会への機運の高まりといったことも社会的背景として、情報リテラシー教育は欠かせないものとして重視されるようになった。

　教育改革の動きのなかで情報リテラシー教育が重視されてゆくにつれ、そのなかで図書館の役割が軽視されていることに危機感を強め、図書館が情報リテラシー教育において果たしうる機能を主張していったことも、図書館界で従来の利用者教育を越えようとする試みを促す要因の一つであった[46]。もちろん、図書館の利用者教育を図書館内で完結する活動としてとらえるのでは不十分であるという認識が行きわたってきたことがその背景にある。

　情報リテラシーは1980年代、その意味するところを拡大し、リテラシーの延長上に位置づけられるに至った。つまり、「情報リテラシーは積極的で責任

ある市民となるための前提条件である」とか「情報リテラシーを身につけることにより、生涯にわたる自立学習者となることを目標とする」などというように、「市民」としての生活や生涯学習の文脈からもとらえられるようになった。また、新しい情報技術への対応が必要であり、そのためには、図書館の利用技能やコンピュータの利用技能だけでは不十分であると考えられ、批判的思考なども必要であるとされた。教育の世界で図書や雑誌など実際の資料を用いる資源中心学習が重視されるようになったことも、図書館と教育という二つの領域のより密接な協力をうながした(47)。

1980年代末までに、情報リテラシーは一応その概念を確立したと言ってよい。そのメルクマールとなるのが、1989年に発表された米国図書館協会（American Library Association: ALA）情報リテラシー諮問委員会（Presidential Committee on Information Literacy）の最終報告書である。報告書では、情報リテラシーを次のように定義している。「情報リテラシーとは、情報が必要なときそれを認識する能力、および、必要な情報の発見、評価、利用を効果的に行う能力である。……情報リテラシーを身につけた人々は、学びかたを知っている。なぜなら、彼らは知識の組織のされかた、情報の見つけかた、他の人々が学べるような方法での情報の利用のしかたを知っているからである。」(48) 情報リテラシーの定義をめぐっては、図書館・情報学や教育学などの分野を中心に多くの議論が重ねられ、さまざまな定義づけが試みられてきたが、それらを包括するものとして、この定義は広く受け入れられるものとなった。

### 5.3.3　1990年代以降

1990年代には、1980年代に確立した概念を基盤にして、情報リテラシーをめぐる動向は新しい段階に入った。すなわち、①情報リテラシーのための「教育」に主たる関心が向けられるようになった、②リテラシーという大きな枠組みの一部として情報リテラシーをとらえるようになった、③図書館員が情報リテラシーをめぐる動向のなかで自らの役割を積極的に検討するようになった、という3点をその特徴として指摘できる(49)。

①は、情報リテラシーの育成方法に議論の重点が移行したということである。すなわち、ALAの報告書などによって共通の基盤ができたものとし、その実

践に関心が払われ、学校をはじめとする機関での具体的な育成のプログラムやカリキュラムの検討、開発が進められるようになったのである。そこにはもちろん、図書館も含まれる。大学教育における図書館の機能を情報リテラシーの観点から論じているブレイビク（Patricia S. Breivik）らの著書は、1990年代のそうした流れの出発点と位置づけられよう[50]。実際、1990年代に入ってから、情報リテラシーの育成に関する事例は枚挙にいとまがなく、教育方法・内容についての理論研究も増加している。

　②は、すでに1980年代に確立された「機能的リテラシーとしての情報リテラシー」という考え方が、1990年代に入り引き続き深められたということである。すなわち、情報リテラシーは、社会的、文化的、経済的、政治的文脈によって変容する概念であるということが了解されたうえで、議論が進められるようになった。当然のことのように思われるが、わが国において、情報リテラシーを規定する枠組みを明確に意識したうえで議論を展開しているとはいえない状況もみられることを考えると、注目しておくべき点であると思われる。

　③は、図書館ないし図書館員が情報リテラシーの育成に果たす役割を確立しようとする動きのことである。もともと図書館・情報学で発生・発達した概念であるが、1980年代には「図書館」以外の場をも広く含むものとして再定義されるようになった。このことは、すなわち、図書館ないし図書館員がその育成に果たす役割が自明でなくなったことをも意味したのである。機能的リテラシーとしての情報リテラシーは、図書館を含むさまざまな情報源やメディアを対象としたものであり、当然ながら、「図書館に固有の領域」ではない。したがって、利用者教育という活動の延長上に情報リテラシーを位置づけようとするとき、図書館・図書館員が果たす機能や役割がどのようなものなのか、学校・教員などとの連携のなかで検討される必要が生じてきたのである。

　現在、言及されるような意味での情報リテラシーについては、1980年代までにほぼ基盤ができあがり、1990年代にさらに肉づけされてきたものである。したがって、1990年代以降の動向については、5.4節において、情報リテラシーという概念の現代的意味をひもとくなかで、改めて触れることにしたい。なお、1991年のリテラシー法（National Literacy Act）において、「リテラシー」は計算（compute）や問題解決までを含めた機能的な概念として定義されてい

る。

## 5.4 情報リテラシーの定義と意義

### 5.4.1 情報リテラシーという概念

「情報リテラシー」という言葉は、いうまでもなく、それが「リテラシー」の一種であることを示している。そこで、情報リテラシーという概念について的確に理解するためには、そもそもリテラシーとは何か、という点に立ち返って検討しておくことが必要である。

(1) リテラシーとは何か

「リテラシー (literacy)」とは、生活言語——多くの場合は母（国）語——で短く簡単な文章を読み書きする能力を意味し、日本語では「識字（能力）」「読み書き能力」などと訳されている。一般には、読み書き能力に簡単な計算能力を加えた3R (reading, (w)'riting, (a)'rithmetic)、日本でいうところの「読み・書き・そろばん（計算）」の能力をリテラシーの定義とすることが多い。

しかし、現実の日常生活や職業上では、単純に字を読んだり書いたりでき、足し算や引き算ができるというだけでは、社会的な生活を営むには不十分である。では、どの程度読めればよいのか、どのくらいの文章が書ければよいのか、どのくらい計算ができればよいのかが問われることとなるが、それらの点は、どういう国や地域に住んでいるか、どんな職業についているか、などの状況によって異なると考えられ、一概には決められない。これについて、ヴェネツキィ (Richard L. Venezky) らは、「リテラシー……という社会的概念は……固有の形状を有するものではなく、それらを入れる［社会という］器によって明らかになること［つまりは社会的要請］を繰り返すのである。情報リテラシーを身につけた人 (information literate) がどういう人かということは、われわれがリテラシーをどう定義するかによって決まるのである」と述べている[51]。ここでいう「われわれ」は、社会的な状況あるいは要請と言い換えてもよい。つまり、リテラシーは、その個人が生活している社会によって規定されるという性格を持つ。ここでいう「社会」とは、国や地域などの地理的な概念を含むが、一方では、学校や職場など個人が所属しているさまざまなレベルの組織的

な概念をも含むものであり、「コミュニティ」と言い換えることもできよう。

　このようにリテラシーをとらえたとき、社会（コミュニティ）が変化すれば、それに伴ってリテラシーの意味するところも変化することになる。ニッカーソン（Ryamond S. Nickerson）は、これについて「リテラシーに関してわれわれが……出せる観察結果は、きわめて長期にわたってその内包するものが変化してきたということである」[52]と述べている。このような考え方を「機能的リテラシー（functional literacy）」と呼ぶ。今日においてリテラシーの問題が扱われる場合には、機能的リテラシーのことを指すのが普通である。機能的リテラシーとは、辞書的にいうならば、自分の属するコミュニティにおける種々の営みのために必要な知識と技能のことであり、「日常生活・職業生活の中で、また地域社会の発展のために、役立てることのできるような基礎学力のこと」[53]である。

　機能的リテラシーは、国や地域の社会的、経済的、政治的な状況によって異なるものであり、また、個人の属する組織や集団、あるいは個人の置かれた立場や場面などによっても異なってくるため、何をもって「不可欠な知識と技能」とするか、ということは一意には決まらない。このことを逆にとらえれば、リテラシーの姿をとらえるためには、何らかの「社会（コミュニティ）」を想定する、すなわち枠組みを設定することが必要になる。

(2) 機能的リテラシーとしての情報リテラシー

　このように考えてくると、「情報リテラシー」とは、機能的リテラシーを「情報社会」という枠組み設定のもとにとらえたもののことである、と定義することが可能になる。「情報社会」において生活していくのに不可欠な知識や技能が情報リテラシーなのである。もっとも、これだけで情報リテラシーの意味するところが単純に決まるわけではない。そこで、教育などといった特定の分野や文脈において、それぞれ社会的な背景や状況を規定することによって情報リテラシーをめぐる議論が重ねられてきており、研究上、実践上の定義づけもそうした議論のなかで提案されている。

　このことを例えば次のような定義を通じて見てみよう。

　さまざまな種類の情報源の中から必要な情報にアクセスし、アクセスした情

報を正しく評価し、活用する能力。具体的には、以下の能力を含む。〈1〉情報へのアクセス：さまざまな種類の情報源について熟知している。実際にレファレンス・ブックや各種データベースなどを利用して、必要な情報にアクセスすることができる。〈2〉情報の評価：精度や再現率などから、アクセスした情報の正しい評価を行うことができる。〈3〉情報の活用：既存の知識体系の中に、新しい情報を統合することができる。問題解決にあたり、情報を有効に適用することができる[54]。

　この定義は、情報探索・利用過程の流れに沿いながら、レファレンス・ブックなど情報探索のためのツールを利用する技能に触れていたり、精度や再現率など情報検索に使われる概念が含まれていたりするなど、図書館・情報学という学問分野の蓄積や体系に依拠したものである。
　ここから次のことを示すことができる。すなわち、情報リテラシーを定義する際に、その前提となる「情報」あるいは「情報社会」をどう規定するか、ということ自体が、分野や文脈に依存するということである。この場合は、「図書館・情報学」という分野における「情報探索・利用」という文脈で「情報」をとらえている。図書館・情報学の辞書であるから、当該学問分野の概念に依拠するのは当然であるともいえるが、一方で、5.1節や5.2節で見てきたように、特にわが国では、情報リテラシーに対する分野ごとの考え方やとらえ方に差異があることを思い起こす必要がある。
　ただし、そうではありながら、図書館・情報学の概念によって定義を下すことは、図書館・情報学分野において情報リテラシーの定義をめぐる議論がもっぱらなされてきたという歴史的な流れを踏まえている、ということもまた指摘できる。5.3節でみたように、情報リテラシーの発祥も米国の図書館・情報学分野であり、その後の議論も図書館・情報学で盛んに展開されてきた。したがって、図書館・情報学分野における理論と実践の蓄積を歴史的背景としてもつという意味で、この定義には一定の重みがある。

　(3)　知識・技能としての情報リテラシー
　図書館界において多くの議論が重ねられてきた米国において、情報リテラシーの定義として最初に一定程度の同意を得たものが、5.3.節で触れた1989年

のALA情報リテラシー諮問委員会の最終報告書における定義である。もっとも、その内容は抽象的、包括的なものであり、図書館界として一つのアジェンダを示したところに中心的な意義を見出すのが妥当であろう。

　この報告書を契機として、情報リテラシーの定義をめぐる議論は進んでいった。そのうちの重要な一つが米国情報リテラシー・フォーラム（National Forum on Information Literacy: NFIL）による定義である。NFILは、教育界、図書館界などの主要な団体の代表者などから構成され（ここにも、わが国よりも強い図書館界と教育界との連携を見ることができる）、1992年にデルファイ法を用いた調査を実施した。そして、その結果をもとに、情報リテラシーを「さまざまな情報源から情報にアクセスし、評価し、利用する能力」と定義した[55]。この定義は、先のALA報告書のそれとほぼ同趣旨であり、ALAの定義が、少なくとも米国の図書館界・教育界で一定の共通理解を得られたことを示しているといってよいだろう。

　NFILの調査では、抽象度の高いこの定義を共通理解の基盤として位置づけ、さらに具体的な構成要素を記述していくことで情報リテラシーの構成を明らかにしようとしている。すなわち、調査結果は次の諸点を情報リテラシーの構成要素として挙げている。

- ・情報の必要性を認識する
- ・正確で完全な情報が知的意思決定の基礎になることを認識する
- ・情報ニーズに基づいて質問を定式化する
- ・利用可能な情報源を同定する
- ・効果的な探索戦略を立てる
- ・コンピュータなどの技術を利用した情報源にアクセスする
- ・情報を評価する
- ・実際の適用のために情報を組織化する
- ・既存の知識体系の中に新しい情報を統合する
- ・批判的思考と問題解決において情報を利用する

さまざまな知識や技能を構成要素とする総体として情報リテラシーが理解され

るようになった点で、この試みは少なからぬ意味を持つ。これ以降、情報リテラシーの概念をめぐっては、個々の属性要素となる知識や技能に着目した研究や実践が増加している。

　例えば、ブルース（Christine S. Bruce）は、高等教育という枠組みのなかで、情報リテラシーを図5-1のようにとらえている。すなわち、「高等教育」という文脈において、「自立した主体的学習者である情報リテラシーを身につけた人」とは、「情報への批判的アプローチ」と「情報の実際的な処理」を核としながら、前者に関連して「情報に対する態度の確立」と「情報技術・システムの利用」、後者に関連して「情報世界に関する知識の習得」と「情報利用を促進する価値観の習得」をなした人であると位置づけている。ALAやNFILの報告書を踏まえつつ、「高等教育」における「学習者」という視点からまとめ

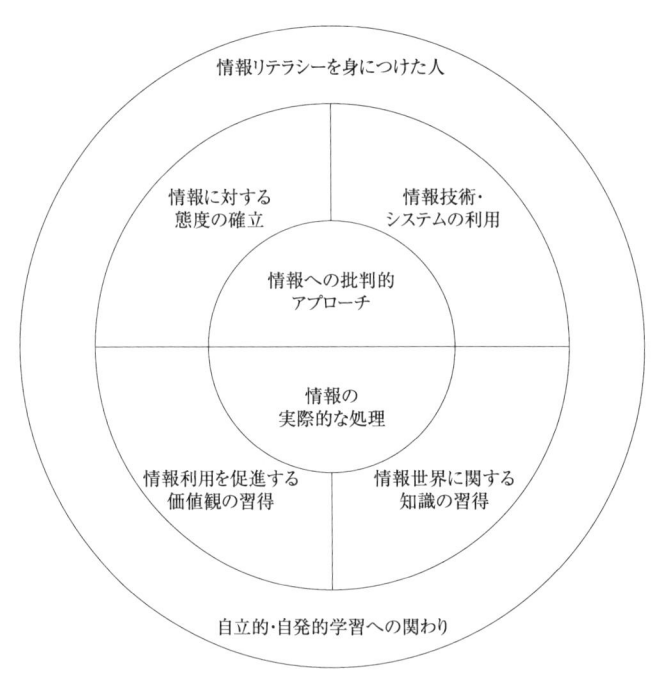

**図5-1　情報リテラシーを身につけた人の特徴**
Bruce, C. S. "Information literacy: a framework for higher education." *Australian Library Journal*. Vol.44, No.3, p.251, 1995. による

られたものであることがわかる。

　もとより、情報リテラシーは、定義上、時代の変化とともに、常に再定義を迫られる概念であり、情報リテラシーという概念をどうとらえるかという議論は現在でも続いている。それらは、情報リテラシーを知識や技能の総体としてとらえている点で、ALAおよびNFILの示した方向性を踏襲したものとなっている。

### 5.4.2　情報リテラシーの類縁概念

　機能的リテラシーは、何らかの枠組みを設けることによってはじめてその中身が規定されるような概念である。したがって、設定する枠組みによって、さまざまな種類のリテラシー概念が存在することになる。例を挙げれば、「映像リテラシー」「科学リテラシー」「成人リテラシー」など、実にさまざまな「リテラシー」がある。最近では「インターネット・リテラシー」「マルチメディア・リテラシー」「ネットワーク・リテラシー」などという言葉も見受けられる。

　それらのなかには、情報リテラシーと近い意味を持つ概念もあり、情報リテラシーを考える際に、それらとの関係を整理しておくことは有効であると思われる。そこで、ここでは、情報と密接な関係を持つように語られることの多い、コンピュータとメディアに関するリテラシー、すなわち「コンピュータ・リテラシー」と「メディア・リテラシー」の二つを取りあげることにする。

　(1)　コンピュータ・リテラシー

「コンピュータ・リテラシー (computer literacy)」も機能的リテラシーの一つであり、その定義も時代とともに推移してきた。1965年から1985年までの定義をレビューしたキング (Kenneth M. King) も結局、全期間を通じて共通するような定義は見出していない[56]。これは、「コンピュータ」に対する視点に立場や文脈によって大きな幅があることと、時代とともにコンピュータ関連技術が急速に進歩してきたことを要因としている。

「ドッグイヤー」とたとえられるように、コンピュータ関連技術の発展のスピードは現在でも変わらず速いが、概括的にまとめるならば、コンピュータ・リテラシーとは、狭義にはコンピュータで何ができるのかを知ることであり、広

義にはプログラミングやハードウェアの知識までを含むものであるといえる[57]。すなわち、コンピュータについて初歩的な知識を持つことから、実際にコンピュータをかなりの程度、使いこなすくらいの技能まで、幅広いレベルの定義がなされうる。

　5.3.2で述べたことと重なる部分もあるが、歴史をさかのぼってみると、コンピュータ・リテラシーという言葉は、使われ始めたころからしばらくは、プログラミングの知識を主に意味していた。当時は、「コンピュータを使う」ということは、多くの場合、利用者が自分でプログラムを作成、入力することを意味したからである。コンピュータ・リテラシーの育成に応えた大学の「情報処理教育」においても、FORTRAN、Pascal、BASICといったプログラム言語の学習、およびその背景としてのコンピュータのハードウェアの知識が教えられた。コンピュータ自身が高価であり、使う人も限られていた1980年代半ばごろまでこの考え方は続いている。

　こうした状況下では、情報リテラシーとコンピュータ・リテラシーとの関係は、後者は前者の全部ないし重要な一部である、と見なされていた。「コンピュータ・リテラシーは情報リテラシーの先行条件である」というような言いかたもなされている[58]。

　しかし、1980年代に入ると、大型の汎用機からワークステーション、パーソナルコンピュータへとコンピュータの小型化が進み、大学・研究機関や企業などを中心としていた利用が、小・中学校、高校や中小企業、家庭などに広がった。パソコン自体の値段も下がり、パソコン用のOSであるMS-DOS、Macintoshが登場し、普及するのと並行して、使いやすいアプリケーションソフトウェアが広く開発、販売されるようになった。特に、MS-Windowsを代表とするGUIを備えたOSが普及して以降は、利用者が自分でプログラムを組む必要はほとんどなくなっている。パソコンの利用者は現在も増加の一途をたどっているが、利用にあたっては、多くのアプリケーションのなかから必要に応じて好きなものを選んで使えばよく、自分でプログラムを組む必要はほとんどない。

　一方で、コンピュータのハードウェアについては、「ブラックボックス化」がますます進んでいる。車の構造については何も知らなくても、ハンドルとブ

第5章　情報リテラシー

レーキとアクセルさえ判れば運転が可能なように、箱を開けた中身については何も知らなくても、十分にコンピュータを使えるようになっている。周辺機器の接続でさえ、標準化が進み、設定も自動化されるようになっている。よく言われるパソコンの「家電化」である。

このように、豊富なアプリケーションを伴うパソコンの普及を背景とした利用者の裾野の広がりによって、かつてはコンピュータ・リテラシーの中心であったハードウェアやプログラミング（プログラム言語）の知識は、少なくとも「普通の利用者」にとっては必要ではなくなっている。オープンソースソフトウェアを主張する人々の中には、こうした傾向に反対する意見もあるが、「コンピュータ不安症」を招く要因の一つとされる、コンピュータ利用にあたって要求される知識は、少ないほうが好ましいとする意見も多い。

こうした変化に加え、ネットワーク（インターネット）環境の急速な普及を背景にして、現在、コンピュータ・リテラシーが語られる場合に重視されているのは、アプリケーションを利用してコンピュータを使いこなす能力である。例えば「ワープロソフトを使って文書を作成する」「電子メールソフトを使って電子メールの送受信をする」「閲覧ソフトを使ってホームページで情報を探す」などである。そこでは、アプリケーションの操作方法が中心になる。また、いわゆる「ネチケット」や、著作権やプライバシーなどに関する法的・制度的な知識など、ネットワーク上で新たに形成されつつある一種の社会的規範や常識（広い意味での情報倫理・モラル）、さらには、電子メールやホームページを成立させている、インターネットのプロトコルなどといった、ネットワークのしくみに関わることまで、コンピュータ・リテラシーに含められている。

このように、現在でも幅広く定義可能なコンピュータ・リテラシーは、歴史的にみれば、やはり機能的リテラシーの一つとして、「コンピュータ」をめぐる社会的状況の変化を受けながら、その意味するところの重点や範囲を変えて今日に至っている。繰り返せば、特に、パソコンの普及による利用者層の拡大と、インターネット環境の普及によるネットワーク利用の増加を、変化の大きな要因として指摘できよう。

(2)　メディア・リテラシー

「メディア・リテラシー（media literacy）」は、もともとは「マスメディアか

ら情報を批判的に解釈しながら受け取る能力」を主に意味したが、近年では、より広く「マスメディアに限らない、種々の情報メディア（特に電子メディア）の『使い方』」という意味で用いられる。しばしば、情報を受け取るだけでなく、発信・伝達するための能力も含む。すなわち、「メディアを……クリティカルに分析し、評価し、メディアにアクセスし……コミュニケーションを創り出す」能力である[59]。

　メディア・リテラシーもコンピュータ・リテラシーと同様、機能的リテラシーの一つとして、時代とともに変化してきた概念である。水越によれば、メディア・リテラシーには「マスメディア批判」「学校教育」「情報産業」という三つの系譜があるという[60]。マスメディア批判の系譜とは、特にカナダのメディア・リテラシー運動が有名であるが[61]、メディア・リテラシーという概念が、テレビなどを批判的に見る目を教育すべきだという文脈において論じられたものである。学校教育の系譜とは、特に視聴覚教育や教育工学などと呼ばれる分野において、学校へさまざまなメディアの導入が進み、その方法論・内容論を検討するなかでメディア・リテラシーという考えが生まれてきたものである。情報産業の系譜とは、いわゆる情報産業の影響を受けたもので、コンピュータ・リテラシーに近いと考えてよかろう。水越は、現在では、それらが複合的に存在しているとして、メディアの「使用能力」「受容能力」「表現能力」という三つを「束ねて丸めた総体」がメディア・リテラシーであると位置づけている。

　機能的リテラシーの概念に照らして考えると、このような系譜は、「メディア」の「リテラシー」に対する要請が時代とともに変化してきて、現在はそれらを一つの概念として統合することが要請されるような状況になったことを示唆していることになる。

　さて、ここでは特に、水越のいう第二の系譜、すなわち「教育」との関係に注目しておく必要があろう。わが国の教育界では、「メディア・リテラシー」をめぐる議論は「情報リテラシー」をめぐる議論と並行して起こったからである。メディア・リテラシーという言葉が教育界で使われ始めた当初は、映像情報、主としてテレビ番組などを批判的に鑑賞し、的確に情報を受け取る能力を意味した。最初に触れたように、現在でも狭義にはこの意味で用いられる。や

がて、テレビに限らず、新聞や雑誌なども含めて、マスメディアから批判的解釈をもって情報を入手するのに必要な知識や技能を意味するようになっていった。学校などで新聞記事を教材として指導を展開する NIE（Newspaper In Education）運動なども、この一環としてとらえることができる。

　マスメディアを主な対象としていたメディア・リテラシーであるが、コンピュータをはじめとするさまざまなメディアが学校に導入されるようになると、その範囲が広がり、新しいメディアにも適用されるようになる。とりわけ、インターネットというメディアは、旧来のマスメディアと並び、情報入手の重要な手段であり、それに対して批判的な解釈能力が必要であると考えられるようになった。適切な解釈のためには、インターネットおよびコンピュータを「操作」することも必要とされるために、メディア・リテラシーはそうした技能・知識をも含むかたちで論じられるようになり、さらには、メディアから受け取った情報を批判的に「受容（受信）」するにとどまらず、「加工」「整理」「発信」することも視野に入るようになった。先の水越のいう、三つの「束」としてのメディア・リテラシーに相当する概念の成立である。

　このように、現在でも定義に幅のあるメディア・リテラシーであるが、概念の変遷をたどると、テレビなどのマスメディアから、コンピュータとインターネットに象徴される新しいメディアへと広がりを見せる、「メディア」をめぐる社会的状況の展開に沿うかたちでその範囲を拡大してきたことが、教育界の例などから見てとれるだろう。

(3)　情報リテラシーとの関わり

　当初、異なった視点や背景を持ち、発展してきた「コンピュータ・リテラシー」「メディア・リテラシー」「情報リテラシー」という三つの概念であるが、(1)(2)で検討したように、現在にいたって、それらの意味するところが非常に接近している印象を受ける。一言でいうならば、「コンピュータ」という「メディア」を使って「情報」を活用する、すなわち探索、整理、分析、発信する能力が現代社会では一般に必要だと見なされており、そのための「リテラシー」を意味する三つの概念は、視点を異にするものの、重なる部分が大きいのもうなずけよう。歴史的にみれば、それぞれが他の領域に乗り出すかたちで拡大し、いまでは相互に重複する度合いが大きくなってきたのであり、これは図 5-2 の

ようなイメージで表現できる。この図では、破線から実線へと拡大の様子を表しており、また概念の重なりを円の重なりで表している。なお、この図では、円の大きさに意味はない。

　コンピュータ・リテラシーについては、コンピュータ自身の「しくみ」に必要な知識量が減少するのと相対して、「道具」としてのコンピュータを使って「情報」を収集し、加工し、発信する、などという技能の重要性が増加したといえる。コンピュータ上でワープロ、表計算、電子メールなどといったアプリケーションを利用して、情報の収集、整理、発信などを行う能力という意味を強調して用いる場合には、情報リテラシーと相当重なるものとなる。情報リテラシーの側からみれば、例えば、5.4.1(3)で挙げた、NFILによる情報リテラシーの構成要素について考えると、多くの要素においてコンピュータが直接、間接に関わっており、結果として重なりが大きいことになる。両者の重なりは、「コンピュータ」を通して「情報」へと視点を広げたコンピュータ・リテラシーと、「情報」における「コンピュータ」の役割が大きくなった情報リテラシーとの接点にほかならない。

　一方、テレビのようなマスメディアから、コンピュータやインターネットなどを含むさまざまなメディアまでを含めて、さらにそうしたメディアを使う能力、批判的に読み取った情報を加工、発信する能力まで視野に入れるようになったメディア・リテラシーも、いまでは情報リテラシーと重なるところが大きい。とりわけ、「情報」を入手、加工、発信するための「道具」として「メディア」をとらえる場合には、両者の差異は非常に少ないといってよかろう。

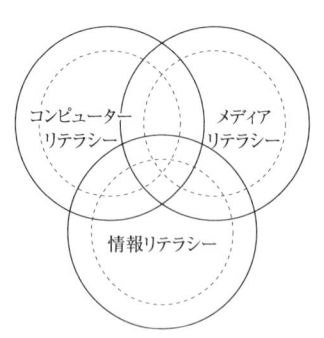

**図5-2**　三つのリテラシーの相互関係のイメージ

「コンピュータ」「メディア」「情報」という三者の「接近」という社会的変化のなかで、拡大・複合化することによって、まさに「類縁」の概念となっている「コンピュータ・リテラシー」「メディア・リテラシー」「情報リテラシー」であるが、それぞれが用いられてきた文脈に従えば、視点や対象の相違も指摘することができる。それらは、概ね、表5-4のようにまとめることができる。情報リテラシーが情報の探索・利用過程に沿って必要な技能・知識を同定しているのに対し、メディア・リテラシーはメディアの種類などに応じて要求される技能・知識を同定しており、コンピュータ・リテラシーはコンピュータでできる操作ごとに必要な技能・知識を同定しているところに重点の違いを見出すことができる。

なお、補足するならば、さまざまなリテラシー概念を整理しようとする試みも少なくない。例えば、マクルーア（Charles R. McClure）は、種々のリテラシー概念は「ネットワーク社会」における「情報による問題解決技能」を枠組みとして整理すべきだとし、「伝統的なリテラシー」「コンピュータ・リテラシー」「メディア・リテラシー」「ネットワーク・リテラシー」が交わる部分を「情報リテラシー」であると位置づけている[62]。また、長田らは、いろいろなリテラシーは「人間の情報処理」に関係しているとし、「メディア・リテラシ

表5-4　三つのリテラシーの対比

|  | 情報リテラシー | コンピュータ・リテラシー | メディア・リテラシー |
|---|---|---|---|
| 情報 | コアとなる概念 | コンピュータの処理対象（データ） | メディアの伝達内容（メッセージ） |
| メディア | 情報を扱うための「道具」 | （コンピュータ） | コアとなる概念 |
| コンピュータ | 道具（メディア）の一つ | コアとなる概念 | メディアの一つ |
| 中心となる技能 | 情報の探索・利用 | コンピュータ（アプリケーション）の操作・利用 | （マス）メディアのメッセージの評価・分析　メディアの操作・利用 |
| 適用の主な目的 | 情報要求の満足　問題解決・意思決定 | 情報（データ）の収集・加工・発信 | メディア（情報）の批判的読解　コミュニケーション |
| 議論・実践の領域 | 図書館（図書館・情報学）、学校（教育工学）など | 大学（情報工学）など | 学校（教育学、社会学）など |

ー」「コンピュータ・リテラシー」「ハイパーテキスト・リテラシー」「インターネット・リテラシー」を結びつける位置に「情報リテラシー」を置いている(63)。いずれも「情報」に関わる視座から整理を行っているという点で、「情報リテラシー」からみて他のリテラシー概念を位置づける試みだということができる。一方で、「メディア」を軸としながら、他の概念との関係を整理し、メディア・リテラシーを中心に位置づける試みも可能である。すなわち、ここでは詳述はしないが、機能的リテラシーをめぐる概念の整理に関しては、その前提となる枠組み設定自体にも留意する必要がある。

### 5.4.3 情報リテラシーの現代的意義

ここまで「情報リテラシー」という概念をめぐって、いろいろな角度からその姿を描いてきた。おぼろげながらではあるが、輪郭をかたちづくるところまではたどり着けたようである。しかし、一方で、それは情報リテラシーが非常に多様な側面を持つ存在であることを実感する道のりでもあった。

情報リテラシーとは、誤解を恐れずにいえば、ある意味では「スローガン」に過ぎない。だが、スローガンとして掲げていた情報リテラシーの「中身」を埋めようとする作業が始まり、学校や図書館などにおける実践のなかで、あるいは教育学や図書館・情報学などにおける研究のなかで、その作業は続けられてきた。そして、現在も続けられている。

情報を活用することが何らかの社会的意義をもっており、現代社会においてその意義はますます大きくなってきているという信念を核に、情報を活用するための伝達可能な技能を社会的に共有することによって、個人の幸福の追求と社会の発展に貢献したいとする希望が、こうした試みの動因となっている。その内実が、立脚する社会の変化、とりわけ「技能」の対象となるメディアや情報通信技術の変化によって大きく揺れてきたことは、本章で見てきたところである。しかし、現在伝達可能な知識や技能が、「リテラシー」の内容の変化により、将来まったく無用になる、あるいは有害にさえなる可能性があるからといって、技能を伝達・共有する試みが無益であると決めつけることはできないだろう。情報の探索・利用に関わる技能は文化の一部であり、そのもとで人々が自らの情報世界を構築して生きていることは、本書を通じてさまざまな側面

から見てきたところである。情報リテラシーを求めることは、人々が文化を共有し、変化の激しい社会を賢く生きるための試みとして、追求すること自体に価値のあるような種類の活動である。

　結局のところ、まるですべての人に周知され、既知のように語られることのある「情報リテラシー」は、実は存在すること自体が社会的意義をもつような概念であり、また実践の領域なのである。情報の活用に関連して実体化された技能・知識を習得することにより、自分の属する種々のコミュニティにおいて「よりよく生きること」ができるという期待が存在することで、情報を活用することに関わる技能の社会的価値が確認され、それが新しいメディアや情報通信技術およびそれらを基盤として成り立つ社会のありかたに対する肯定的評価と受容の機運を生み出すことに貢献しているという点に、情報リテラシーという概念の社会的意義を認めることができる。情報リテラシーはこのようなかたちで情報社会をつくり、維持することに貢献しているのである。

　情報利用研究は、情報利用のプロセスを明らかにし、また、その社会的意義を探ることを通じて、とかく素朴な機能主義に陥りがちな機能的リテラシーとしての情報リテラシー概念の社会的意義を明らかにし、伝達可能な技能を明確にすることに貢献することが可能であり、また、クールソの業績に代表されるように、実際に貢献してきた。情報リテラシーに関する研究と実践の基礎として、自らが行っていることの意味と内容を照らし出す鏡としての役割を今後も果たし続けることが期待される。

注
1) 情報という概念をめぐる状況については、次の文献などを参照。上田修一；倉田敬子" 1. 情報と情報の生産・流通."『情報の発生と伝達』 勁草書房, 1992, p.1-20. (図書館・情報学シリーズ 1)
2) 『情報教育に関する手引き』 文部省, 1991, 230 p. なお、この情報活用能力の定義は、教育課程審議会に提出された資料「情報化社会に対応する初等中等教育の教育内容の在り方」を引用したものである。
3) 情報化の進展に対応した初等中等教育における情報教育の推進等に関する調査研究協力者会議『体系的な情報教育の実施に向けて (第一次報告書)』文部省, 1997.〈http：//www.mext.go.jp/b_menu/houdou/09/10/971005.htm〉(last access 1/30/2001)

4) なお、次期学習指導要領は、より正確には、「調査検討協力者会議」報告を踏まえてまとめられた、教育課程審議会の中間まとめ『教育課程の基準の改善の基本方向について』(文部省, 1997.〈http：//www.mext.go.jp/b_menu/houdou/09/11/971103.htm〉(last access 1/30/2001))、および答申『幼稚園、小学校、中学校、高等学校、盲学校、聾学校及び養護学校の教育課程の基準の改善について』(文部省, 1998.〈http：//www.mext.go.jp/b_menu/shingi/12/kyouiku/toushin/980703.htm〉(last access 1/30/2001))において提言されたことを取り入れたものである。
5) 前倒し実施も可能で、新聞報道などでしばしば話題になっているように、学校によっては「総合的な学習の時間」など、一部科目をすでに取り入れているところもある。
6) 専門科目としては現行学習指導要領下ですでに情報関連の教科・科目が実施されているが、こちらは11科目からなる専門教科「情報」として再編される。
7) 『高等学校学習指導要領』 文部省, 1999, 388 p.
8) より正確に教育内容を検討するには、実際の教科書を分析することが必要であるが、本稿執筆時点では、教科書検定が行われていないため、不可能であった。
9) 『高等学校学習指導要領解説 情報編』 開隆堂出版, 2000, 240 p.
10) 清水康敬ほか "情報工学の現状と今後の展開."『日本教育工学会論文誌：日本教育工学雑誌』 Vol.22, No.4, p.201-213, 1999. なお、教育工学分野からは、学習指導要領に対しては、次のような提言がなされている。教育工学関連学協会連合情報教育プロジェクト委員会ワーキンググループ 『小・中・高一環情報教育に関する学習指導要領への提案』 1996.〈http：//kayoo.org/nagano/Activity/stk‐jyouhou/01.htm〉(last access 1/30/2001)
11) 例えば、次の文献では、コンピュータ中心の「情報処理教育」から、より広い「情報教育」への転換を訴えている。しかし、後者についても、プログラミングなどを含む「コンピュータ・リテラシー」(5.4.2参照)を主な要素として位置づけている。私立大学等情報処理教育連絡協議会『私立大学における情報教育の目指すべき方向：情報処理教育研究委員会最終報告』 私立大学等情報処理教育連絡協議会, 1990, 151 p.
12) 戸田光昭 "大学における情報リテラシー教育：情報活用能力を高めるための基盤として."『情報管理』 Vol.42, No.12, p.997-1012, 2000.
13) 特に次の文献は、情報リテラシーをめぐる教育・研究のレビューを行ったうえで、具体的な育成プログラムを示している点で非常に興味深い。長田秀一ほか『情報リテラシー教育：コンピュータリテラシーを超えて』 府中, サンウェイ出版, 1999, 261 p.

14)「社会教育施設情報化・活性化推進事業」は,1997年度～1999年度に実施され,図書館・博物館等の資料等の電子化とネットワークでの公開など,情報化の実験的な取り組みが全国の17の地域で展開された。また,「エル・ネット（教育情報衛星通信ネットワーク）」は1999年から稼働した事業で,国立教育政策研究所や文部科学省などと全国の公民館・図書館・学校などを衛星通信で結び,「子ども放送局」（子ども向けの番組）や「エル・ネット・オープン・カレッジ」（大学公開講座）などのプログラムを放送している。

15) 例えば,次の文献ではそうした事例を紹介している。国立教育会館社会教育研修所編『情報化に関する学習とネットワーク』 国立教育会館社会教育研修所, 2001, 94 p.

16) 生涯学習審議会『新しい情報通信技術を活用した生涯学習の推進方策について：情報化で広がる生涯学習の展望（答申）』 文部省, 2000, 62 p.

17)「利用者教育」には,「利用教育（library use education/instruction）」など類語が多く,館種などによるニュアンスの違いもあるが,ここでは,図書館が関わって,「利用者（潜在的な利用者を含む）」に対して提供する教育的・指導的なサービス（instruction service）を「利用者教育」と統一して呼ぶことにする。そこには,個人の学習を支援するような種々の活動も含まれる。

18) 丸本郁子"図書館サービスとしての利用者教育の意義."『図書館における利用者教育：理論と実際』 日本図書館学会研究委員会編 日外アソシエーツ, 1994, p.7-30.（論集・図書館学研究の歩み 第14集）

19) Wilson, L. A. "Instruction as a reference service." *Reference and Information Services: An Introduction*. R. E. Bopp, ; L. C. Smith, eds. Englewood, CO, Libraries Unlimited, 1991, p.120-150.

20) 小田光宏；柳与志夫"利用者教育における概念的枠組の再構築：公共図書館における利用者ガイダンスへの展開."『図書館学会年報』 Vol.42, No.3, p.135-147, 1996.

21) Nahl-Jakobovits, D. ; Jakobovits, L. A. "Measuring information competence." *College and Research Libraries*. Vol.51, No.5, p.448-462, 1990.

22) 1998年の学校図書館法の改正により,2003年からは学級数12以上の学校において司書教諭が原則として必置となることとなった。なお,学校図書館では,「利用者教育」ではなく「利用指導」と呼ばれることが多いが,ここでは「利用者教育」で統一している。

23) 笠原良郎"『資料・情報を活用する学び方の指導』体系表をまとめて."『学校図書館』 No.501, p.9-13, 1992.
　なお,全国SLAでは,委員会を立ち上げ,「情報リテラシー」に焦点をあわせた「学校図書館情報化指針」の策定を進めている。二村健"学校図書館情報化指針の意義とねらい."『学校図書館』 No.583, p.28-36, 1999.

24) 日本図書館協会図書館利用教育委員会編『図書館利用教育ガイドライン

学校図書館（高等学校）版』 日本図書館協会, 1998, 19 p.なお、ガイドラインでは、その目的・目標を「印象づけ」「サービス案内」「情報探索法指導」「情報整理法指導」「情報表現法指導」の5領域に分けている。具体的な技能・知識は、それぞれの領域ごとに表形式で示された「III 目標」から知ることができる。

25) 福永智子"学校図書館における新しい利用者教育の方法：米国での制度的・理論的展開."『図書館学会年報』 Vol.39, No.2, p.55-69, 1993.

26) American Association of School Librarians ; Association for Educational Communications and Technology. "Information literacy standards for student learning." *Information Power: Building Partnerships for Learning.* Chicago, American Library Association, 1998, p.8-44.（『インフォメーション・パワー：学習のためのパートナーシップの構築』 渡辺信一監訳, 京都, 同志社大学, 2000, p.11-48.）

27) そうした授業の例は、5.1.2でも紹介したが、実は、それらは、図書館・情報学担当教員の関与するものが少なくない。

28) 平尾行蔵ほか"大規模大学の1～2年生に対する情報リテラシー教育とメディアセンター."『大学図書館研究』 No.54, p.33-42, 1998.

29) 川崎良孝編『大学生と「情報の活用」：情報探索入門 京都大学全学共通科目講義録』京都, 京都大学図書館情報学研究会, 1999, 140 p.

30) 野末俊比古"情報検索（データベース）教育の意義と展開：図書館における利用者教育を中心に."『情報検索の理論と実際』 日本図書館情報学会研究委員会編 日外アソシエーツ, 1999, p.126-153.（論集・図書館情報学研究の歩み 第19集） なお、1998年には、日本図書館協会からガイドラインが出されている。日本図書館協会図書館利用教育委員会編『図書館利用教育ガイドライン 大学図書館版』 日本図書館協会, 1998, 19 p. 構成などは、おおむね学校図書館（高等学校）版（注24）と同じであり、具体的な知識・技能は「III 目標」に挙げられた項目から知ることができる。

31) 斎藤泰則"米国の大学図書館における利用者教育の理論化の動向."『社会教育・図書館学研究』 No.15, p.1-10, 1991.

32) Association of College and Research Libraries. *Information Literacy Competency Standards for Higher Education, Approved on January 18, 2000.* 〈http://www.ala.org/acrl/ilcomstan.html〉（last access 1/30/2001) なお、翻訳が次の文献に掲載されている。本稿でもこれを引用した。倉橋英逸ほか『Web授業の創造：21世紀の図書館情報学教育と情報環境』 吹田, 関西大学出版部, 2000, p.247-255.

33) 例えば、次を参照。池田祥子"図書館活用講座『読みたい本を探す』を実施して：都立多摩図書館の利用教育サービス."『図書館雑誌』 Vol.94, No.3, p.159-161, 2000.

34) 生涯学習審議会社会教育分科審議会計画部会図書館専門委員会『図書館の情報化の必要性とその推進方策について：地域の情報化推進拠点として（報告）』 1998, 45 p.
35) 生涯学習審議会社会教育分科審議会計画部会図書館専門委員会『公立図書館の設置及び運営上の望ましい基準について（報告）』 2000, p.7.
36) 『通信白書 平成12年版』 郵政省, 2000, p.175-183.
37) 次の二つである。国立国会図書館図書館研究所「不特定多数を対象とする図書館における利用者ガイダンスの在り方」研究班"公共図書館利用者ガイダンス・ガイドラインとその考え方."『現代の図書館』 Vol.34, No.4, 1996, p.212-216.；日本図書館協会図書館利用教育委員会編『図書館利用支援ガイドライン：図書館利用教育ガイドライン　公共図書館版』 日本図書館協会, 1999, 23 p. 前者は、館内での案内からグループを対象とした「ガイダンス」までを扱っている。後者は、目的・目標を「印象づけ」「サービス案内」「情報活用法指導」の3領域に分けており、具体的な技能・知識は「III 目標」から知ることができる。
38) 情報リテラシー概念の変遷については、次の文献に詳しい。ここでも時代区分などをこの文献によっている。Behrens, S. J. "A conceptual analysis and historical overview of information literacy." *College and Research Libraries.* Vol.55, No.4, p.309-322, 1994.
39) Zurkowski, P. C. *The Information Service Environment: Relationships and Priorities.* Washington, D. C., National Commission on Libraries and Information Science, 1974, 27 p.
40) Behrens 前掲.
41) Garfield, E. "2001: an information society?" *Journal of Information Science.* Vol.1, No.4, p.210, 1979.
42) Horton, F. W., Jr. "Information literacy vs. computer literacy." *Bulletin of the American Society for Information Science.* Vol. 9, No.4, p.14-16, 1983.
43) Blake, V. L. P.; Tjoumas, R. eds. *Information Literacies for the Twenty-First Century.* Boston, G K. Hall, 1990, p.4.
44) Kuhlthau, C. C. "Information skills for an information society: a review of research." *Information Reports and Bibliographies.* Vol.19, No.3, p.14-26, 1990.
45) National Commission on Excellence in Education. *A Nation at Risk: the Imperative for Educational Reform.* Washington, D.C., The Commission, 1983, 65 p. (『危機に立つ国家』 文部省大臣官房調査統計課, 1984, 44 p.)；橋爪貞雄『2000年のアメリカ－教育戦略：その背景と批判』 黎明書房, 1992, 352 p.など

46) *Alliance for Excellence: Librarians Respond to A Nation at Risk.* Washington, D. C., U. S. Department of Education, 1984, 64 p. など。
47) Behrens 前掲.
48) American Library Association Presidential Committee on Information Literacy. *Final Report.* Chicago, ALA, 1989. p.1.
49) Behrens 前掲.
50) Breivik, P. S. ; Gee, E. G. *Information Literacy: Revolution in the Library.* London, Macmillan, 1989, 250 p.（『情報を使う力：大学と図書館の改革』三浦逸雄ほか訳　勁草書房, 1992, 258 p.）
51) Venezsky, R. L. et al. *Toward Defining Literacy.* Newark, DE, International Reading Association, 1990, p.x.
52) Nickerson, R. S. "Adult literacy and technology." *Visible Language.* Vol. 19, No.3, p.311-355, 1985.
53) 『新教育学大辞典　第6巻』　第一法規, 1990, p.499-500.
54) 『図書館情報学用語辞典』　丸善, 1997, p.93-94.
55) Doyle, C. S. *Summary of Findings: Outcome Measures for Information Literacy within the National Education Goals of 1990: Final Report to National Forum on Information Literacy.* 1992, 18 p. ED 351033.
56) King, K. M. "Evolution of the concept of computer literacy." *EDUCOM Bulletin.* Vol.20, No.3, p.18-21, 1985.
57) Day, J. M. *Computer Literacy and Library and Information Studies: A Literature Review.* London, British Library Research and Development Department, 1987, 75 p.（British Library Research Paper, no.18）
58) Horton 前掲.
59) 水越伸『デジタル・メディア社会』　岩波書店, 1999, 268 p.
60) 鈴木みどり編『メディア・リテラシーを学ぶ人のために』　世界思想社, 1997, 305 p.
61) *Media Literacy: Resource Guide.* Toronto, Ontario Ministry of Education, 1989, 232 p.（『メディア・リテラシー：マスメディアを読み解く』　FCT訳　リベルタ出版, 1992, 228 p.）
62) McClure, C. R. "Network literacy：a role for libraries?" *Information Technology and Libraries.* Vol.13, No.2 p.118, 1994.
63) 長田ほか　前掲.

# 索　引

（　）内は類似の用語である．

## ア行

アーカート（Donald J. Urquhart）　4
アイディア戦術　146
アウトサイダー　212
アサートン（Pauline Atherton）　143
『アメリカにおける情報貧困層』　210
アレン，T. J.（Thomas J. Allen）　7,8
アレン，B.（Bryce Allen）　27
案内紹介サービス　191,201,208
意思決定　41
市井の人　61,64,65,69
イノベーション　194
意味構成アプローチ　12-13,26,92,210-211,214
インサイダー　212
インターネット　217-218
『インフォメーション・パワー』　247
INFROSS　7
INISS　11
引用索引　6
ヴァーレイス（Jana Varlejs）　3
ヴァッカリ（Pertti Vakkari）　27,154
ヴィスワナス（K. Viswanath）　193,197-199,202
ヴィトゲンシュタイン（Ludwig Wittgenstein）　48,73
ウィリアムズ（Patrick Williams）　206
ウィルソン，T. D.（Thomas D. Wilson）　3,10-11,20-21,156
ウィルソン，S. R.（S.R.Wilson）　93
ウォント　159
エスノメソドロジー　48,76
エリス（David Ellis）　16-17,92,93,116-117,119
小田光宏　243
オフィス　96,137
OPAC　141

## カ行

ガーベイ（William D. Garvey）　7,115
概念派　146
『科学革命の構造』　5
科学コミュニケーション　115
科学社会学　6
科学知識　67,79
科学的合理性　41,45
科学的態度　60
価値付加プロセス論　15
学校図書館　244
カッツ（Elihu Katz）　194
カレツキー（Stephen Karetzky）　4
カレントアウェアネス・サービス　8
既知文献探索　166
機能主義　28
木村忠正　220
客観的情報　13
ギャップ　171,200
共同主観性　27
キング（Kenneth M. King）　265
CRUS　11
クールソ（Carol Collier Kuhlthau）　3,16-18,32,154,162,163
クーン（Thomas S. Kuhn）　5,63
具体例叙述法　93,154
栗原嘉一郎　31
クルター（Jeff Coulter）　47
クワスニック（Barbara H. Kwasnik）　95,101,103
啓発的評価法　11
計量的研究方法　92
ケース（Donald Owen Case）　97,100,110
ゲートキーパー　120
ゲスト（Susan S. Guest）　134
研究過程　114
言語行為　164
検索

——過程　145
　　——戦術　146
　　——戦略　146
現用情報　103,108
行為モデル　41
公共図書館　205-206,249
公式コミュニケーション　116
口承　67,71-72
構成主義　13
構造化インタビュー　92
構造化されていない問題　109
構築主義　26,212
合理性　44
コーヴェル（D. G. Covell）　92
コール（I. Cole）　96,100,108
個室化　113
小谷正雄　22
ゴフマン（Erving Goffman）　214

## サ行

サーチャー　124
再現率　144
作業用ファイル　103-105,108
時間軸検索　111
事実探索　166
システム志向　16
自然的態度　60
質的研究法方法　92
質問紙法　92
社会化　59
社会構築主義　27
社会的弱者　20
社会ネットワーク理論　19
主観的情報　13-14
主題探索　166
シュッツ（Alfred Schutz）　46,55-56,59-60,62
障害（バリアー）　45
状況－ギャップ－利用モデル　13
常識的理解　56,72,74
情緒　17,162
情報（定義）　47
情報学（定義）　23
情報格差　109,203

情報活用能力　231
情報教育　232
情報空間　94
情報検索システム　94,116,124,139,142
情報検索戦術　146
情報行動　21,42
情報弱者　224
情報収集戦略　17
情報処理過程　27
情報世界　139,142,147
情報との遭遇　18,100
情報組織　94
情報探索の非特定性　165
情報ニーズ　154,157,158,160
　　——の言語化　161
　　——の非特定性　160
　　意識された——　161
　　情意的——　157,158
　　心の奥底に潜む——　161
　　システムにあわせた——　162
　　生理的——　158
　　定式化された——　161
　　認知的——　157,168
情報に通じた市民　61-62,64,65,69-70,79
『情報の要求と探索』　3
情報貧困層　189,250
情報マネジメント　9
情報リテラシー教育　32,148
初期状態　168-109
心的概念　48
信念　53
スタック　97
スレバーニ＝モハマディ（A. Sreberny-Mohammadi）　202
制約　169
説得的コミュニケーション　194
専門家　161,65,69-70
操作子　168
操作派　146
ソーゲル（Dagobert Soergel）　145
ソシオメトリ　5

## タ行

ダーヴィン（Brenda Dervin）　11-14,26,43,

索引

92,171,193,199-200,202
大学研究図書館協会（Association of College and Research Libraries）249
代行検索 145
弾丸理論 193
探索経路 126-127
探索のスキル（探索技能）147
探索様式 16,124
知識ギャップ仮説 195-196,209
知識社会学 56
知識状態 174
知識の
　――（再）配分のメカニズム 55,59
　――実践的(知識)マネジメント 45-46,53, 80,81
　――社会的配分 55-56,61
知識のストック
　利用可能な―― 50,51,57-58,62-64,65,66, 72,74
　手許の―― 57-58
　特定個人に配分されている―― 66
　非特定的個人に配分されている―― 66
チャットマン（Elfreda A. Chatman）19-20,28
チャン（Shan-Ju Chang）127
中立的質問法 13
チルダース（Thomas Childers）210
津田良成 4
定式化された(情報)探索 124,129
ティチナー（P. J. Tichenor）195
デイナ（John Cotton Dana）4
ディマンド 157,159,160,165
テイラー（Robert S. Taylor）15,154,161, 162,163
適合性 167
適切性 167
デジタル・デバイド 189,192,217,219
デュウドニィ（Patricia Dewdney）44,215-216
伝統的なコミュニケーション・モデル 199
動物の採餌行動 18
ドキュメンテーション 24
読書 29
　――研究 4

消費的―― 29
問題解決型の―― 29
図書館 100,107,159,204,240
トッド（Ross J. Todd）155

ナ行

ナール・ジャコボヴィッツ（D. Nahl-Jakobovits）244
内的情報処理 15
ナイラン（Michael Nilan）14,92
日常言語学派 48
日本図書館学会 23
認識論理 175
認知科学的アプローチ 16,173
認知心理学 27
野口悠紀雄 110

ハ行

バーガー（Peter L. Berger）27
ハーター（Stephen P. Herter）144
ハーナー（Saul Herner）126
ハーナー夫妻（Saul and Mary Herner）8
パイル 91,98
バナール（J. D. Bernal）4
パラダイム・シフト 14,18,92
パラダイム論 5
ハリス（Roma M. Harris）44,215-216
ピータース（Anne Rogers Peters）144
非公式コミュニケーション 115
非構造化インタビュー技法 92
ビブリオメトリックス 5
ヒューリスティクス 144
ヒルシュハイム（Rudy A. Hirschheim）96
ファイル 97
フィデル（Raya Fidel）145
フィネガン（John R. Finnegan, Jr.）112, 193,197-198,202
フィルタリング 119
ブース（Henry Voos）209
不確実性原理 16-17
普及研究 198
プライス（Derek J. de Solla Price）5
ブラウジング 118,125
　志向性のある―― 126

281

志向性のない―― 126
ブリッジ　171
ブルース（Christine S. Bruce）　264
ブルックス（Bertram Brookes）　154-155, 173-174
ブレイビク（Patricia S. Breivik）　259
プロセス・アプローチ　18, 32
文化多元主義　202
ヘイウッド（Trevor Haywood）　221
米国情報学会（American Society for Information Science and Technology）　21
米国情報リテラシー・フォーラム（National Forum on Information Literacy）　263
米国心理学会（American Psychological Association）　7
米国図書館協会（American Library Association）　265
ペイズリー（William J. Paisley）　8
ベイツ（Marcia J. Bates）　141, 146
ベルキン（Nicolas J. Belkin）　3, 15, 43, 48, 154, 173
ベルジヒ（Gernot Wersig）　154
ペンドルトン（Victoria E. M. Pedleton）　193
ベレルソン（Bernard Berelson）　31, 194, 205, 209
変則的な知識状態　15, 154, 173, 183
ボイト（Melvin J. Voigt）　7
ボーグマン（Christine L. Borgman）　27
ホブランド（Carl I. Hovland）　194
掘り出し物的発見　126, 130, 160

## マ行

マーキー（Karen Markey）　143
マートン（Robert K. Merton）　6
マクリュア（Charles R. McClure）　218
マスコミュニケーションの限定効果論　202
マスコミュニケーションの効果　193
マローン（Thomas W. Malone）　97, 100, 101, 110, 111
見えざる大学　5, 7, 115
ミンツバーグ（Henry Mintzberg）　9
メンゼル（Herbert Menzel）　8, 125
目的論的な説明　41
目標状態　168
モニター　118
問題解決　154, 168-169

## ヤ行

要求　164
様相演算子　196
よく構造化された問題　169

## ラ行

ライス（Ronald E. Rice）　127, 130
ライル（Gilbert Ryle）　48-49
ライン（Maurice B. Line）　158
ラザースフェルド（Paul F. Lazarsfeld）　194
リーストマン（Daniel Liestman）　131
リテラシー
　コンピュータ――　238, 265
　情報――　231, 240, 254
『リトル・サイエンス ビッグ・サイエンス』　15
利用者
　――教育　18, 241
　――志向　16
　――調査　32, 206
　――満足　21
利用者調査　31
臨時教育審議会第二次答申　232
ルックマン（Thomas Luckman）　27
レファレンス・インタビュー技法　13
連鎖式探索　120
ロジャーズ（Everett M. Rogers）　193
ロバーツ（Norman Roberts）　10
論理文法分析　47-48

## 執筆者紹介

田村　俊作（たむら　しゅんさく）（序章、第4章）
 1949年生まれ
 1982年　慶應義塾大学大学院文学研究科博士課程満期退学
 現　在　慶應義塾大学文学部教授
 主要著作　"レファレンス・プロセス研究の進展."『レファレンス・サービスの創造と展開』日外アソシエーツ, 1990, p.90-105.（論集・図書館学研究の歩み　第10集）/ J. ヴァーレイス編『情報の要求と探索』勁草書房, 1993, 166 p.（共訳）

池谷のぞみ（いけや　のぞみ）（第1章）
 1965生まれ
 1997年　英国マンチェスター大学社会学部博士課程修了（Ph. D）
 現　在　東洋大学社会学部メディアコミュニケーション学科助教授
 主要著作　"レファレンス・プロセス研究の諸アプローチとその統合." *Library and Information Science*. No.30, p.43-58, 1992./ The Practical Management of the Social Stock of Knowledge：The Cace of an Information Giving Service. Ph.D thesis, University of Manchester, 1997, 391 p.

越塚美加（こしづか　みか）（第2章）
 1965生まれ
 1994年　慶應義塾大学大学院文学研究科博士課程満期退学
 現　在　学習院女子大学国際文化交流学部助教授
 主要著作　"情報利用行動調査の一技法としての具体例叙述法."『図書館学会年報』Vol.39, No.1, p.1-12, 1993./ "物理的な空間としての研究室やオフィスにおける情報組織と視覚的な手がかりによる探索."『学術情報センター紀要』No.9, p.91-122, 1997.

斎藤泰則（さいとう　やすのり）（第3章）
 1958年生まれ
 1992年　東京大学大学院教育学研究科博士課程満期退学
 現　在　玉川大学文学部助教授
 主要著作　『情報サービス概説』日本図書館協会, 1997.（共著）/ Ingversen, P.『情報検索論：認知的アプローチへの展望』丸善, 1994.（共訳）

野末俊比古（のずえ　としひこ）（第5章）
 1968年生まれ
 1997年　東京大学大学院教育学研究科博士後期課程満期退学
 現　在　青山学院大学文学部教育学科専任講師
 主要著作　"情報検索（データベース）教育の意義と展開."『情報検索の理論と実際』日外アソシエーツ, 1999, p.126-153.（論集・図書館情報学研究の歩み　第19集）/ "社会教育機関としての公共図書館における情報利用支援の現状と課題."『学術情報センター紀要』No.12. p.129-136, 2000.

| 情報探索と情報利用 | 図書館・情報学シリーズ 2 |

2001年7月20日　第1版第1刷発行

編者　田　村　俊　作

発行者　井　村　寿　人

発行所　株式会社　勁
草
書
房

112-0005 東京都文京区水道 2-1-1　振替 00150-2-175253
電話（編集）03-3815-5277／FAX 03-3814-6968
電話（営業）03-3814-6861／FAX 03-3814-6854
壮光舎印刷・鈴木製本

© TAMURA Shunsaku 2001 Printed in Japan
＊落丁本・乱丁本はお取替いたします。
＊本書の全部または一部の複写・複製・転訳載および磁気または光記録媒体への入力等を禁じます。

ISBN　4-326-04801-8

http://www.keisoshobo.co.jp

視覚障害その他の理由で活字のままでこの本を利用出来ない人のために、営利を目的とする場合を除き「録音図書」「点字図書」「拡大写本」等の製作をすることを認めます。その際は著作権者、または、出版社まで御連絡ください。

津田良成編
図書館・情報学シリーズ　全9巻／Ａ5判／上製カバー／平均280頁

| | | | |
|---|---|---|---|
| ① | 情報の発生と伝達 | 上田修一・倉田敬子 | 3,400円 |
| ② | 情報探索と情報利用 | 田村俊作編 | 4,100円 |
| ③ | 情報検索の理論と技術 | 岸田和明 | 4,500円 |
| ④ | 図書館・情報センターの経営 | 高山正也編 | 3,600円 |
| ⑤ | 図書館・情報学のための調査研究法 | 緑川信之他 | 3,000円 |
| ⑥ | 情報システムとデータベース | 上田修一 | 近刊 |
| ⑦ | 大学図書館の運営 | 高鳥正夫 | 2,900円 |
| ⑧ | 理工学文献の特色と利用法 | 上田修一 | 2,900円 |
| ⑨ | 目録の歴史 | 澁川雅俊 | 2,500円 |

| | | |
|---|---|---|
| 津田良成 | 図書館・情報学の創造 | 4,800円 |
| 津田良成編 | 図書館・情報学概論　第二版 | 2,800円 |
| 原田　勝 | 図書館／情報ネットワーク論 | 3,000円 |
| 長尾・原田他 | 研究情報ネットワーク論 | 3,000円 |
| ブレイビク,ギー／三浦他訳 | 情報を使う力 | 3,700円 |
| バックランド／高山他訳 | 図書館サービスの再構築 | 2,400円 |
| 情報探索ガイドブック編集委員会編 | 情報探索ガイドブック | 4,000円 |
| バーゾール／根本他訳 | 電子図書館の神話 | 3,400円 |
| フェザー／高山・古賀訳 | 情報社会をひらく | 3,000円 |
| ウォーナー／高山・柳監訳 | 本とコンピュータを結ぶ | 3,200円 |
| 緑川信之 | 本を分類する | 3,200円 |
| 根本　彰 | 文献世界の構造 | 3,600円 |
| 上田修一編 | 情報学基本論文集Ⅰ・Ⅱ | 各3,200円 |
| 原田　勝・田屋裕之編 | 電子図書館 | 2,800円 |
| 倉田敬子編 | 電子メディアは研究を変えるのか | 3,200円 |
| 薬袋秀樹 | 図書館運動は何を残したか | 3,200円 |

＊表示価格は2001年7月現在。消費税は含まれておりません。